千秋江宁

南京市江宁区文化广电局
南京市江宁区博物馆 编
南京大学文化与自然遗产研究所

文物出版社

封面设计　周小玮
责任印制　张道奇
责任编辑　张晓曦

图书在版编目（CIP）数据

千秋江宁／南京市江宁区文化广电局，南京市江宁区博物馆，南京
大学文化与自然遗产研究所编. —北京：文物出版社，2011.9
ISBN 978 - 7 - 5010 - 3271 - 6

Ⅰ.①千…　Ⅱ.①南…②南…③南…　Ⅲ.①区（城市）—概况—
南京市　Ⅳ.①K925.31

中国版本图书馆 CIP 数据核字（2011）第 188570 号

千秋江宁

南 京 市 江 宁 区 文 化 广 电 局
南 京 市 江 宁 区 博 物 馆　编
南京大学文化与自然遗产研究所

*

文 物 出 版 社 出 版 发 行
（北京市东城区东直门内北小街 2 号楼）
http://www.wenwu.com
E-mail：web@ wenwu.com
北京京都六环印刷厂印刷
新 华 书 店 经 销
787 × 1092　1/16　印张：16.5
2011 年 9 月第 1 版　2011 年 9 月第 1 次印刷
ISBN 978 - 7 - 5010 - 3271 - 6　定价：58.00 元

前　言

在南京城市化进程中，江宁区成为发展最迅速的地域，为了保持经济、文化、社会和生态的协调发展，2005年，江宁区委区政府决定加大博物馆建设力度，将原来面积较小、设备落后的江宁博物馆提档升级为新型的现代化水平的博物馆。当时，南京市委常委、区委书记刘捍东同志亲自择定馆址，区长柏鹏同志、副区长沈剑荣同志也对新馆建设给予关心和指导。2007年5月，南京市文化文物局批准在江宁区设立东晋历史文化博物馆，江宁区委区政府又决定将馆舍面积给予扩大，成为两个馆共用的馆舍。2007年7月，两馆馆舍建设计划正式立项，区政府拟为新馆建设投资1亿元人民币，馆舍占地面积近1.2万平方米，建筑面积7480平方米，当年12月开始动土建设。

在博物馆建设过程中，原南京副市长、江宁区区委书记李琦同志，现南京市委常委、区委书记周谦同志，区长陈发喜同志及分管工作的副区长陆蓉同志都多次给予关心，解决遇到的各种困难。为确保新馆建筑工程和博物馆陈列展览的质量，新馆舍特邀请东南大学建筑设计院院长王建国教授主持建筑设计，邀请南京大学文化与自然遗产研究所所长、南京大学南京历史文化研究中心主任贺云翱教授主持陈列内容设计，其中陈列内容设计还经过江苏省文物局局长、南京博物院院长龚良、副局长刘瑾胜，南京文物局局长吴秀亮、副局长杨新华，江苏省文物局博物馆处、文物处、江苏省考古研究所、南京博物院陈列部的几位负责人束有春、李民昌、林留根、陈同乐等专家的论证指导。经过三年的馆舍建设和陈列展览制作，2011年10月，江宁博物馆和东晋历史文化博物馆即将正式对社会开放。我们知道，为这两个馆付出心血和汗水的还有许许多多同志，在这里无法一一表述，借此机会对有关同志表示衷心的感谢！

江宁博物馆和东晋历史文化博物馆的建成开放，是江宁区及南京市文化建设事业中的一项重要工作和成果，为了更好地让博物馆陈列内容走向社会，走向国内外，我们特地委托南京大学文化与自然遗产研究所把两馆陈列内容加以进一步丰富补充，形成两部公开出版的著作，借以更加全面、细致地反映江宁历史文化和东晋历史文化，使观众在参观展览的同时，再通过两本著作，加深对博物馆陈列的认知、对有关文物的释读及对江宁和东晋历史文化成就的了解。

　　我们希望通过博物馆建设工作，让历史文化融入到现代文明建设的进程中，促进江宁文化的发展和繁荣，丰富人民群众的精神文化生活，提升市民的生活质量，让文化遗产事业与江宁区现代化事业同步发展，为中华文明复兴大业尽江宁人民的绵薄之力！

南京市江宁区文化广电局局长　　杨嘉清

2011 年 9 月 16 日

目　录

壹 区位沿革 江南佳地

一 区位形势 江宁定位

南京市江宁区位于江苏省西南部，作为省会的南大门，从东、西、南三面将素有"六朝金粉，十代都会"之称的历史文化名城南京城拥入怀中。同时，作为南

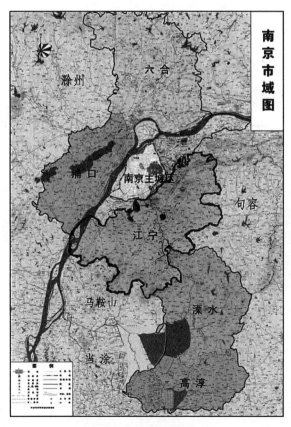

图一 南京市域图

京城市发展的副中心城区，江宁区也是南京城市发展的重要有机组成部分。江宁区地理位置的重要性除依靠主城外，还有它滨江而立的优势，具有拥城依江的特点。长江从安徽段进入江苏段的第一站就是江宁滨江地区，而且它还地处当代宁镇山脉与太湖平原及皖南、浙东之间的交通孔道，东面与镇江句容市接壤；南面与溧水县、马鞍山市毗邻；西面与安徽省和县隔江相望，区位优势非常明显（图一）。

江宁区内辖东山、秣陵、湖熟、汤山、淳化、禄口、谷里、江宁、横溪 9 个街道，202 个社区（村）。全区总面积 1573 平方公里，水域面积 186 平方公里，2010 年有户籍人口 95.2 万（图二）。

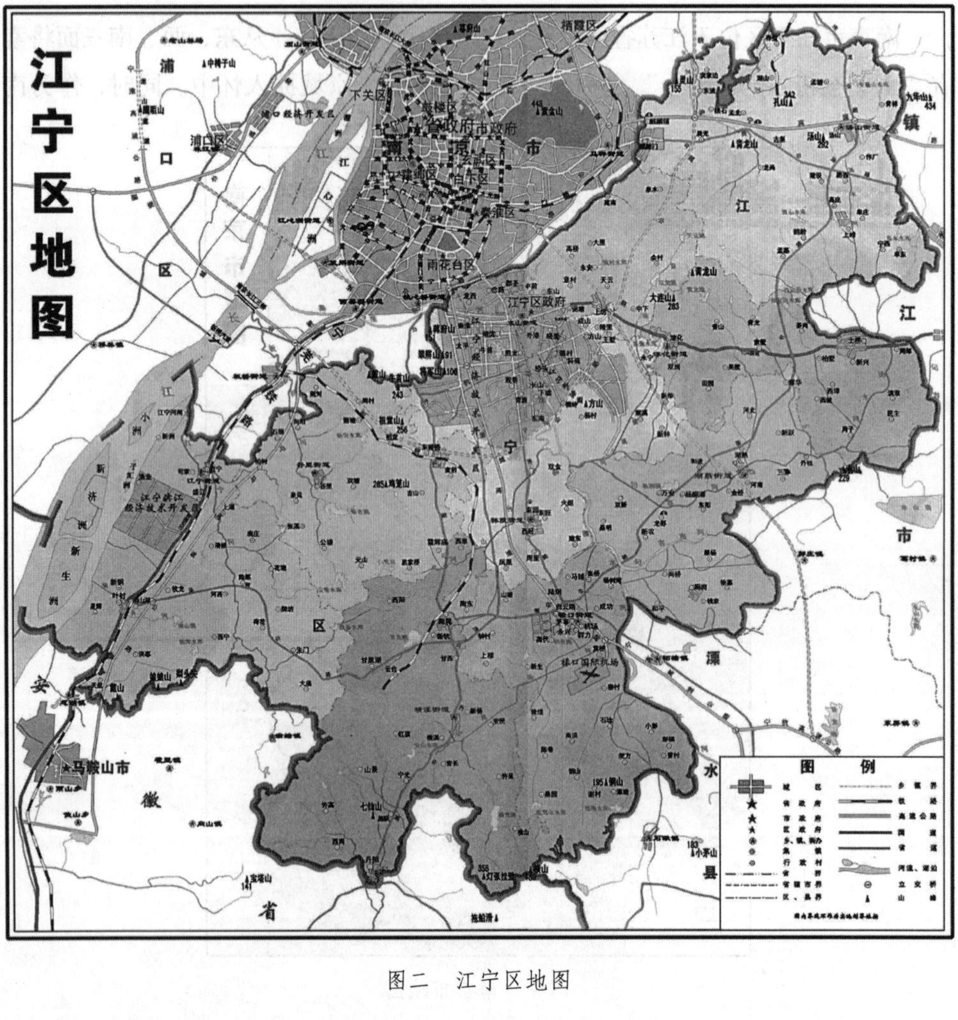

图二　江宁区地图

　　江宁地域广阔，境内罗列着众多的山林河湖，山川钟灵，秀丽清纯、风光宜人。孙中山先生在《建国方略》中盛赞南京"在一美善之地区，其地有高山，有深水，有平原，此三种天工，钟毓一处，在世界中之大都市诚难觅此佳境也"，江宁正是南京这种山水组合的典型。此地多山，境内西南部有横山、云台山、天马山、莺子山；东北部有青龙山、黄龙山、汤山和孔山；中部有牛首山、方山、东山等；孙中山所说的南京境内的"平原"即是江宁境内的宽阔平原，这里孕育了南京最早的农业文明，土壤肥沃、粮食富足；此处还有深水，长江沿江宁西北滚滚东去，牧龙、铜井、江宁、便民等河，把长江水引进江宁境内。位于中部的秦淮河上承溧水、句容两河主源，纵贯南北，其支流汤水、解溪、横溪（图三）、云台、阳山等河蜿蜒腹地，经南京市雨花台区入江。百家湖、杨柳湖、西湖、白鹭湖、南山湖、甘泉湖等湖泊散落境内。平原沃土、山林沼泽、河流湖泊、村落民居自然绝妙地组合起来，形成适宜人类繁衍生息的理想之地。

图三　横溪石塘竹海

　　江宁的山川形胜，吸引着历代的名人骚客，他们访胜、流寓或居官至此，大都发于题咏，传诸后世。被杜甫称为"俊逸鲍参军"的南朝鲍照，在秣陵城西门赏月，留下了脍炙人口的诗篇。"谢公含雅量，世运值艰难"，则是宋代诗人苏轼在东山的慨叹。另外，先后在江宁任过职的唐代七绝圣手王昌龄，清代"性灵派"著名诗人袁枚等等,都曾在江宁留下了不少诗章。

自然环境决定生产方式,生产方式决定生活方式,而这三者又是决定文化特征的基本因素,可见,山水的化育与文化的分布有着内在联系。江宁区受南京特有的自然与历史禀赋的辐射影响,历史悠久,名人荟萃,名胜古迹几乎遍及全境,文化遗存在山水中积淀,成为南京文化景观与历史文化遗产富存之所。

其一,这里有"南京文化"之根——汤山猿人,"金陵文明"之源——点将台文化与湖熟文化。

远古时期,汤山一带地处秦淮河与长江之间,地势高亢可避水患,草木繁茂利于生存,加之山体发育出大大小小的溶洞,可做先民栖息场所。考古学者在汤山葫芦洞发现了两具35万年前的旧石器时代人类颅骨化石,这一发现改写了南京及长江下游地区的人类发展史和区域开发史。

秦淮河流淌的走势,是山野与平原延展开合的纽带。江宁境内的汤山、青龙山、方山等等一系列山体,面向长江,拥抱着长达百里的秦淮河及由它冲积而成的广阔平原,秦淮河哺育了南京地区最早的文明。江宁发现的相当于中原夏代时期的"点将台文化",覆盖了秦淮河流域及皖南东部地区,是既具有地方特色,又受到中原地区深刻影响的土著文化,是商、周时代出现的青铜文化——"湖熟文化"的重要源头之一。湖熟文化分布范围不仅包括宁镇地区、秦淮河流域和皖南东部地区,还跨过了长江,一直达到江浦、六合及仪征等地,但其核心仍离不开秦淮河两岸。湖熟文化通过宜溧山区与太湖流域的吴越文化核心区发生交往,最后被纳入了吴越文化圈[①]。

其二,汉以后,南京政治地位上升,前后有十个朝代在此定都。南京作为十代国都时期,江宁地区成为都城的近郊,担负起拱卫京师、交通枢纽、生产基地、城市居民娱乐、宗教特别是佛教、家族丧葬及墓地所在,保存至今的相关文物遗迹不胜枚举。

江宁境内的湖熟镇、江宁镇、小丹阳镇、秣陵镇等都曾是六朝首都外围的重要军事据点。牛首山、韩府山一带的岳飞抗金故垒在抵抗外族入侵、保卫京师方面也起过一定作用。这些古战场遗址,对我们了解古代战争史,体察南京曾有过的重要政治地位,认识民族英雄业绩都有积极意义。

---

① 贺云翱主编:《汤山风情》第4页,南京出版社,1998年。

交通遗存，可分水陆两路。江宁水域广阔，六朝时代水上交通是首都物资供应的主要手段，公元245年，孙权为取得太湖流域的经济支持，派校尉陈勋带兵开凿了沟通秦淮河与太湖的"破岗渎"，沿途上下立有一十四埭，用以调节水量，改善航运条件，迄今还留有"方山埭"遗迹。陆路交通最为人称道的是那些沿途建造的驿站，它是行旅和诗人墨客羁留吟咏的重要地点，在南京东郊的古"金陵驿"，有著名民族英雄和诗人文天祥所作的《金陵驿》诗及诗碑亭，那句"从今别却江南路，化作啼鹃带血归"打动过多少华夏儿女的心弦。

作为国都的近郊，秦淮河流域一直是粮食的生产基地，"湖熟板鸭"则是食品加工业的典型，从古迄今深受南京市民的喜爱。闻名全国的江宁金箔是明代以来就受到朝廷重视的传统工艺。汤山是石材开采基地，附近保存的"阳山碑材"及古石材开采场，就是明代和明代以前为建设首都或为帝王雕刻陵寝石刻所留下的工场遗址。在汤山附近，还有唐代遗存伏牛山铜矿遗址。

古代城市居民在郊区的休闲娱乐主要表现为两种形式，一类是普通居民的游览或文化性娱乐，他们多采取到寺庙进香或节日踏青的方式进行，那些远处郊外、地当名山的寺庙成了游客纷至的场所；而达官贵人的娱乐则以别墅式建筑为主，为这片土地带来风雅之气，如六朝时代东晋宰相谢安因怀念故居会稽东山，在土山仿故居筑别墅居之，并在此指挥了著名的"淝水之战"。近代民国要人蒋介石等在汤山构筑的温泉别墅等，都成了今人倍感兴趣的名胜。

江宁境内佛教文化遗存丰富，方山定林寺、牛首山幽栖寺、弘觉寺等都是一些历史悠久、佛教内涵深厚，周边环境优美的游览胜地。这些佛寺使名山大川又染上了一层神秘的宗教文化色彩，使人们对其产生了深切的向往情结。

郊区分布着城市人的墓地是从古至今的惯例。墓地是一个人最后的归宿，往往凝聚和记录着众多的故事和寄托，具有持久的纪念意义，尤其是名人墓地，不仅建筑考究，而且他们生前的不凡经历和业绩更使其成为后代崇仰凭吊的特殊对象。六朝时，江宁为六朝京畿重地，牛首山、青龙山、方山一带是皇室垂青之所，陵寝重地。江宁境内现存的南朝宋武帝刘裕墓、陈武帝陈霸先墓、陈文帝陈蒨墓、牛首山南唐二陵、郑和墓、李瑞清墓、将军山沐氏学族墓、铜井江宁一带的秦桧家族墓、麒麟街道的邓廷桢墓、尤列墓、邓演达墓等都是属于"名人"遗踪。

其三，江宁当代区位优势明显，发展日新月异。江宁处在东部沿海经济发达地区，是南京都市圈的核心层，长三角的次中心。它利用优越的地域形势，不断接受大城市的强大辐射，引进新技术、新工艺，加快经济建设的步伐。今日江宁经济社会飞速发展，已然是崛起的南京新市区。江宁原是南京近郊县，2000年12月撤县设区，2004年在整体规划后，江宁正以一日千里的速度快步建成了"一城三区"的新城框架，百家湖、九龙湖、大学城、百米大道、凤凰台广场、江苏软件园、IT产业基地——无论是旧城新区，还是牛首山麓、方山脚下，无处不散发出现代化新城气息！

2008年，江宁区提出区域发展新定位。随着南京都市圈扩大和新一轮科学发展的全面提速，江宁进一步围绕建设"具有国际竞争力的先进制造业集聚区，自主创新能力较强的科教研发先导区，生产性与智力型现代服务业新兴区，功能完善、康居宜业的生态型新市区"的发展定位，坚持科学发展观，努力建设成经济发达、生态良好、社会和谐的南京新市区。完全融入南京主城，是江宁区在南京呈现都市化快速发展时期的战略目标。当前，南京正呈现高水平都市化发展态势，周边正在产生若干个经济、社会活动与主城高度相关、互动，除人口和建设用地规模外，设施配套、景观品质、文化特征与主城达到同样水平，一般工作、生活不再依赖主城的都市区，江宁应是其中重要的组成部分。

2011年，江宁区制定"十二五"期间发展规划，提出以"创新驱动、转型跨越；产业推动、民富区强；新城带动、生态乐居；园街联动、城乡一体"为发展战略，将江宁建设成为"南京生态乐居现代品质新城、江苏战略性新兴产业基地、长三角大学科教创新园区"。这一战略定位符合江宁未来发展的内在要求，通过不断努力，把江宁建成人们向往的第一居所和高端人才集聚地、具有较强国际竞争力和独特影响力的高端产业集聚地带和一流的科教新区。通过进一步整合副城、园区、新城与街道的空间、产业、品牌、基础设施等资源，探索一体化开发新机制，率先建成江苏省城乡一体化发展示范区。

二　历史沿革　文化特色

（一）历史沿革

据《史记·吴太伯世家》记载，周朝以前，江宁地域属荆蛮之地。春秋时代，江宁属吴国。战国初期为越国管辖。周显王三十六年（公元前333），属金陵邑管辖。

秦始皇三十七年（公元前210），废金陵邑设秣陵县①，始皇在东巡途中又另设丹阳②、江乘县，三县县治分别在今江宁区秣陵关、小丹阳与今栖霞山附近，同属会稽郡管辖。两汉时另增设胡孰县③（县治在今江宁区湖熟镇），皆属丹阳郡（郡治在今安徽省宣城）管辖。汉初还同时设秣陵侯国、丹阳侯国、胡孰侯国。秦汉时期，今江宁区域内数县并立，但尚未得到充分开发。

汉末，孙权改秣陵县为建业县，意谓将在此"建帝王之大业"。六朝时期江宁地区的郡县设置变动较大。孙吴时有建业县、丹阳县、湖熟典农都尉、江乘典农都尉等。晋武帝司马炎于太康元年（公元280年），改建业县为秣陵县，废湖熟典农都尉、江乘典农都尉，复称湖熟县、江乘县。又析秣陵西南置临江县，次年，改临江县为江宁县，县治在今江宁区西南部的江宁镇。这是历史上第一次出现"江宁"④县名，并沿用至今。

_____

① 有人认为，因秦始皇厌恶"金陵"二字的王气，想贬低金陵，故改"金"为从禾、末声的"秣"字。"秣陵"即供粮食给养等物、喂养牲口之高地也。

② 丹阳一作丹杨。《晋书·地理志》将"丹阳"记为"丹杨"，并解释"杨"缘于"山多赤柳而名"。传说秦始皇三十七年（公元前210年）出巡至此，因过境见山多赤柳，丹即赤色，杨即杨柳，故定名"丹杨"，"杨"通"阳"，后世称"丹阳"。另一说则认为县境内有赭山，其石丹赤，治所在山南为阳，故称丹阳。北宋《太平寰宇记》云："赭山亦名丹山，唐天宝中改为绛岩山，丹阳之义出此。山临平湖，湖亦以丹阳名。今此山在溧水、句容两水间。以此证之，则丹阳为山名，山南为阳故曰丹阳。"元朝《至正金陵新志》载："丹阳废而存丹阳镇，但镇江有丹阳县，故亦呼（江宁）丹阳为小丹阳，镇江（丹阳）为大丹阳。"

③ 两汉、六朝时期，史料记载中湖熟县名不一致。《汉书》中县名记为"胡孰"，《后汉书》记作"湖熟"，《史记》、《三国志》作"湖孰"，《晋书》中则"湖熟""湖孰"皆有，南朝时期书中均作"湖熟"。据此可以推测两汉、六朝时期县名更易的大体情况。两汉时期县名"胡孰"，东汉、孙吴、两晋时期县名更为"湖熟"，但亦作"湖孰"，直到南朝以后县名才固定为"湖熟"。此后至今不变。"湖熟"一名的由来，《同治上江两县志》认为因地近刘阳湖，物产丰饶而得名。

④ 关于"江宁"之由来主要有二说：一是据清江宁人金鳌《金陵待征录》所记：江宁一名，始于西晋太康二年（公元281年）。是年，晋武帝司马炎南巡，渡江后夜宿临江县。当时，黄河以北，战乱已萌；而临江县濒临长江，夜晚江野寂静，司马炎慨叹："外江（指江南一带）无事，宁静若此"，于是改一临江县为江宁县。但史书中并无关于司马炎南巡的记载，"外江无事，宁静若此"之语更是无从稽考。二是南朝梁、陈时训诂学家顾野王的《舆地志》（已失传）中载有"外江无事，于南浦置江宁"之语。现在较多学者认为第二种说法比较可信。但也有人认为，其实更深层次的原因是：西晋太康元年（公元280年），孙吴灭亡，西晋政权对于孙吴的政治中心丹阳（指治所，设于今南京城区的丹阳郡）不放心。当年就采取一系列加强控制的措施，重新调整丹阳地区的行政建置。首先便是废建业之名，恢复秦汉旧称秣陵，从称谓上贬低建业。与此同时，采取分而治之的策略，分秣陵置临江县，次年改江宁县；又将吴国所置的督农校尉、屯田都尉、典农都尉等田官都依照西晋制度废除，溧阳屯田都尉和江乘、湖熟典农都尉分别被恢复为溧阳县、江乘县和湖熟县。这才是江宁县由来的真正原因。

西晋时共有建邺县①、秣陵县、江宁县（临江县）、丹阳县、湖熟县等。东晋时除保留西晋所设置的各县外，又加设侨置郡县，以安置中原地区南迁人士。南朝刘宋初，保留建康县、秣陵县、丹阳县、江宁县、湖熟县归丹阳郡管辖；阳都县、费县、即丘县、临沂县、江乘县归南琅琊郡管辖。其后废除魏、广川、高阳、堂邑四侨郡，又废即丘、费、阳都三侨县。南齐时无改动。萧梁时设同夏县（今江宁上坊、麒麟地区），废湖熟县，又复置费县，并改南琅琊郡为琅琊郡，分置丹阳、南丹阳二郡，琅琊郡治在江乘，辖江乘、临沂、费县三县；丹阳郡治在建康，辖建康、秣陵、同夏三县；南丹阳郡治在江宁，辖江宁、丹阳二县。陈时废南丹阳郡，又废琅琊郡，新设建兴郡，辖江乘、临沂、同夏、湖熟、建安、乌山六县；丹阳郡辖建康、秣陵、江宁、丹阳、费县五县。

隋唐时期金陵地区的行政设置变动最大，主要是扬州大都督府自金陵移至江都，金陵被降为一般的州县，并且屡改州县的名称与隶属关系。隋炀帝继位后，把建康、秣陵、同夏、丹阳、湖熟等县合并为一个大县，即称江宁县。县治由江宁镇迁至冶城（今南京城朝天宫一带），与溧水县同属设在金陵石头城的蒋州管辖。后又改称蒋州为丹阳郡。唐高祖武德三年（公元620年），江宁县更名归化县②，与丹阳、安业等县属扬州郡。武德八年（公元625年），又改称归化县为金陵县，武德九年（公元626年）又改为白下县。唐太宗贞观九年（公元635年），恢复江宁县名，属润州（今镇江市）。唐玄宗天宝元年（公元742年）润州改称丹阳郡，江宁县仍属其所辖。唐肃宗至德二年（公元757年）升为江宁郡。唐肃宗乾元元年（公元758年），江宁郡改名昇州，复置江宁县。在整个唐朝时期，江宁区域内的建制虽屡有改变，但总的来说，大都还在江宁县的范围之内。只是到唐肃宗上元二年（公元761年），把江宁县改名为上元县（以唐肃宗"上元"年号为县名）。

五代十国时期，杨吴在金陵设昇州大都督府，分上元县西南十九乡及当涂北二乡，复置江宁县，其地辖秦淮河西南区域。在南京城中则以今升州路、中华路为界，西南面属江宁县。旋即改昇州大都督府为金陵府。上元、江宁两县在金陵

---

① 东晋元帝司马睿定都建邺，因避西晋愍帝司马邺的讳而改称建康县。

② 唐初，因县境内曾是农民起义军首领杜伏威的根据地，杜降唐后，遂改江宁县为归化县。

府城内同城而治的状况由此开始并直至清末。杨吴政权天祚三年（公元937年），徐知诰①（李昪）代吴，南唐立国，定都金陵，改金陵府为江宁府，辖上元、江宁、句容、溧水等县，府治在今中华路东侧锦绣坊。这是"江宁"用于府名的开始。

北宋开宝八年（公元975年），改江宁府为升州府。不久又复名江宁府，辖上元、江宁、溧水、溧阳、句容等县。南宋建炎三年（公元1129年）改江宁府为建康府，并先后为江南路及江南东路（相当于元、明、清时省一级）的治所，建康府仍辖江宁府属的五县。

元代初年今江宁地区隶属于建康府，后建康府先后改称建康路、集庆路。集庆路辖有上元、江宁、句容三县及溧水州和溧阳州。

元至正十六年（公元1356年）朱元璋攻占集庆路，将其改为应天府，明太祖洪武元年（公元1368年）明代建国后以应天府为南京，明太祖洪武十一年（公元1378年）定南京为京师。应天府在明时辖上元、江宁、溧水、江浦、句容、溧阳、六合、高淳等县。江宁和上元是都城的附郭首县，江宁县的管辖地偏于西南，辖有江宁、秣陵、金陵（今陶吴）、大城港（今大胜关）四镇，及铜山、朱门等乡；上元县辖境偏于东北，辖有淳化、土桥、湖熟、靖安、石步五镇，及丹阳、长宁等乡。明成祖永乐十九年（公元1421年）朱棣以北京为京师，恢复南京之名，作为留都，被称为"南都"。在《洪武京城图志》中的十六座外城门中，麒麟、沧波、高桥、上方、夹岗五门就在今江宁境内。清顺治二年（公元1645年）清军占领南京，改南京为江南省，改应天府为江宁府，所辖上元、江宁、江浦、六合、溧水、高淳、句容、溧阳八县如故。江宁和上元仍是附郭首县，后江南省分为江苏、安徽两省，江宁府虽隶属于治所设在苏州的江苏巡抚管辖，但管辖江苏、安徽、江西三省的两江总督和江宁将军、江宁布政使、江宁织造等衙门仍设在江宁府城，时称南京为"江宁省城"，"江宁"也成了清代南京的通用名称。咸丰三年（公元1853年），太平天国定都江宁府，改称江宁府为天京，改江宁府为江宁郡，管辖江宁县、上元县。同治三年（公元1864年）清军攻陷天京，复称江宁府，

---

① 李昪本为孤儿，为杨行密于争战中所掳，并以为养子，而杨行密诸子不能容，遂将其给予徐温（一说为徐温所掳，并以为养子），并改名徐知诰。

辖江宁、上元等县。

辛亥革命后，1912年1月1日，中华民国临时政府定都江宁府，并改江宁府为南京府。次年，在袁世凯篡夺了辛亥革命的果实迁都北京后，江苏省治自苏州迁至南京，废南京府，将上元、江宁二县并成江宁一县，并设立治所在江宁的金陵道，辖江宁、江浦、六合、高淳、溧水、溧阳、句容、丹徒、丹阳、金坛、扬中等县。

1927年国民政府定南京为首都，废金陵道，南京先后被称为"南京市"、"南京特别市"、"南京直辖市"及"首都市"等，辖境为南京城郊区域及江浦县的浦口镇。江宁县政府仍留在南京城内。1929年江苏省政府由南京迁至镇江。1933年2月10日，江宁自治实验县成立，直属江苏省政府。1934年9月，江宁县与市区划界交割，县境开始不及城内，仅辖乡郊。同年冬，江宁县治由南京城中迁至土山（今东山镇），隶属江苏省。江宁县有史以来第一次退出城区，从此，结束了历史上府、县同城而治的状况。抗日战争时期，国、共双方与日、伪四种势力皆在江宁地区设有政权，建置区划动荡交错。1938年起，中国共产党在江宁地区先后建立了江宁县抗日民主政府、横山县抗日民主政府、上元县抗日民主政府。在此期间，汪伪也在东山镇建立了伪"县政府"。

1949年4月24日，江宁地区获得解放。4月28日，成立了江宁县人民政府，属苏南行政公署镇江专区，12月2日改属南京市。1950年1月重划归镇江专区。1958年7月又划归南京市。1962年5月复归镇江专区。1971年3月再划归南京市。新中国成立后，江宁县区域内部分地区辖属关系虽有所变迁，但基本上保持了独立县的建置。2000年12月21日，国务院批准江宁撤县设区，江宁成为了南京市的一个新区，而东山镇则成了南京市江宁区的区政府所在地（表一）。

江宁地域建置更迭频繁，沿革复杂多变，或数县并存，或侯国与郡县同列，或一县统管，或二县同城分治。江宁区域的建置仅县级以上建置的名称就有秣陵、扬州、丹阳、江乘、湖熟、建业、建邺、建康、临江、江宁、同夏、归化、界州、白下、上元、集庆、应天、京师、南京、天京等，总计四十多个。这不仅在我国，而且在世界各国古城中，也是极为罕见的历史现象，充分反映了旧江宁区域历史纷纭复杂的变化和城市盛衰的曲折历程。

表一　江宁地域建置沿革表

朝代	年代	政区名称	在今江宁区辖域范围或区划设置	隶属	备注
	不详（约商末～前472）			吴国	大约商末，相传太伯、仲雍南奔荆蛮至今江宁横山，建国号句吴，地始属吴。周元王四年（前472），越灭吴，地始属越。公元前333年，楚灭越，江宁地人楚
春秋战国	不详（前472～前333）			越国	
	前333～前221	金陵邑	今江宁全境	楚国江东郡	
秦代	前221～前206	秣陵县	约今江宁区中、北、西部	会稽郡	秦始皇二十六年（前221），秦并六国，改金陵邑为秣陵县。秦始皇三十七年（前210），秦始皇东巡，两过今江宁区境。新置江乘、丹阳县，于今江宁区秣陵街道
	前220～前206	江乘县	约今江宁区东北境	会稽郡	
	前221～前206	丹阳县	约今江宁区西南境	会稽郡	
汉代	前128～前113	秣陵侯国秣陵县	约今江宁区中、北、西部	会稽郡、鄣郡、丹阳郡	初属韩信楚国会稽郡，继属荆国、吴国、江都国鄣郡。元狩二年（前121）后属鄣郡。元封二年（前109）后属丹阳郡。王莽新朝改丹阳郡为宣亭郡，秣陵县、江乘县分别改称宣亭县、相武县。东汉复郡县原称，胡孰改称湖熟，有湖熟侯国
	前128～前122	丹阳侯国丹阳县	约今江宁区西南境	会稽郡、鄣郡、丹阳郡	
	前128～前112	湖孰侯国胡孰县	约今江宁区东南境	会稽郡、鄣郡、丹阳郡	
	前206～前220	江乘县	约今江宁区东北境	会稽郡、鄣郡、丹阳郡	

续表

朝代	年代	政区名称	在今江宁区辖域范围或区划设置	隶属	备注
孙吴	221~280	建业县	约今江宁区中、北、西部	丹阳郡	汉建安十七年（212），孙权改秣陵县为建业县。孙吴废湖熟县、江乘县改设县级民屯行政区湖熟、江乘典农都尉
	?~280	湖熟典农都尉	约今江宁区东南境	丹阳郡	
	?~280	江乘典农都尉	约今江宁区东北境	丹阳郡	
	222~280	丹阳县	约今江宁区西南境	丹阳郡	
西晋	282~316	建邺县	约今江宁区中、北部秦淮河以北地区	丹阳郡	太康元年（280），改建业县为秣陵县，废湖熟、江乘典农都尉，复新置临江县。次年改称江宁县。太康三年（282），析秣陵县秦淮河以北置建邺县，以江南仍为秣陵县。建兴元年（313），建邺县改名为建康县。
		秣陵县	约今江宁区中、北部秦淮河以南地区	丹阳郡	
		江宁县	约今江宁区东南境	丹阳郡	
		湖熟县	约今江宁区东南境	丹阳郡	
		丹阳县	约今江宁区西南境	丹阳郡	
		江宁县（临江县）	约今江宁区西部沿江地区	丹阳郡	
东晋	317~420	建康县	约今江宁区中、北部秦淮河以北地区	丹阳郡	咸康元年（353），割江乘县境立琅邪等侨郡，江乘县改属琅邪郡，并析江乘县西境为侨置临沂县
	317~420	秣陵县	约今江宁区中、北部秦淮河以南地区	丹阳郡	
	317~420	江宁县	约今江宁区西部沿江地区	丹阳郡	
	317~420	湖熟县	约今江宁区东南境	丹阳郡	
	317~420	丹阳县	约今江宁区西南境	丹阳郡	
	317~420	江乘县	约今江宁区东北境	琅邪郡	

续表

朝代	年代	政区名称	在今江宁区辖域范围或区划设置	隶属	备注
南朝宋、齐、梁、陈	420~589	建康县	约今江宁区中、北部秦淮河以北地区	丹阳郡	宋、齐两代，改江乘等县所属的琅邪郡为南琅邪郡，梁代仍称琅邪郡。梁天监元年（502），分丹阳郡置南丹阳郡。陈天嘉五年（564），罢南丹阳郡。陈太建十年（578），又罢琅邪郡，以原琅邪郡及南丹阳郡地之大部另置建兴郡。梁大同元年（535），改梁武帝所生秣陵县同夏里为同夏县
	420~589	秣陵县	约今江宁区中、北部秦淮河以南地区	丹阳郡	
	420~589	江宁县	约今江宁区西部沿江地区	丹阳郡	
	420~589	湖熟县	约今江宁区东南境	丹阳郡（宋、齐）；琅邪郡（梁）；建兴郡（陈）	
	420~589	丹阳县	约今江宁区西南境	丹阳郡	
	420~589	江乘县	约今江宁区东北境	丹阳郡（宋、齐）；琅邪郡（梁）；建兴郡（陈）	
	535~589	同夏县	约今江宁区上坊、麒麟镇地区	丹阳郡（梁）；建兴郡（陈）	
隋代	589~618	江宁县	今江宁全境	蒋州丹阳郡	开皇九年（589）正月，隋灭陈，并南朝京畿诸县入江宁县

续表

朝代	年代	政区名称	在今江宁区辖域范围或政区划设置	隶属	备注
唐代	618~620	江宁县	今江宁全境	丹阳郡	武德三年（620）六月，江南之地归唐，废丹阳郡，改置扬州。至德二年（757），改扬州，以江宁县置江宁郡。于元元年（758），改江宁郡置升州。
	620~625	归化县	今江宁全境	扬州（今扬州）	
	625~626	金陵县	今江宁全境	扬州（今扬州）	
	626~635	白下县	今江宁全境	润州（今镇江）	
	635~757	江宁县	今江宁全境	润州丹阳郡	
	757~758	江宁郡	今江宁全境	江南东道	
	758~761	江宁县	今江宁全境	升州	
	761~902	上元县	今江宁全境	润州、升州	
五代十国	902~917	上元县	今江宁全境	杨吴升州	唐天复二年（902），杨行密占领升州，受封称杨吴，上元县始属杨吴统辖
	917~975	上元县	今江宁全境	杨吴升州、金陵府、南唐江宁府	杨吴天祐十四年（917），以上元县西南19乡，当涂县北2乡共21乡之地置江宁县。上元、江宁二县始同城而治。南唐升元元年（937），上元、江宁二县始属南唐
	917~975	江宁县	今江宁全境	杨吴升州、金陵府、南唐江宁府	
宋代	975~1275	上元县	南宋时期辖18乡3镇52里	升州、江宁府、建康府	开宝八年（975）十一月，来灭南唐，改江宁府为升州，上元、江宁二县始属来
	975~1275	江宁县	南宋时期辖22乡3镇87里	升州、江宁府、建康府	

续表

朝代	年代	政区名称	在今江宁区辖域范围或区划设置	隶属	备注
元代	1275~1356	上元县	辖18乡4镇52里	建康宣抚司、建康路、集庆路	至元十二年（1275）三月，元军进占建康，江宁二县始属元
	1275~1356	江宁县	辖18乡4镇86里，元末有20乡		
明代	1356~1645	上元县	明初辖18乡5镇（一说4镇）203个里，万历以后并为150个里	应天府	元至正十六年（1356）三月，朱元璋克集庆，改为应天府。崇祯十七年（1644）三月，明亡。五月，福王朱由崧在南京建南明弘光政权，仍设上元、江宁二县
	1356~1645	江宁县	辖21乡4镇68个里（一说74个里）	应天府	
清代	1645~1911	上元县	前中期：18乡5镇150个里；晚期：7区17乡	江宁府	顺治二年（1645），清军占领南京，沿设
太平天国	1853~1864	尚元县	仿太平军制，有乡军师、乡师帅等	江宁郡	咸丰三年（1853），太平军克江宁。改上元为尚元
	1853~1864	江宁县	仿太平军制，有乡军师、乡师帅等	江宁郡	

续表

朝代	年代	政区名称	在今江宁区辖域范围或区划设置	隶属	备注
民国	1912～1913	南京府	6市9乡（不包括城厢的江宁市）	临时政府内务部	民国元年（1912），废上元、江宁二县设
	1913～1927	江宁县	民国三年（1914）停止市乡自治，但市乡制仍然保留，民国八年（1919）再次实行市乡自治	江苏省江宁行政督察区	民国二年（1913），撤销南京府，改设
	1927～1933	江宁县	民国十六年（1927）废除市乡制，改行村制，全县划为300余村；民国十七年，县下增设10区；民国十八年，村制改为乡镇闾邻制，全县设295乡镇	江苏省	民国十六年（1927），设南京市，江宁县辖城区出今南京主城区
	1933～1937	江宁自治实验县	295乡镇，但同邻改为村里（共设2049个）；民国二十四年（1935），乡镇之下设保甲	江苏省	民国二十二年（1933），改江宁为自治实验县

续表

朝代	年代	政区名称	在今江宁区辖域范围或区划设置	隶属	备注
民国	1937~1945	江宁县	县下设乡镇保甲	江苏省第十行政督察区、江苏省江南行政督察区、江苏省第一行政督察区	民国二十六年（1937），江宁自治实验期结束。同年底，江宁沦陷；此后，江宁县政府驻地游徙不定。民国二十七年（1938），伪南京市自治委员会将南京市及江宁县各乡镇划为10个乡区，旋又将江宁县划出；伪维新政府和伪国民政府时期，江宁县先后设伪县署和伪县政府。民国三十四年（1945），江宁县政府复员
	1945~1949	江宁县	民国三十五年（1946），全县85乡镇合并为31镇15乡，分属7区	江苏省第一行政督察区	
民国（中共所设政区）	1941~1945	江宁县	民国三十二年（1943），有5区，下辖60乡镇	苏南第五行政督察区、苏南行政区、苏南区、第一行政分区	民国三十年（1941）八月，成立江宁县抗日民主政府；民国三十四年十月，撤离县境
	1942~1943	江当溧三县	下辖3片8区	苏南区	民国三十一年（1942）八月，成立江（宁）当（涂）溧（水）三县行政委员会
	1943~1945	横山县	下辖3片8区	苏南区、苏南第三行政督察区、苏南第一行政分区	民国三十二年（1943）冬，江当溧三县改为横山县抗日民主政府；民国三十四年十月，撤离县境

续表

朝代	年代	政区名称	在今江宁区辖域范围或区划设置	隶属	备注
民国（中共所设政区）	1945	上元县	下辖5区	淮南路东区	民国三十四年（1945）四月，成立上元县抗日民主政府；同年十月，撤离县境
中华人民共和国	1949~2000年	江宁县		4月28日划归苏南行政公署镇江专区。12月2日改属南京市。1950年1月划归镇江专区。1958年7月又划归南京市。1962年5月复归镇江专区。1971年再属南京市。	
	2000年~目前	南京市江宁区		南京市	

（二）文化特色

　　江宁乃历史文化大区，历史遗存丰厚，文化名人众多，留下的遗址遗迹有数百处。作为十朝京畿重地，其文化深受古都南京的辐射影响，时代特征鲜明。这些文化积淀在江宁的山水人情之中，独具魅力，底蕴深厚。

　　其一，江宁是古都文化之经典，悠悠长河，淘尽无数风流，留下历代文化遗存：南朝石刻、定林寺塔、宏（弘）觉寺遗址、南唐二陵、岳飞抗金故垒、郑和墓、阳山碑材、杨柳村古民居群、蒋介石温泉别墅等。

　　其二，长江文化、秦淮河文化、湖熟文化在这里融汇；秣陵、丹阳、湖熟西汉侯国的历史文化在这里沉淀；牛首山佛教、方山道教、湖熟伊斯兰教等宗教文化在这里生存发展，积蓄出悠久的文化底蕴。悠久的历史，灿烂的文化，给江宁增添了浓郁的文化氛围，留给江宁丰富的"文化遗产"资源。"文化遗产"事业属于"现代化"学术及实践范畴，它让历史变成活态，让过去与现代之间产生必然的联系，成为可以产生政治效益、社会效益、经济效益、文化效益、生态效益的"稀缺资源"。"保护就是发展"已逐渐成为社会各界的共识。

　　其三，江宁人民勤于劳作，农工皆本，义利并重，故而物产丰富、百工兴盛。史有"上元之民善商，江宁之民善田，龙都之民善药，善桥之民善陶，陶吴之民善剞劂，秣陵之民善织，窦村之民善刻"之说及"天下望县、国中首善之地"之美誉。

　　其四，江宁的文化地位与南京古都之地位息息相关，不管是过去、现在还是未来，江宁的发展均离不开南京，如何融入南京是江宁发展首要问题。六朝时期，江宁作为京畿，文化事业鼎盛，风流东晋在江宁地区画上一笔笔浓墨重彩，文人雅士的清谈之风在江宁盛行。南朝帝陵石刻雄伟壮丽，其艺术风格上继秦汉，下启隋唐，彰显文化传承。南朝佛教盛行，众多佛窟古刹得以开凿，牛首山、祖堂山卜佛寺林立，是江宁地区重要的文化景观。隋唐时期，政治中心北移，南京地位下降，统治者唯恐长江流域出现隐患，于是采取打压政策，江宁地区一度陷入建设低潮，其文化除了在南唐时期得到复兴外，均处于缓慢发展状态。明清时期，江宁地区获得较为稳定的发展环境，陶瓷器、金银器、书画、诗词歌赋皆步入辉煌期，这时期与江宁有关的名人也层出不穷，他们在这里挥洒热情、激情豪迈地融入这片山水之中。可见，江宁历史文化遗产是南京历史文化遗产的一个重要的有机组成部分。

三　江南佳地　山水如画

（一）自然化育

　　江宁属于北亚热带季风气候区，温暖湿润，四季分明；其地处长江与秦淮河交汇之处，宁镇山脉西段绵延至境内，山水兼得，地貌多样，物产丰富。天赋如此独厚的自然条件，使江宁这片热土宜耕宜商，宜居宜游，自古便有"江南佳丽地"之称。

　　从自然地理的角度来说，江宁的历史可以上溯至几亿年前的远古时期，自然的化育使之形成，并逐渐呈现出现在的地貌。距今约 2 亿到 1.5 亿年前，经历频繁的地质运动，数次造山运动，几度海陆升降，多少风化侵蚀，形成了江宁现在的面貌。

　　在江宁区境内，秦淮河的形成年代（7000 万年前）比长江江宁段（300 万年前）早了几千万年（图四）。自南京猿人时起，这两条生命之源就担负着江宁

图四　秦淮河流域简略图

先民的点点滴滴，世世代代直至今日，也见证了很多波澜壮阔的历史篇章。地质勘查研究结果表明，江宁地区的这段长江位于一条东北—西南方向的大断裂带上，地质学家称之为长江大断裂带。它的平均宽度为 20～30 公里，最宽的地段可达 40 公里。至少在一亿五千万年前，这条大断裂带就已经存在了。距今三百万年左右或更早一些，由于大断裂带的长期地质活动与地壳的连续上升运动，大断裂带的岩石遭到的风化剥蚀作用愈演愈烈，岩石也就越来越破碎，逐渐形成低洼的地形。于是，较高地方的水流便汇聚到这里，形成了河谷，并向着地势更低的大海流去。大约三百万年前，江宁区境内的长江段已经形成，同时，随着中国西部青藏高原的升起，长江之源滚滚东流，渐渐地与江宁地区的长江衔接起来，继而发育成为现在的长江。

（二）山水风情

江宁历史悠久，山川形胜，风景名胜众多。这里有因东晋太傅谢安营墅而得名的东山；这里有景色壮美且富含深厚的历史文化积淀、为江宁区西北部很好的旅游胜地的牛首山；这里还有与牛首山相连、有着众多名胜古迹的祖堂山。流淌在境内的秦淮河，是江宁人民的母亲河。沿河两岸，风景秀丽，变化日新月异，处处洋溢着现代化的气息。"汤山温泉"，四季如汤，久负盛名。

1. 秦淮河风情

秦淮河全长 110 公里左右，由南向北纵贯江宁区境，拥有 16 条主要支流，流域面积总共约 2630 平方公里（图五）。其流域范围是宁镇山脉之南，横山之北，茅山之西，云台山、牛首山之东，属于一个比较完整的盆地。

秦淮河有南北两个源头：南源于溧水县东庐山的溧水河；东源于从句容市宝华山、茅山的句容河。南源经溧水县城和江宁禄口街道、秣陵街道、湖熟街道流到西北村等地；东源汇集赤山湖水之后，进入江宁湖熟街道，流经湖熟街道也到达西北村附近，与南源汇合。秦淮河两源在西北村汇合后，再绕方山的西南两面，转西北流，经秣陵街道的殷巷、东山街道，向北流到南京市区后入长江，这是秦淮河的主干道（图六）。秦淮河沿河两岸圩田地区，历来是鱼米之乡，有山有水，风景如画。清代乾隆年间"金陵四十八景"就有 5 个风景点（东山秋月、天印樵歌、祈泽池深、虎洞明曦、台想昭明）在区境秦淮河地区。沿河的淳化街道刘家边社区有南朝梁建安敏侯萧正立石刻、东山街道上坊集镇

图五　秦淮河鸟瞰图

石马冲有陈武帝陈霸先万安陵石刻，秣陵街道方山北麓还有南宋上定林寺塔等名胜古迹。

　　唐代以前史书中从未见有"秦淮"河的名称①。只有《三国志·吴书·张纮传》注中提到孙权时首次说到秦淮河："秣陵有小江百里，可安大船，吾方理水军，当移居之。"说的是孙权要在这条"小江"上训练水军。这条"小江"就是后来所称的秦淮河。这里的"小江"是相对于长江（当时称"大

———————

　　① 卢海鸣先生在《六朝都城》一书中引用《三国志·吴书·张纮传》注中提到孙权时说到："秣陵有小江百里，可安大船，吾方理水军，当移居之。"认为这条"小江"就是后来所称的秦淮河，可能并不成立，古人不会混淆长江和其支流。此处"小江"应是长江的分汊，如后人称下关的惠民河为"小江"。孙权说的"小江百里"大约是在今天清凉山到三山一段江面。

图六　秦淮夕照

江")而言的。秦淮河弯弯曲曲,神话传为"藏龙"所开,它西通长江,称它为"龙藏浦",倒是比较形象的。南宋诗人范成大《秦淮》诗有云:"不将行李试开关,谁信江湖道路难。肠断秦淮三百曲,船头终日见方山。"在这首充满哲理的诗中,诗人以难以忍受的、焦急而几乎痛苦的心情,描写了在秦淮河上行船的艰难,弯曲太多,盘来绕去,抬头可见的方山迟迟不得到达,竟要行船终日。本诗作者在同题诗作前的小序中有"秦淮逶迤屈曲,不类人工"之语,是针对秦淮河乃秦始皇"凿石垄,断山根,鞭方山"开通秦淮河以泄掉王气这个传说而言的。

　　随着社会进步和经济发展,如今秦淮河畔的江宁区政府所在地、南京新城区的东山及其附近又不断形成新的风景区。东山公园、竹山邓仲铭烈士纪念陵园,一南一北,相对辉映。进入新世纪,东山先后建成了凤凰台广场、东山休闲广场、天印广场及体育公园，构成一幅现代城市风貌。

2. 方山风景区

方山位于今江宁科学园区内，是一座平地崛起、下大上小、侧看颇为方正的平顶山，海拔仅209米，面积约3.3平方公里。《建康志》记载，其"山周回二十七里，高一百一十六丈……四面方如城，山顶正方"。《太平寰宇记》称之为"四面等方孤绝"。《丹阳记》："形如方印，故曰方山，亦名天印。"远望方山好像方形的印鉴，覆盖在辽阔的秦淮盆地上，因此又被称为"天印山"。明代许谷的《登方山绝顶》诗曰："天印山高四望遥，振衣同上兴飘萧。"方山历史悠久，大约在距今一千万年至三百万年之间，两次火山爆发，造就了方山独特的地貌。秦始皇鞭方山的传说①更给这片地区带来一丝神秘。

---

① 传说上古时候，方山一带方圆几百里都是一片沼泽。一天，玉皇大帝在天宫中闲来无事，坐在大殿上玩弄着自己的金印。谁知一不小心，金印失手掉落到脚边，又一骨碌滚下凡尘，正好落在这片沼泽上，化为一座大山。玉帝本想派天兵天将将金印取回，但转念一想，自己身为玉帝却丢了大印，岂不惹人笑话？于是，他将错就错，传下御旨："今天下太平，金印闲置，朕赐金印下凡，为水乡添一山景。"又派殿前侍卫青龙、黄龙下凡看守，以防止金印被偷。因此，那时的天印山上有一龟形印钮，钮上盘两条龙，一南一北，注视过往行人，而山边的沼泽也就被称为龙藏浦。再有，方山下大片土地都是黑泥灰土，只有方山脚下周围的土全是红色的。据说，那便是粘在印底上的红色印泥。不知过了多少年，到了秦始皇三十七年（公元前210年），一天，秦始皇东巡经过秣陵时，只见前方金光闪闪、紫气蒸腾。他被方山的王气深深震撼，便召来方士打听。方士禀告说："此山独居宝地、金光紫雾环绕，王者之气直冲牛斗，五百年内必出天子。"秦始皇听后大惊。接着，方士又献计说："只有凿石垒，断山根，鞭方山以碎天印，才能泄王气，永葆大秦千秋功业。"秦始皇心想："若不断山添湖，竭龙藏浦之水以泄王气，绝不罢休！"于是，他带着一根神鞭，策马来到方山脚下，抽出神鞭，使出全身之力，对准山腰猛地一击。只听见轰隆隆一声巨响，方山齐腰断裂，上半截被打出30里，落到了东南方的大湖之中。因山通体呈赤色，被后人称作赤山（位于今湖熟街道东南）。他收回神鞭时，那鞭梢子带回两撮土，落在身后，稍大的一撮土落在方山西北10多里外，名叫土山（今东山街道的东山）；另一撮落在土山南面不远处，叫撮山（今名竹山）。鞭后的方山山顶平平整整、四四方方，故称方山。更神奇的是，那赤山脚与方山顶正好一样大小，而且在方山和赤山两个红色山体之间，黑土中还有一条若断若续的红土带，正是当时顺鞭洒落下来的。当地有这样一种说法："方山无顶、赤山无腰，土山、撮山鞭梢。"就在秦始皇鞭山的时候，盘在印钮上的青龙和黄龙被吓得丧魂落魄，跟着印钮一下子落到了赤山湖中。它们四处乱窜，找不到出路，只好冲出湖面向西北狂奔逃命。只见一条长垄横挡在前头，小青龙飞身而过，长垄划开一个大缺口。小黄龙紧跟其后，猛地尾巴一扫，长垄坍塌了。它俩所经之处山崩地裂，龙藏浦的水排山倒海般奔涌而出。龙借水势，水助龙威，弯弯曲曲直奔长江，形成了九曲十八弯的河道，这就是后来的秦淮河。唐许嵩撰写的《建康实录》也有记载：秦始皇"断金陵长垄以通流. 至今呼为秦淮。"南唐诗人朱存写有《秦淮》一诗："一气东南王斗牛，祖龙潜为子孙忧。金陵地脉何曾断，不觉真人已姓刘。"这是针对秦始皇下令开河道以断金陵"王气"的传说而作的一首政治讽刺诗。传说虽以一定历史背景为基础，但毕竟不是史实。不过，秦始皇确实到过江宁，这是有案可稽的。司马迁《史记·秦始皇本纪》中有明确的记载："三十七年十月癸丑，始皇出游……过丹阳，至钱唐，临浙江……还过吴，从江乘渡。"文中提到的"丹阳"、"江乘"就在江宁。当然，传说也仅是传说而已，有些是不符合实际、缺乏科学依据的。

方山满山绿色，生态怡人，风景绝佳。登临山顶，放眼山下一马平川，河套交织，状如彩带，色彩随着季节的变换不断变更。山间树木葱茂，寺塔巍巍，清代《金陵四十八景》之一的"天印樵歌"即在此地。明代诗人游玩此地时曾留下美句，描述了方山的景色，诗云："山形如印阁晴空，翠压秦淮秀所钟。几度登临斜日里，白云红村影重重。"就连清代的乾隆皇帝也对方山褒赞不已，留下《方山》佳句：

> 方阜常栖隐者流，秦淮经下水悠悠。
> 贺循迎得因张阎，曾几分禅克复谋。

方山还是华东著名的火山地貌区，被联合国教科文组织列为世界 30 个典型火山地貌之一，现已纳入国家级火山地质公园建设计划项目，可望成为长江三角洲第一个，也是全国条件最好的一个火山地质公园。在方山周围，随处可见当年火山喷出的带气孔的岩石——玄武岩。这些石块体积虽大，分量却很轻，当地称之为"浮石"。从方山西北坡向上攀登，初上时坡度不大，至高度三分之二处，忽变陡峻，大小岩石，遍地纵横，异常坚固。再往上快到山顶时，玄武岩不见了，紫灰色的大块岩石和火山灰相混杂的堆积物，竟然像围墙似的环绕山顶一周，这就是火山灰堆积的重要标志——火山集块岩。

当今的方山公园，包含着众多的名胜景点。主要有上定林寺、古斜塔（上定林寺塔）、八卦泉、齐武帝祭天营遗址、达摩面壁崖、观景台、十八盘、天门口、洞玄观（图七）、千秋岭、长寿台、茶艺馆、火山口、石龙池、仙人棋座、方山大庙遗址（图八）、祖龙顶、方山烈士公墓、国民党抗日地下指挥所、孙权点将台等。如今，2004 年 9 月复建竣工的定林寺金碧辉煌的大雄宝殿内外，游人络绎不绝，善男信女在阵阵鼓声中烧香拜佛，　派太平盛世，温馨和谐的景象。逢年过节或者双休日、人们游地质公园，品天印紫雾茶，尝农家土菜，观方山大鼓精彩演，出看方山裱画，赴上定林寺塔、洞玄观、八卦泉、达摩面壁崖等古迹怀幽思古……这已成为江宁、南京乃至江苏周边省市的又一道独具特色靓丽的旅游风景线（图九）。

图七　方山洞玄观（30年代）

图八　方山大庙（30年代）

图九　今日的方山新貌

3. 东山风景区

东山，原名土山①，位于江宁区政府所在地的北面，海拔 62.1 米，面积约 0.3 平方公里。山体多为侏罗系象山群砂岩及砾岩组成。此山虽小，却闻名于世。

相传东山为秦始皇鞭方山时飞出的小土块，山中没有岩石，因此古时候被称作"土山"。东晋时期，太傅（谢安死后的封号）谢安曾模仿浙江会稽（今绍兴）东山，在此营楼造墅，更名东山。晋太原八年（公元 383 年），前秦王苻坚强征北方各族人民，率百万军正图一举灭晋时，谢安为征讨大都督，令其弟石、侄玄领八万北府兵渡江抗击苻坚。谢安，从容不迫，命驾出山墅，"游涉至夜还"、"指授将帅，各当其任"，指挥这次著称于史的以少胜多的淝水之战，打得苻坚弃甲逃遁，风声鹤唳，草木皆兵。后人为纪念谢安，设祠祭祀，为谢公祠（图一〇）。东山因是"淝水之战"的指挥地而著名。唐代大诗人李白三次登览东山，留诗两首，悼念"携妓东土山"的谢安。宋王安石、苏轼也皆有咏东山之作。

图一〇　谢公祠

---

① 史料记载："东山一名土山，周四里，高二十丈，无岩石，故曰土山。"东山改为土山与东晋谢安有关，明代诗人黄姬水有首"土山"诗云："昔卧会稽客，因留东山名。宛然林泉趣，犹是谢公情。远树草全没，空门台半倾。谁知游衍者，偏解慰苍生。"谢安从会稽东山隐居复出，到东晋王朝当了宰相，由于他对会稽的东山怀有深厚的感情，因而在土山营造别墅是，将土山改为东山，并仿照会稽东山，"广植蔷薇"，以慰藉对会稽东山的思念。

1983 年江宁县建成东山公园，现建有谢公墅、谢公祠等景点。

4. 汤山风景区

汤山位于江宁区东北部，海拔 292.3 米。"汤山"的"汤"即热水的意思，因为有"四时如汤"的温泉，所以人们就称其为汤山了。

汤山温泉大多分布在汤山东及东南坡一带。按地质科学者推测，大约在一亿多年前的晚侏罗纪末期，汤山温泉就已形成。汤山温泉的水温在 50～60 摄氏度，估计其来源深度约 2 公里。温泉水中饱含硫酸盐、钙、镁等 30 余种微量元素，不但可以沐浴，而且对关节风湿症、类风湿关节类、肌风湿、高血压和多种皮肤病都有一定的疗效，还能用来进行保苗、育萍、催种、水产养殖和地震预测等项工作。

对汤山温泉的开发和利用，很早就见于史籍。晋人张勃所纂记叙孙吴境内地理的《吴录》载："丹阳江乘有汤山，出温泉二所，可以治疾。"比《吴录》更早的《吴郡录》载："江乘县有汤山，出温泉二所，可以治疾。"相传南朝梁太后因在此洗浴治愈了皮肤病，当时皇帝遂封汤山温泉为"圣汤"。又据唐代著名画家韩滉"女有恶疾，浴于汤泉，应时而愈"[①]。为酬谢泉神，韩滉慨然将女儿嫁妆之资解囊献出，在汤山脚下修建了一座"圣汤延祥寺"，从此，善男信女纷纷来此朝山进香、沐浴疗养（图一一）。在南朝、南唐就有汤山温泉用于私人别墅开发和兴建的记载。清代名人袁枚"为寻圣水濯尘缨，爱忍春寒远出城"。民国八年（1919 年）从陶保晋兴建"陶庐"开始，温泉别墅便一个个兴建起来：蒋介石、于右任、张静江、戴季陶等人在此均修有别墅。解放后，人民政府充分利用温泉这一天然资源造福于人民，汤山温泉流进千家万户，浴室、浴池的数量已难以计数。与此同时，公共浴池的设备更加完善，洗浴的档次也不断提高，以往单一的"池浴"已发展成"淋浴、桑拿、芬兰、冲浪"等诸多浴种，古老的汤泉正与现代化"接轨"。

汤山素有"地质博物馆"之称，岩溶地貌发育颇佳，龙耳洞、老虎洞、美人洞、朱砂洞等小溶洞遍布各山，而上世纪八九十年代发现的雷公洞、葫芦洞（图一二、图一三）等大溶洞更为汤山带来了奇妙的景观，这些溶洞都是由含有二

---

① 《同治上江两县志》卷三《山》。

图一一　汤山延祥寺旧址

氧化碳和有机酸的地下水在石灰岩山体裂隙中长期不断地流动、溶解、扩大而形成的。汤山的很多溶洞埋藏有远古动物化石。发现古人类化石的地点是葫芦洞南侧支洞，说明距今50万年左右（一说35万年左右），就有原始人类在汤山生存繁衍。

图一二　汤山葫芦洞外景

图一三　汤山葫芦洞内景

4. 牛首山、祖堂山景区

牛首山位于江宁区谷里街道境内，是南京市城南（中华门外）10公里处的第一名山，主峰海拔248米，面积约5平方公里。山有东西两峰，"两峰并峙如双角"①，故名牛首山、牛头山。牛首山曾名"天阙山"，东晋时开始出名（图一四）②。

图一四　牛首山远景

---

①　《万历重修江宁县志·地理志》。

②　公元317年，西晋皇族司马睿在建康（今南京）称晋王，次年称帝，史称东晋。司马睿大兴土木，建造起宫殿楼阁，为显示皇威，又想在都城的正南门宣阳门外筑天阙（华表）。丞相王导陪同司马睿出城踏勘，南望牛首双峰对峙，考虑到经过连年的战乱，财力单薄，便灵机一动，指着牛首山双峰说："好一个皇天恩赐的天阙，岂烦改作！"司马睿领会了王导的用意，遂打消了建阙的念头。牛首山从此有了"天阙山"之称。

　　牛首山还叫仙窟山。相传辟支和尚于刘宋大明年间，一度住在牛首山双峰的山洞里，后该山洞称作"辟支佛洞"，又称"佛窟洞"。梁武帝天监二年（公元503年），司空徐度在此建造寺庙，遂取名佛窟寺，牛首山因此一度被叫作仙窟山。

　　唐代贞观年间，法融禅师在牛首山南的祖堂山修行，创立"牛头宗"，佛书称为"江表牛头"，因此牛首山是佛教南宗"牛头宗"的发祥地。牛首山上至今留存着舍身崖和唐大历九年（公元774年）建的弘觉寺塔（1994重修，图一五）、明代摩崖石刻、文殊洞、白云梯、白龟池、辟支洞、野猪洞，太虚泉、虎跑泉、地涌泉（一名罗汉泉，又名感应泉）、梁昭明太子饮马池（图一六）等，至今仍有踪可寻。

　　南宋岳飞在牛首山大败金兵，收复建康府，自此牛首山闻名遐迩。至今山中仍留存有当年岳飞抗金的故垒遗迹多处。明朝医药学家李时珍也曾在牛首山采药，写了举世瞩目的著作《本草纲目》①。牛首山还有一座郑和墓，但专家普遍认为，这是一个衣冠冢。因郑和在第七次下西洋途中病逝印度古里，他的真身究竟葬于何

图一五　牛首山弘觉寺塔

---

　　①　江宁多丘陵山地，药材资源丰富，所产药材行销南北，颇有声名。明世宗嘉靖三十四年（公元1555年），李时珍被推荐到京城太医院任职，不久，辞职返回家乡，从事医药学研究和编撰工作。明神宗万历七年（公元1579年），李时珍再次来到南京，谋求刊刻《本草纲目》。期间，他登上牛首山采药，拜访药农，对全书加以修订。万历二十四年（公元1596年），《本草纲目》在南京首次出版，成为世界医药学领域的巨著。

图一六　梁昭明太子饮马池

处，一直备受争议，成为历史上的一大悬案。近年来，南京博物院专家葛晓康先生从半个世纪前在南京牛首山一座古塔地宫中出土的文物中发现了线索，经过长达15年对文物和文献的破译，一个重大发现让他大吃一惊，牛首山弘觉寺舍利塔地宫，就是郑和真身葬所，也就意味着地宫出土的人牙就是郑和的牙舍利。

牛首山盛产松、竹、茶（古称"天阙茶"）、兰。每到春季这里桃李争芳，杜鹃吐艳，松竹掩映，满山滴翠，被誉为"春牛首"，与"秋栖霞"齐名（图一七）。2007年"春牛首踏青习俗"被南京市列为非物质文化保护项目。

图一七　牛首烟岚

祖堂山与牛首山相连，位于牛首山南，海拔256米，面积约3.6平方公里。该山原名"幽栖山"，因南朝所建"幽栖寺"而得名。唐朝贞观年间，法融禅师曾在此修行，为南宗第一祖师，后人遂改幽栖山为"祖堂山"。山体多为砂岩组成。山间繁花似锦，远望此山好似出水芙蓉，因而又名花岩山。

祖堂山上松柏苍翠，绿竹挺拔，紫藤遍坡，山泉潺潺，风景幽静，名胜古迹众多，如芙蓉峰、拱北峰、天盘岭、西风岭、南花岩、伏虎洞、神蛇洞、角鼻洞、和息泉、净香泉、太白泉、长庚地、飞来石、藏经楼、拜经台等，至今犹可寻踪（图一八）。

图一八　清人张宝《泛槎图》中"祖堂品泉"图

幽栖寺居南侧山腰，始建于南朝大明三年（公元459年），毁于唐末光启四年（公元888年）。杨吴太和二年（公元930年）重建，改名为"延寿院"。南唐后主李煜于此"造寺千间"。宋代恢复"幽栖寺"。明代又重建并增建无梁殿。寺内有祖师洞、虎跑泉、月牙池、银锭桥等。如今幽栖寺遗址犹存，环境清静幽雅。古树名松众多，挺拔苍翠，枝叶繁茂的古银杏树多有二三百年的树龄。献花岩在该山北侧，"有石窟室"。相传法融和尚在"岩下讲《法华经》时，素雪满阶，获奇花茎，状如芙蓉，灿同金色"，"又有百鸟衔花翔集"。"清代金陵四十八景"的"献花清兴"即指此。

登献花岩芙蓉阁

（明）汤显祖（1550~1617）

木末芙蓉出，花岩草树齐。

陵高诸象北，江白数峰西。

幽栖山上风景秀丽，有祖师洞、朝阳洞、虎跑泉、金龟池、香水海（山顶冬夏不竭）等；历代文人雅士多喜前往祖堂山、幽栖寺、献花岩等处，留下了不少诗篇故事。明代的诗人殷迈在《牛首山阅楞严夜坐》中，记述了自己夜宿幽栖寺，阅读佛经经典的情景，表达了对南朝第一禅宗祖师法融的崇敬之情。诗云："一轴楞严阅未终，四山风静暮林空。忽逢华屋身能入，自得神珠道不穷。树影欲迷云度处，径声遥听月明中。共传鹿鸟春深后，犹向烟萝礼法融。"相继到访幽栖寺并留下千古诗篇的文人诸如皇甫汸、刘世扬、王世贞等。可惜时至今日，幽栖寺久已破败，目前尚存遗址及祖师洞、银锭桥、月牙池、水井等建筑，另有明代铜钟一口（图一九）。该寺于1992年被列入南京市文物保护单位。

图一九 银锭桥、月牙池

在祖堂山西面分支高山脚下，有五代十国时的南唐开国皇帝李昪的钦陵和中主李璟的顺陵，号称"南唐二陵"。在其东侧前山坡上，有我国著名考古学家曾昭燏（1909~1964年）墓葬。

5. "金陵四十八景"之"江宁八景"（古今对照）

明代，选景之风渐起，"金陵八景"、"十景"之说相继出现。乾隆皇帝南巡江宁，历游名胜后，金陵景物逐渐固定为四十八景。清代光绪年间所印的长干里客（徐虎）绘本有江宁八景，分别为：虎洞明曦、东山秋月、天印樵歌、台想昭明、祖堂振锡、牛首烟岚、献花清兴、祈泽池深。历经百年沧桑，这八景有的因遭兵燹现已不复存在，如"台想昭明"的昭明太子读书台；有些遗迹尚存，今日还依稀可寻；而多数景观则不仅旧景仍在，且经历过历年修葺，又增添了不少景点，已成为南京地区的旅游胜地。

（1）虎洞明曦

这是江宁淳化新林村田野老虎洞的景点。该洞不甚宽奥，而群山环立，竹树繁茂，云光吞吐，风景秀丽。相传这里素为风调雨顺，五谷丰登之地，有一年竟久旱不雨，水涸田裂。一天，从石洞中跑出一只色彩斑斓的老虎，到山下用爪刨土，很快就出现一眼清泉，泉水晶莹澄澈，汩汩地不断涌流，灌溉了农田，复苏了庄稼。人们认为是神虎相救，便将洞命名为"老虎洞"，称泉为"宫氏泉"。洞中有千姿百态的钟乳石，明代黄姬水有"笋玉标为柱，芙蓉削作城"的诗句咏之。后历经沧桑变迁，景渐不着。附近曾有一庵，香火颇盛，竹树掩映，土地平旷，游人多于此休憩，庵后毁（图二〇）。

如今虽庵毁、泉均早已荒废，但那老虎洞顶的"佛"字至今尚存，字高约3

图二〇 虎洞明曦

米，笔力遒劲，雄伟壮观，仍不失为一景；"佛"字下有一条只可容一人行的小通道，谓之"一线天"，堪称一险。每当春晓夏晨之际，登上山顶林谷峰峦之间，云雾缭绕，朝霞云蒸，气象万千，仍不失"明曦"的壮丽。

在府治东南40里，出高桥门外田野（今淳化街道新庄村境）。洞不甚宽奥，而群山环立，云光吞吐。近洞有宫氏泉，相传汉时已著。洞外一庵，竹树掩映，土地平旷，游人至是憩焉。

（2）东山秋月

从清同治年间一位名为"长干里客"的画家所绘的《东山秋月》图来看，当时的东山绿树四合，楼台掩映，曲径盘纡，直通幽处。山巅一带红墙内，更是杰阁高蠹，回廊曲折，景色分外优美（图二一）。今日，这处胜景虽饱经沧桑、屡遭毁坏，但经近一二十年来的修葺和复建，仍然不失为一处风光如画的游览佳地。现在这里为东山公园，入得园来拾级登山，东麓有"谢公祠"，东南有"布塞亭"，南山腰有"龙亭"、"寒乐轩"、"芳楼"、"思源亭"等仿古建筑。还有"芙蓉池"、"映翠池"、"聚卉园"等错落上下，掩映于扶疏的花木之中。登上山巅纵目四览，东山镇烟树人家尽收眼底。来此探幽，看银辉泻地，听松涛盈耳，更会领略到"东山秋月"特有的意境，使人顿发思古之幽情。

图二一　东山秋月

在府治东南30里（今东山镇西北），一名土山。晋谢安筑之，拟以会稽之东山，尝与仲子围棋于此，又尝挟妓游山，流连终日。试一登揽，远山叠翠，古木含烟，亦郊坰之胜概也。

（3）天印樵歌

方山因形如方印而名"天印山"。明代许谷的《登方山绝顶》诗，描写了方山鲜明壮美的景物。山麓原有观，传为葛洪炼丹飞升处，旁有八卦泉、洗药池、炼丹井、象皮鼓、昭明读书台等古迹，但均已不存（图二二）。如今山北麓南宋孝宗乾道九年（公元1173年）所建上定林寺（已毁）的附属建筑物"上定林寺塔"依然耸立云天，为省级文物保护单位。

图二二　天印樵歌

在城南40里（今秣陵街道方山），高126丈，周27里。四函方如城，故俗名方山。秦始皇凿金陵，此山是其断者。上有石龙池，下有葛仙翁井，杂树不生，实一奇景也。

（4）台想昭明

这是南朝萧梁昭明太子在湖熟镇台型土丘"梁台"读书处的景点。梁台曾有法清寺，东侧有水塘，名"小太湖"，因广植莲藕，又名"植莲湖"，相传湖中常映出双月，蔚为奇观。萧梁昭明太子曾游玩于此，并在法清寺楼上读书。后人为纪念好学的太子，在庙旁建"昭明太子读书楼"，遂为"台想昭明"之景。该读书楼突兀云表，庭宇闲敞，树木萧森，鸟语花香，风声月色，风景清幽秀美（图二三）。但可惜庙宇楼阁悉被侵华日军所拆毁，古迹湮没，今仅剩土台。

图二三　台想昭明

在湖熟镇（今湖熟街道），梁太子读书处。中建高台，突兀云表，庭宇闲敞，树木萧森，而鸟语花香，风声月色，登斯台者，有令人徘徊而不能去。

（5）祖堂振锡

这是牛首山南端祖堂山的景点。祖堂山原名"幽栖山"，因南朝刘宋大明三年（公元459年）建幽栖寺于山南而得名。唐代禅师法融在此修行，创立"牛头宗"，香火鼎盛，此地成为佛教圣地，法融为牛头宗第一祖师，山遂更名为"祖堂山"，因有"祖堂振锡"之誉（图二四）。幽栖寺历经兴毁，解放后，人民政府将残破建筑予以整修，曾供南京市精神病收容二所使用，原属市级文物保护单位，现由南京市文物管理委员会与佛教协会在幽栖寺原址重建起弘觉寺。

祖堂山峰峦状如芙蓉，顶峰名"芙蓉峰"。原寺外的拱北峰、天盘岭、西峰岭、献花岩、伏虎洞、神蛇洞、象鼻洞、和息泉、净香泉、太白泉、长庚池、飞

图二四 祖堂振锡

来石、拜经台等名胜和寺内的祖师洞、虎跑泉、月牙池、银定桥、水井等胜迹，全都有迹可寻。如今山上松柏苍翠，绿竹挺拔，紫藤蔓坡，山泉潺潺；寺内古木甚多，有不少二三百年树龄的银杏树，更是高大苍翠，枝叶繁茂，环境甚为清静幽雅，为今日的"祖堂振锡"更添美韵。

寺在牛首山之西，懒融禅师修道之处。唐贞观中传四祖法建寺，故山与寺皆名祖堂。曲径通幽，禅房寂静，过于牛首之弘觉云。

（6）牛首烟岚

这是牛首山上的景点。牛首山其峰峦之秀，风光之美，自古即着称于世，登临其间，但见翠峰挺秀，岩壁峭立，藤木杂柔，洞窟参差，其自然景观为周围诸山所不及。尤其是每年的春天，牛首山于山光峦影之中，处处桃李叶华，山花似锦，趁以流泉淙淙，鸟语关关，更构成一幅幅绝妙的阳春烟景图，故有"牛首烟岚"之誉，是一处绝佳的旅游胜地（图二五）。

牛首山之久有盛名，除大自然给了它奇伟峥嵘的形貌外，更有其历史文化及佛教等多种因素。佛书上的"江表牛头"、"江左牛头"即指此处。梁代徐度在牛首山西峰首建仙窟寺，即后来的弘觉寺，历代都为丛林胜地。该寺有砖塔一座，系梁武帝隋仙窟寺初建，后唐代宗李豫扩建佛殿，又于大历九年重建七级八

图二五　牛首烟岚

面砖塔，明代复建，塔至今犹存，可供游人观赏。

在府城南20里（今谷里街道牛首山）。山有二峰，东西相对，王导名之曰天阙。连接祖堂、献花岩诸山，惟含灵阁独踞奇胜。

（7）献花清兴

祖堂山山北有岩石窟，奇丽中空，深约十步，俨若堂宇。相传唐高僧法融禅师在此讲演《法华经》时，素雪满阶，竟有百鸟衔花翔集之异，遂有"献花清兴"之誉，名山岩为"献花岩"（图二六）。明成化年间建有"花岩寺"，后毁。

献花岩雄伟险峻，环境清幽，为祖堂山的最佳处，引来无数游客留下诗篇，仅明代陈沂在《献花岩志》里就辑录了诗人游献花岩的诗八十多篇，如王守仁的《游献花岩》，形象地刻划了献花岩的雄伟险峻、春光绮丽；汤显祖的《登献花岩芙蓉阁》写出了芙蓉峰的突兀云表；还有不少诗人都赋诗吟出了献花岩的胜迹和壮丽景色。

如今，献花岩的雄伟气势和奇丽景色依然如故，是难得的旅游胜地。

在牛首山南，法融禅师卓锡此岩，雪中开奇花二枝，且有百鸟献花之异，故以名岩。岩外建留云阁、芙蓉亭。游山至此，可以息虑洗心，而回首林峦殿塔，又如一幅画图也。

图二六　献花清兴

图二七　祈泽池深

（8）祈泽池深

相传曾有法师结茅于祈泽山麓传教，有龙女前来听讲，法师问龙女"可开一泉乎？"既而神泉涌于讲座下。南朝刘宋景平元年（公元 423 年）建祈泽寺于山麓，为祈祷雨泽之所。萧梁置龙堂方池，梵以石级，泉自龙口出，故有"祈泽池深"之誉（图二七）。宋王安石有《饭祈泽寺》诗，细致地描写了祈泽寺周围初春优美的自然风光；明陈沂有《祈泽山》诗，描写了祈泽山的壮丽景色；清曹寅亦有诗描写了祈泽寺的佳泉、古木等清幽景物。

祈泽寺历经兴毁，民国三十五年（公元 1946 年）将祈泽寺部分房屋改建为地方粮库之用，而神泉则至今仍为附近村庄水利之用。

在府治东南 35 里（今东山街道上坊社区），山高 50 丈，周 40 里。宋时法师结庵于此，讲法华经。龙女听讲，法师曰："可开一泉乎？"后数日，清泉涌于庵南。后人对以祈祷多应焉。

参考文献

1. 南京市地方志编纂委员会：《南京建置志》，海天出版社，1999 年。

2. 李荣潮、陈祖贻主编，江宁县地方志编纂委员会编纂：《江宁县志》，档案出版社，1989 年。

3. 贺云翱：《汤山风情》，南京出版社，1998 年。

4. 南京市江宁高级中学：《江宁地方简史教程》，江苏教育出版社，2009 年。

5. 郑乐干、庞树根：《江宁揽胜》，江苏人民出版社，2006 年。

6. 杨新华、王宝林：《南京山水城林》，南京大学出版社，2007 年。

贰　金陵始祖　吴风汉韵

江宁地区早在 35～60 万年前就有古人类在此活动，在汤山葫芦洞发现的古人类头骨化石说明了至少在 35 万年前南京地区就已有"直立人"繁衍生息，头骨化石的发现对于研究东亚地区古人类演化具有重要的科学价值。5000 年前，江宁的先民在秦淮河畔开始了农业文明，湖熟地区最早发现的青铜文化，被考古学家命名为"湖熟文化"，这种考古学文化分布于长江下游沿江一带。江宁横山出土的周代土墩墓证明了今日的江宁地区曾是 3000 年前左右"吴文化"的起源地之一。秦始皇一统天下后，第五次东巡时经过江宁时，认为此地扼江南交通咽喉，始设秣陵县，县治在今秣陵集镇。汉武帝元朔元年（公元前 128 年）实行"推恩令"政策，将江都王刘非（王国治所在今扬州市）的三个庶子分封在今日江宁境内，建立了胡孰、丹阳和秣陵三个侯国。自西晋太康二年（公元 281 年）首设江宁县以来，1700 多年间，江宁地区治所、名称屡经兴废变迁，但"江宁"一词始终保留下来并长期成为南京的别称。

一　远古人类　首启史册

1993 年，南京东郊汤山葫芦洞发现了两具早期人类头骨化石（编号 1 号头骨）和　枚臼齿化石，这是我国继云南元谋、陕西蓝田、北京周口店、安徽和县之后，在旧石器时代考古与古人类研究领域的又一重大发现。后又从接收的动物化石中发现另外一具头骨化石（编号 2 号头骨）。1993 年 12 月至次年 1 月，考古队对南京汤山葫芦洞进行了考古发掘，共获得 2000 余件化石标本和一枚古人类的牙齿化石。此次发现作为研究的第一手材料，能深入探讨南京汤山葫芦洞人类头骨的性质、年龄、病理和基因等。同时为研究古人类的地区分布、时代特征和演化历程提供重要证据。

汤山葫芦洞是中国长江下游东南地区唯一发现古人类化石的重要地点，把南京地区人类活动的历史推进到数十万年前，对于研究古人类的演化历程及规律等有着重要的意义，并证实了长江流域是中华民族的发祥地之一。

南京汤山位于宁镇山脉西段，刚好位于分水岭地带，受流水的侵蚀、搬运和堆积作用的影响，形成众多的山麓，在山麓上汤山岩溶现象十分显著[①]，其中朱砂洞、美人洞、雷公洞、葫芦洞等各具特色。而岩性和地质构造对岩溶地貌发育起着主控作用，这也是葫芦洞演化形成的主导因素[②]。大约在中更新世，新的构造运动使得葫芦洞抬升高出地面，成为干溶洞。随着山体上升，山坡的片流和沟流发育，促进葫芦洞洞口的出露和扩大。封闭的溶洞与外界环境被紧密联系起来，溶洞本身性质冬暖夏凉，适宜人类的居住。在距今一亿五千万年前到七千万年前，汤山温泉出露形成，不竭的温泉水滋养了汤山这片土地，为动物提供了一个优良的栖息之地。为后来远古人类在此生存繁衍创造了有利条件。

葫芦洞是1990年3月被采石工人发现的，位于汤山镇西端汤山东北山坡上，洞长64米，宽25米，呈东西向伸展。因其前后两个大厅联袂而生，状似平卧的巨型葫芦，所以就为它起了个形象的名字——葫芦洞。

1993年3月13日，当地民工在清理葫芦洞南侧小支洞中的堆积物时，发现一具保存相当完好的猿人头骨化石。当时，在发现该化石的现场，民工们又用手在泥土里细找，想寻找匹配的牙齿，结果牙未找到，却又找到了3块头骨碎片。后来经专家鉴定，这3块碎骨片化石与头骨残缺处吻合一致，属于头骨早先散落下来的枕骨部分，从而进一步构成了猿人头骨的完整性。经研究发现，这些头骨分属两个古代猿人，以专家鉴定时间为序，分别命名为"南京猿人1号颅骨"和"南京猿人2号颅骨"。在南京汤山葫芦洞内发现的动物化石也十分丰富，共发现两个哺乳动物的化石层位，第一层位为大洞动物群，因产于葫芦洞大洞的表层而得名。动物群主要包括中国鬣狗、梅氏犀、李氏野猪、葛氏斑鹿、肿骨鹿等；第二层位产于葫芦洞南侧的小洞内，与南京直立人1号头骨伴存，称为小洞动物

---

① 张茂恒、周春林、尚晓春：《南京汤山猿人洞穴的形成及发展过程》，《江苏地质》2001年第1期。

② 周春林、袁林旺、刘泽纯、张惠：《南京汤山地区的地貌与岩溶发育演化》，《地理科学》2006年第1期。

群，包括中华貉、狐、马、水牛、剑齿象等（图二八）①。这对研究南京猿人的生存环境与年代以及第四纪地理气候的变迁等有重要价值。

图二八　葫芦洞内动物化石标本

根据洞中生长的石笋年龄和钙板测年表明，葫芦洞堆积从距今 50 万年前开始，洞口于距今 10 万年前封闭。因此，有关"南京猿人"头骨年代之谜也已解开，南京猿人 1 号头骨距今 35 万年左右，而 2 号头骨的时代为距今 24 万年左右②。

南京猿人 1 号头骨保存较完整，长 16.15 厘米，宽 12 厘米。化石呈棕褐色，石化程度较深，由三件颅骨残件拼接后，包括了部分面颅和大部分脑颅，构成了一件比较完整的头骨。面颅保存部分有：眶上圆枕、鼻骨、颧骨、上颌骨，左侧眼眶保存完整，右侧眼眶仅存上内侧壁。脑颅保存部分有：额骨、顶骨、蝶骨、颞骨，枕骨保存完整，枕骨大孔后缘稍残，枕骨基底部缺失，额骨低平且向后倾斜，眉脊部分粗壮向前凸出，骨壁较厚，具有明显的原始性。中国科学院南京地质古生物研究所、古脊椎动物与古人类研究所以及南京师范大学多名专家组成专家组，从 1997 年起对"南京猿人"化石进行了全面研究。2003 年，在科学家们研究成果的基础上，根据头骨的大小和骨缝愈合程度的推测，运用解剖学原理，

① 吴汝康、李星学：《南京直立人》，江苏科学技术出版社，2002 年。
② 张之恒：《南京直立人生存年代的研讨》，《东南文化》，2001 年第 5 期。

计算出各个部位肌肉的厚度，北京中国科学院古脊椎动物与古人类研究所成功复原了南京直立人（南京猿人）1号头部的全貌。

南京猿人1号复原像专家们将头骨复原后发现，南京猿人1号头骨是个20多岁的女性，生前可能患有骨膜炎。她大体上与北京猿人比较相近，具有北京猿人的许多形态特征（图二九）。南京猿人2号头骨化石长17.5厘米，宽12.80厘米，化石呈棕黄色，杂有棕红色斑块，比1号头骨化石颜色稍浅，石化程度很深，颅骨厚重粗壮，保存了较完整的颅骨部分，属约30岁的壮年男性，处于直立人到智人的过渡阶段（图三○）①。

图二九　南京直立人1号头骨化石

图三○　南京直立人2号头骨化石

通过对南京猿人头骨化石形态特征的分析和研究证实，专家们一致认为，南京直立人（南京猿人）及其伴生的哺乳动物群的性质、年代与北京直立人（北京猿人）及其伴生的哺乳动物群相似，南京汤山葫芦洞与北京周口店第一地点属于同时期的古人类遗址，均是处于古猿向现代人（晚期智人）过渡阶段的直立人。南京猿人和北京猿人形态特征十分相似，都显示了许多蒙古人种的性状。早

---

① 从已发现的人类化石来看，人类的演化大致可以分为以下四个阶段：1. 南方古猿阶段，南方古猿生存上新世至更新世初期和中期。根据对化石解剖特征的研究，区别于猿类，南方古猿最为重要的特征是能够两足直立行走；2. 能人阶段：能人化石是从1960年起在东非的坦桑尼亚和肯尼亚陆续发现的。能人生存在距今约180万年前。能人有明显比南方古猿更大的脑，并能以石块为材料制造工具（石器），以后逐渐演化成直立人；3. 直立人阶段：直立人即"晚期猿人"。直立人化石最早是1891年在印度尼西亚的爪哇发现的。直立人的生存年代约为170万年前到20余万年前。迄今为止，直立人化石在亚洲、非洲和欧洲均有发现。有名的直立人化石，有印度尼西亚的爪哇人、中国的蓝田人和北京人以及北非的毛里坦人等。4. 智人阶段：智人一般又分为早期智人和晚期智人。早期智人又称古人，晚期智人又称新人。晚期智人的体质形态和现代人已经没有多大差别，他们的化石不仅发现于亚、非、欧三洲的广大地区，而且还发现于美洲和大洋洲。在我国，山顶洞人就是晚期智人的一种。当晚期智人出现的时候，现代人种也形成了。人类学者把世界上的人分成三大人种，即蒙古人种、欧罗巴人种和尼格罗人种。

自元谋人，晚至山顶洞人，直至现代中国人，一
系列的蒙古人种特征始终存在，这说明蒙古人种
的主要性状出现很早，在中国广阔的土地上一脉
发展至今。但也有一些差别：南京猿人 1 号头骨
的枕部顶视轮廓线弯度小而且不明显后凸，头骨
比较宽，鼻梁比较高，上颌额有丘状膨隆，颜面
上部扁平度较高，颜面纵向凸度较强，在中国其
他人类化石中很少见，而在欧洲人类化石中出现
的频率却很高。南京猿人 2 号头骨的额骨正中有
上宽下窄的矢状隆起，这一形态特征与大多数中
国直立人不同，而与欧洲和非洲的直立人及早期
智人相近（图三一）。

图三一　"南京人"复原像

　　南京直立人是在南京地区最早活动的古人类，它再次证明了中国人类进化
"连续性附带杂交"的规律，那么它是南京现代智人的直系祖先吗？这个问题类
似于今天古人类学研究的一个热点：解剖学上现代的智人只起源于非洲抑或起源
于多个地区。我们想知道南京直立人是本土的直系祖先还是迁徙进入的外来人
种，就必须回归到现代人类起源多元说与单一地区起源说两种争论之中。

　　单一地区起源说，主要是指"非洲中心说"。现已发现的各大洲人类化石的
年代早晚差距很大，除了非洲以外，其他各大洲还没有发现早于 200 万年前的人
类化石[1]。因此根据现有的化石证据，一般认为人类发源于非洲，其后代在大约
13 万年前走到亚洲和欧洲，完全取代原来住在当地的古老型人类，繁衍成全世
界的现代人。后来我国学者总结中国人类化石的形态，用我国化石人类中有一系
列共同特征来论证中国古人类的连续进化，美国和澳洲也用印度尼西亚和澳洲的
化石证据论证了该地区古人类的连续进化性。于是又引发了现代人起源的"多地
区进化说"，认为非洲、东亚的现代人的最近祖先是本地区的古老型人类，澳洲
土著起源于东南亚，欧洲现代人与当地古老型人类（尼安德特人）也有一定的
联系。

---

　　①　迄今所知最早的人类化石是 2000 年报道的非洲肯尼亚发现的遗骨化石，以及 2002 年报道的撒海
尔人乍得种的头骨，其年代估计都是 600～700 万年前，这可能是人类最初出现的时间。

　　近年来不少学者认为，苏皖地区是东亚人类起源地的中心之一。目前我国发现的最早的灵长类骨化石在安徽潜山，距今 6000 多万年；江苏溧阳地区又发现距今 4500 万年的中华曙猿化石；江苏泗洪县双沟镇又发现了距今 1500 万年至 1000 万年的双沟醉猿；而在安徽繁昌又发现了 240 万年前的石器，说明当时已进入猿人时期；后来安徽巢湖又发现了 20 万年前的"早期智人"；江苏镇江、泗洪又发现距今 4 万年到 3 万年的"晚期智人"。在安徽和江苏这样一个范围里，发现了"灵长类—猿猴—猿人—智人"完整演变过程的化石，这些都为"苏皖地区是东亚人类发源地之一"的假说提供了强有力的证据。

二　青铜门槛　文明初起

　　当中原地区仰韶文化、龙山文明及夏、商文明发展得如火如荼的时候，江宁地区的先民也在这块沃土上有声有色地书写着地域文明的篇章。早在 6000 多年前的新石器时代，江宁就留下了先民辛勤农作的身影。4000 ~ 5000 年前，文化的积累、传播、变革呈现出日益复杂的图景，昝缪、点将台等文化遗址不仅具有鲜明的地域文化特色，同时也接受了东部太湖流域崧泽文化、良渚文化以及后来的马桥文化、东北部山东地区的岳石文化以及西北部河南龙山文化的影响，表现出文化交融的多元文化面貌。

（一）点将台上　文明序曲

　　点将台遗址位于汤山桦墅村，为新石器时代的聚落遗址。现存范围南北长 60 米，东西宽 50 米，面积 3000 平方米，高出周围地面 2.5 米左右，是一处较典型的"台形遗址"（图三二）。当时的人们告别了原始的采集狩猎的生活，离开洞穴，开始在露天建造生活的居所，出于防御的需要，再加上聚落处于山间盆地之上，选择台形基址是最符合生存需求的。

　　点将台遗址发现的工具以磨制石器为主，有石锛、石斧、石凿、石刀、石镞等。人们已经学会手工制作陶器，包括炊煮器、盛食器、容器等，可能还包括了一些礼器。有甗、鼎、豆、罐、杯、瓮、簋、盘、钵、尊、三足盘等①。陶器的

---

① 南京博物院：《江宁汤山点将台遗址》，《东南文化》1987 年第 3 期。

图三二　汤山镇桦墅村点将台

表面装饰有简单的纹饰如篮纹、绳纹、方格纹等，说明当时人们已经有原始的审美意识，开始在器物上进行装饰了。在点将台生活的居民，与周边的地区也开始有了交流，这点可以在生活用具上体现出来。陶器的器物在形制上与豫东龙山文化王油坊类型、山东龙山文化尹家城类型及江淮地区前龙山时代遗存中的器物颇为相似。而甗、三组盘和以石锛为主要生产工具则具有地域特色。说明了点将台文化受龙山文化和良渚文化等诸文化因素的影响，而又不失自身特色。

　　点将台遗址的文化层堆积分三层，下层文化时代相当于中原夏代；中层文化属于湖熟文化早期，时代相当于中原商代；上层文化属于湖熟文化晚期，时代相当于中原西周。由此明显看出点将台下层文化被湖熟文化前期遗存叠压，二者之间有承接关系。因两者文化分布范围基本相同，年代大体上前后相接，文化面貌又有诸多相似之处，可以相信，点将台下层文化应是湖熟文化的主要来源之一①。点将台遗址的发掘对于深入探讨湖熟文化的内涵和性质具有重大意义，尤其是下层文化的发现，解决了湖熟文化与新石器时代文化之间的缺环问题。

　　关于点将台文化的社会形态，至今尚未发现足以说明问题的房屋和墓葬等。至于当时人们的经济生活，可以从生产生活工具上略窥一二。这时陶器制

　　① 张敏：《试论点将台文化》，《东南文化》1989 年第 3 期。

造比较发达，且拥有较多的石制工具如石锛、石斧、石刀等，说明当时应以农业经济为主，一定数量的石镞反映了狩猎经济也占有一定的比例。在点将台遗址中发现了牛、羊、猪牙和鹿角，说明当时人们已经学会经营畜牧业。在上、中文化层中发现了青铜锥和铜炼渣，说明了点将台文化已初入"青铜时代"的门槛。

（二）续写谱章　陶吴昝缪

昝缪遗址是宁镇地区重要的古文化遗址，时代大约为新石器时代末期到青铜时代，处于一个阶段的转型期，体现了这一时期江宁地域文化的交流和较快的发展。

昝缪文化遗址位于江宁区陶吴镇昝缪村，由连接在一起的大小两个土墩组成，呈东西向不规则的长条形。现存面积约1万平方米，高出地面约6米，是一处古代台形遗址。1975年和1979年考古工作者对遗址进行了两次小规模的试掘，发掘面积为135平方米，文化层堆积厚约3.5米。

出土器物主要有珍贵的玉质装饰品、玉璜（图三三）、玉梳背（图三四）；生产工具石斧、石锛、石凿、石刀、石镞；生活用品陶鬲、陶盆、陶豆、陶钵等。部分陶器和石器的形制与太湖流域崧泽文化和良渚文化的部分同类器物相似，玉器上的简单纹饰显然与良渚文化玉器上的精细刻划纹有渊源关系，证明了陶吴地区的文化受浙、沪地区远古文化的影响，证实了各文化之间的相互渗透、融合、发展和进步的史实。

图三三　半圆形玉璜

图三四　玉梳背

遗址文化层堆积可分三层，最下层文化为新石器时代晚期；中文化层为湖熟文化早期，相当于中原商代；上文化层为湖熟文化晚期，相当于中原西周时期。

依据出土的遗迹和遗物，表明昝缪遗址曾为原始先民栖息的场所。当时以农业生活为主，狩猎经济为辅。手工业制造技术发达，陶器形制多样，基本符合生活需求，玉器的制作已经采用通体磨光技术，并且装饰有简单的纹饰。作为武器的铜箭镞的发现，说明青铜器已经开始正式使用，生产力水平有所提高。值得关注的是，在新石器时代文化层发现了大片的红烧土堆积和墓葬遗迹。红烧土堆积分布范围约 15 平方米，许多不规则的块状红烧土密集于此，明显经过长时间的高温烧烤，另外还发现少量的陶片，推测这应该是陶窑废弃物的堆积，说明了原始先民曾在这里进行手工劳作。墓葬共计 4 座，葬地内的各墓葬排列具有一定的规律，可能是氏族的公共墓地。这批墓葬资料的发现，对于研究江宁地区新石器时代文化具有珍贵的价值。

（三）高潮迭起　湖熟闻名

"湖熟文化"是以江宁湖熟命名的。湖熟镇傍秦淮河而立，丘陵和圩区相结合。良好的自然地理条件孕育了这里悠久的文明，早在 6000 多年前的新石器时代，就有先民在此聚居生息（图三五）。

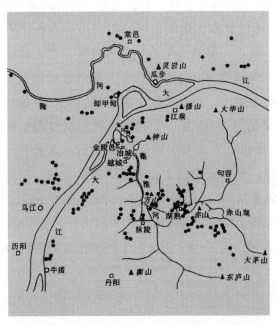

图三五　湖熟文化时期南京地区原始村落遗址分布示意图

　　从某种意义上说，"湖熟文化"建构的过程是长江文明被发现的过程。1951年春天，南京博物院院长曾昭燏、南京大学文学院院长胡小石等专家来到当时有"小南京"之称的今江宁区湖熟镇，根据湖熟镇上一个上过大学的茶馆老板钱立三提供的线索，率领一个考古小分队，先后调查了紧靠湖熟镇北、高出地面10余米的城岗头、梁台等台形遗址。接着又勘察了湖熟镇西北约500米处的小宝塔山和鞍岗头、老鼠墩等五处台形遗址，实地查勘这一时期文化遗址的分布范围。然后选择重点，在老鼠墩、前岗这两处较有代表性的遗址上开始挖掘，得到了很多古人类遗物。遗迹主要有房址、陶窑等。房屋的地面经拍打平整，再用火烧烤，表面光滑。陶窑为长方形，窑内有木炭、灰烬及残破的陶器。在梁台①遗址的文化层中发现的遗物更为丰富，从其断岩土层上，可以清楚地辨别出文化分期。其中东半部断层中还有1米厚的贝壳层，这是古文化遗址的明显标志。经考证该遗址中包括新石器时代晚期和商、周、春秋战国、汉代以及六朝几个时期的历史文物。

　　专家们根据勘察作出判断，在秦淮河流域，我们常常看到的一些像一个个露天土戏台的长方形、椭圆形或圆形的平顶土丘，大多属于湖熟文化遗址。考古学者们考证证明：这种台形遗址，是古人类居住的水边高地，是一种远古文明的佐证。这种南方的史前文化堆积层，似为另一系统，它与黄河流域古文化遗址有着许多不同点。湖熟文化遗址发现以后，考古学家们又在长江下游各支流沿岸陆续发现了约300处类似的古文化遗址。因这类古文化遗址首先在湖熟发现，也最为集中，且在长江下游地区具有广泛的代表性，故考古学界称之为"湖熟文化"。1959年，曾昭燏、尹焕章两先生联名发表《试论湖熟文化》，由此一个新的"考古学文化"被推上了学术平台。北京大学李伯谦先生曾这样表述，那时候"商文化只是中原的殷墟，南方一片抹黑，什么都不知道，两位先生从50年代初调查到1959年提出命名，是经过深入研究和思考的"②，它是一项学术创新，也是对商周文化"中原中心论"和中华文明起源一元论的挑战，揭示了中华上古文明多样性的真实图景。经过考古学家多年

---

① 因南朝萧梁昭明太子曾在此建楼读书并编《文选》，故名"梁台"。
② 内容引自贺云翱教授于2009年12月20日在"湖熟文化论坛"上的演讲。

的发掘，基本明确了"湖熟文化"的分布范围：即现在的皖南、南京周围和原镇江地区苏南9个县（图三六）。

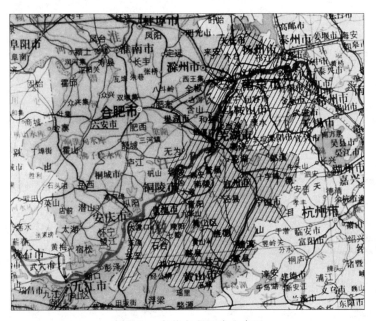

图三六　湖熟文化区域分布图

湖熟文化的出土物主要有陶器、石器、原始瓷和青铜器等。陶器中的印纹硬陶和原始瓷的出现是湖熟文化区别于点将台文化的一个重要标志。纹饰比前期的繁复，器形有鬲、甗、盆、罐、豆、器盖等（图三七、图三八、图三九）。石器有磨制的斧、锛、凿、刀、镰等（图四〇），反映了农业经济占主体地位，矛、镞和渔网等说明了狩猎和渔猎也是主要的生活来源。青铜器有刀、镞等，另外还发现残留着凝团铜液的陶"坩埚"残片和用于浇铸铜液的陶勺，表明此时当地先民已经学会青铜铸造，能够制造小件青铜器，冶铜技术有了长足的发展。与前期不同的是，湖熟文化时期已经出现了原始宗教意识，发现的卜甲和卜骨上都有钻孔和烧灼的痕迹，但是未发现卜辞。这种早期的占卜术显然是受商文化因素的影响。这些遗物的发现意义重大，它为研究南京和江苏以至长江中下游地区的历史和古文化提供了重要的实物例证。

图三七　战国双系太阳纹原始青瓷罐

图三八　商周觚

图三九　春秋青铜鼎

图四〇　舌形穿孔石斧

　　根据遗址出土器物的性质，考古学界认为，湖熟文化处于一个由石器时代向青铜器、铁器时代过渡的阶段，是江南先民的土著文化。最早能上溯到四五千年前的原始社会新石器时代，那时湖熟这块地方就有了人类活动，就已经有原始村落和原始居民居住了。那时，这里是一片蛮荒景象，大地上覆盖着原始森林，到处是河川湖泊，依山傍河的高坡上居住着一支支使用石器和青铜器的部落，在披荆斩棘中顽强地生息繁衍着。

　　单从湖熟文化下层遗存来看，当时人们的生活是相当原始的。这与当时的自然条件有关，大约在距今 4100 年左右，长江中下游地区水位上涨，生活环境恶劣，条件简陋，先民们只能在地势较高的台地居住，依靠渔猎为生，这与下文化层反映的较为一致。但是若仅仅以此来说明湖熟文化的社会性质就有些偏颇了，曾昭燏、尹焕章先生认为应该结合较早期的北阴阳营第四文化层来说明。北阴阳营第四层反映出当时生产力水平已经发展到相当高度，剩余产品出现，社会出现了贫富不均的现象。那么后于它的湖熟文化就有可能产生早期的奴隶制。再看湖熟文化出现的青铜器和冶炼痕迹，充分说明了生产力的高涨（图四一、图四二）①。我们知道，早期的氏族社会中进行祭祀或使用巫术的人是具有一定社会地位的，那么湖熟文化中发现的占卜器物就能说明当时的社会已经有了较为明显的阶层划分。最后，北方的征服者盘踞在江南，中原高度发展的奴隶制度必然会刺激湖熟地区的社会内部产生深刻的变化。

图四一 青铜铙

图四二 青铜变形饕餮纹鼎

湖熟文化的发现将江宁地区的文明发展史推向了高潮，之所以有这样的文化成就与它不断吸收外来文化中的先进因素有关。据现已发掘的遗址材料，从地层关系和器物类型特征上看，湖熟文化是在本地区新石器时代文化的基础上产生和发展起来的土著文化，其文化因素继承了北阴阳营文化的传统，这在石斧、石锛和石镞等生产工具上都有体现。而新发展的几何硬纹陶和原始瓷说明了湖熟文化也有自身的特色。中原文化发展的如火如荼，夏商周文明对江南地区产生了强大辐射作用，湖熟文化在其产生和发展的过程中，不可避免地受到中原商周文化的深刻影响。文化中包含较多的中原文化因素，这在湖熟文化各期都有反映。中原文化之所以对这一区域产生强烈的影响，与这一区域的地理位置有莫大关系：宁镇地区是长江下游南北交通的要道，是南北方文化的交汇之处。

---

① 曾昭燏、尹焕章：《试论湖熟文化》，《考古学报》1959 年第 4 期。

　　湖熟文化孕育于新石器时代文化的母体内，受中原文化的影响，逐步发达起来。这一时期江宁先民们发明了冶铜术，生产力得到发展，人口繁衍加速，文明得到延续和发展。西周以后，吴国在江南崛起，逐渐统一了宁镇地区和太湖流域，加速了这两个地区的文化融合进程，湖熟文化最终与太湖流域的马桥文化融合，成为吴文化。宁镇，这一地区，无论是在史前，还是在青铜时代，都起着关键性的"熔炉"作用，是促进文化多元统一的重要一环。

（四）太伯入驻　丹阳古道

　　2007 年 11 月 14 日《南京晨报》的报道《陶吴发现南京最大周代土墩墓》称，近日，考古人员在江宁陶吴地区发现了两座大规模的周代土墩墓（图四三）①。专家根据墓穴规模、史料记载以及历年来的考古发现推断，江宁陶吴、横溪地区很有可能就是当年"泰伯（一作太伯）奔吴"的所在地，也就是吴文化的发源地。传说大约在商代末年，吴国先祖太伯、仲雍从渭河流域来到江南，先在今江宁境内的横山（衡山）落脚。进入西周以后，今江宁地域为吴文化分布地区，据《春秋左氏传》记载："周灵王二年，楚子重伐吴，克鸠兹，至于衡山（今名横山，在江宁东南）。"关于"衡山"是否就是"横山"，历代学者都有探讨②。

　　横山，在今江宁区南部与溧水、当涂的交界处。它蜿蜒起伏数十里，大小峰

————————

　　① 土墩墓是商周时期江南地区一种独特的墓葬形式，多分布于地势较高的平地或山峦起伏的丘陵地带。宁镇地区的土墩墓存在的时间和空间分布与吴国崛起、强盛及其疆域大致相符，所以一般都认为它是吴文化的重要遗存。

　　② "衡山"即横山。《太平御览》引《丹阳记》云："丹阳县东十八里有横山，连亘数十里。或云，楚子重至于横山是也。"子重攻横山之事在《左传》中也有记载：鲁襄公三年（公元前 570 年）"春，楚子重伐吴……克鸠兹，至于衡山。"鸠兹，古邑名，春秋时吴地，即今安徽芜湖东部一带。当时楚军攻克吴地鸠兹后进军横山，但吴国以水陆奇兵拒战，使楚军大败。这也说明横山是吴国的"祖庭"，因而防控有力。《当涂县志》称："左氏传作衡山，衡横通用也。"《后汉书·郡国志》注云："丹阳县之横山，去鸠兹不远，子重所至也。"南宋王象之《舆地纪胜》卷十八《太平州》云："横望山在当涂县东北六十里，亦名横山。其山四望皆横，故名。有陶贞白书堂，今为澄心院。五井、丹灶、药臼在焉。"陶贞白，即南朝齐梁时代的著名隐士陶弘景。据《南史》等史籍记载：陶弘景，字通明，丹阳秣陵人。十岁时得葛洪《神仙传》，昼夜研读寻绎，立下了学道养生之志。先后隐居于横山石门、茅山等地，又常受帝王的礼遇，有"山中宰相"的美誉。八十五岁卒，诏赠太中大夫，谥号贞白先生。陶弘景曾自号"华阳隐居"，故横山又被称为隐居山。明嘉靖《太平府志》云："横望山在府城东北永保乡，即春秋楚子重伐吴所至之地。"清康熙《太平府志》："横望山在郡治东北六十里永保乡，高二百丈，周八十里。苍翠亘天际，与江宁、溧水接壤，丹阳湖在其南。春秋楚子重伐吴至横山，即此。四望皆横，故名。"清代钱大昕在《廿二史考异》中认为，衡山就是今天江宁当涂交界的横山。

图四三　陶吴竹连山春秋时期土墩墓远景

岭60多个。无论你从哪个方向远远看去，它都像书法家饱蘸浓墨、挥动巨笔，在碧野蓝天之间画出的道劲一横，因而被人们称为"横山"。据说，江南地区吴文化的起源地就在横山。《史记》、《左传》、《国语》、《吴越春秋》等早期典籍对"泰伯奔吴"一事也都有详略不同的记载。

　　古公亶父将死时，要季历把泰伯、仲雍找回去。等泰伯、仲雍赶回周地时，古公亶父已经去世。他俩坚持让季历主持丧事、祭祀祖先并承继父位。弟兄们再三礼让，最后还是由季历继承了父位。父丧办完后，泰伯、仲雍又回到横山。此时以湖熟为中心的湖熟文化地区也在发展，人口增加，氏族兴盛，但相对于中原地区而言仍然比较落后。泰伯、仲雍决心开辟荆蛮之地。他们将黄河流域较为先进的农业生产工具、耕作技术和先进经验传授给荆蛮部落，使得农业得到发展，粮食产量大为增加。同时他们率领当地居民兴修水利，大大便利了农田灌溉，又发展了交通运输。他们还教民栽桑养蚕，饲养鸡鸭牛羊，荆蛮地区很快富了起来。

　　当时中原地区各诸侯国互相征伐，民不聊生，泰伯恐怕兵祸波及荆蛮。于是，泰伯留仲雍守梅里，自己继续率众东进勾曲山（今句容茅山）、摄山（今南京栖霞山），后又东进到朱方（今江苏丹徒东南）。泰伯受到了当地居民的爱戴与尊敬，大家一致拥立他做了国君，并修筑城郭，建立了句吴（或称"勾吴"）国，开创了吴国的历史。泰伯死时无子，由弟仲雍继位。仲雍之后，则是季简、叔达、周章相继为吴君。中原的周国则先后由季历、昌、发（即周武王）为君。公元前 11 世纪时周武王姬发讨伐商纣王，灭了商朝，建立了周王朝。周武王曾追封仲雍的曾孙周章为吴伯，使吴国正式成为西周的一个侯国。《史记》载周武王之时吴国始封，成为最远的宗国。后来吴国将政治中心迁至吴地（即今江苏苏州），公元前 585 年，仲雍十九世孙寿梦正式称王，传到吴王阖闾时，曾一度攻破楚国，成为春秋时期著名的霸主。因此，从历史渊源上去追溯，江南地区的开发，吴国的兴起，与横山地区是有着很深的渊源关系的。

《吴越春秋》中说过泰伯葬"梅里平墟"。关于泰伯建城地"梅里"，长期以来说法不一。成书于战国的《世本·居篇》云："吴孰哉居藩离，孰姑徙句吴。"东汉宋忠注："孰哉"是仲雍的字，"孰姑"是仲雍十九世孙寿梦的字。寿梦迁徙句吴发生在公元前 585 年。那么，"藩离"在哪里?《越绝书》云："传闻越王子孙在丹阳皋乡，更姓梅，梅里是也。"所说丹阳包括横山在内，古有皋乡。唐人陆广微《吴地记》注：梅里"又名番丽，今横山。""番丽"与"藩离"读音相同，就是江宁当涂交界的横山。宁镇地区土墩墓和台形遗址密集，特别是江宁境内此类遗址最为集中，并出土了许多带铭文的大型西周青铜器，说明早期句吴的统治中心确曾在江宁横山一带。

另外，也有"梅里"在无锡梅里（今无锡梅村）、丹徒、苏州、宜兴等地多种说法。在史书上，吴国建都苏州是写得相当明了的，而无锡也有大量诸如泰伯庙、梅里等泰伯时代的纪念性建筑和地名。但南京学者赵建中却认为，现在无锡的泰伯庙，只是后人所造的纪念性建筑物。无锡梅里是泰伯从南京江宁梅里复制过去的地名，因为现在的横山在古时除了有衡山的叫法外，还有梅里、番丽、皋乡等名称。另外，目前在苏州、无锡一带的商周时期文化遗存还找不到春秋以前的非常明显的商周文化因素，既无考古发现，又无史实记载。而南京地区 20 世纪 50 年代宜侯夨簋的出土、母子墩青铜器的出土以及 2007 年江宁陶吴发现的大规模周代土墩墓，都说明了宁镇山脉地区就是当年泰伯来到的地方①。

商代末年，江宁境内出现可沟通长江中上游的丹阳古道，这是南京出现的有史可查的最早的道路，它在江宁境内出现证实了江宁是南京地区的发展重地。古道位于云台山和横山之间，从此处西经采石矶可达楚国腹地，东经勾曲山直通吴

---

① 参见赵建中：《吴文化的源头辨析》，《江海学刊》2006 年第 6 期。

都，南有河道与丹阳湖相连，北与长江古渡相对①。春秋时期，丹阳及附近的衡山成为吴、楚边境交通的要道，丹阳古道的军事价值尤显，往往成为两国相争的重要前哨。战国时期，楚威王设置金陵邑，也正是以丹阳古道为依托，连接和拱卫江东郡。秦统一六国之后，始皇东巡，正是通过丹阳古道进入吴越旧地，由此丹阳古道闻名于世，在南京早期交通史上占有重要地位。

三 秦汉奠基 旧址新颜

秦汉时期全国统一的局面，为江宁的发展提供了稳定的外界环境，中央集权的政治体制在区域建设时能积聚更多的力量，这也是江宁地区这一时期得到大规模开发的重要原因。

（一）始皇置县 东巡风云

秦始皇二十五年（公元前 222 年），秦灭楚，并天下，分为三十六郡，金陵地属鄣郡。次年，秦置郡县，改"金陵邑"为"秣陵县"，移治于秦淮河中游的今秣陵街道，秣陵县辖区域包括今南京城区和今江宁区除东北滨江之江乘县境、西南之丹阳县境之外的大部分区域。

过去认为始皇置秣陵县有镇压王气之说，是贬低金陵之举。秦希图改一字而使秦永占秣陵，传之万世②。从当时的历史背景考虑，秦一统天下之后，战争平息，疆域版图初定，急需要政治上的管理。秣陵地处一县的偏中心处，更适合作为县治管理本区。其次，秣陵地区历史悠久，早在三四千年前就有先民在此生息聚居。经过数百年的发展，农业、手工业和商业都比较发达，人口增多，水陆交通便利，也是可作为县治的一大优势。

秦始皇二十七年（公元前 220 年），全国各地开始广修驰道，江宁地区也是秦驰道网的枢纽之一。秦始皇为巩固统一大业，在交通方面采取的措施就是"车

---

① 中共南京市委党史工作办公室、中共南京市委宣传部编：《南京历代风华》第 39 页，南京出版社，2004 年。

② 胡阿祥先生据考证认为，秦王国因善种草谷，善养马匹而创业的，"秦"国号也来源于养马的饲料。因此"秣陵"与秦国号取义近同，不具有贬义之说，反倒深具褒义。参见胡阿祥：《赢秦国号考说——兼说秦置秣陵无贬义》，《学海》2003 年第 2 期。

同轨"，即规定轨距宽 6 尺。后以咸阳为中心在全国修建驰道。道宽 50 步，厚筑路基，用金椎夯实，路旁每隔 3 丈植松一颗。驰道规模十分庞大，"东穷燕齐，南极吴楚，江湖之上，濒海之观毕至。"秦始皇为稳定东南局势，在金陵筑有东西、南北两条驰道，使得金陵成为全国道路网的枢纽之一。东西向驰道在金陵的出入口就是江宁地区的丹阳，经此向东过秣陵可至钱塘，向西可渡江至淮南。秦始皇东巡即通过驰道两过金陵，后项梁举兵击秦、吴王刘濞败走丹徒都途经秦驰道。秦之前，江宁地区多丘陵山岗、江河芦滩，陆路交通比较闭塞，秦驰道的修建使得本地区从原始封闭的道路交通状况进入到"开关梁、弛山泽之禁"的新阶段，是江宁地区历史上的里程碑（图四四）。

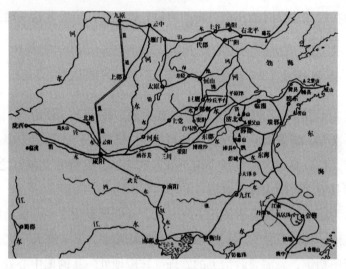

图四四　秦驰道图

公元前 210 年（秦始皇三十七年）旧历正月（秦历十月），始皇第五次出巡，豪华的车驾仪仗队伍从咸阳出发，途中曾往返两过江宁，在江宁地区掀起了一股改革和建设的浪潮。据《建康实录》记载："秦始皇三十六年东巡，自江乘渡，望气者云，五百年后，金陵有天子气，因斩钟阜，断金陵长陇以通流，至今呼为秦淮。乃改金陵邑为秣陵县，秦之秣陵县城，即在今县城东南六十里，秣陵桥东北，故城是也。"秦掘断长垄在历史上可能属于秦王朝在江宁地区的一项水利工程措施，目的是确保附近的秣陵县治的安全。

依据《史记·秦始皇本纪》记载的东巡路线，始皇抵达金陵后，设置了丹阳、秣陵两县。从江乘渡江而回时又在江乘古渡附近设立江乘县，隶属会稽郡。

这三县的设立可谓影响深远，为南京地区以后的发展奠定了基础。

（二）三侯分治 汉风炽盛

汉室建立之初，为巩固中央政权，实行郡国制，将宗室子弟分封为侯，划地为侯国。汉武帝为了削弱侯国的实力，实行"推恩令"，即在诸王国之下再分封若干个小侯国。在江宁区境内，就分封有三个侯国，"武帝元朔元年十二月甲辰，封江都易王子敢（刘敢）为丹杨侯，正月丁卯封江都易王子胥（刘胥）行为胡孰侯，缠（刘缠）为秣陵侯"①。

秣陵、丹阳和胡孰这三个侯国地理位置优越，自然环境适宜，皆是历史悠久，文化底蕴深厚的古地。他们选高处筑城，修圩田种稻，发展生产，并利用秦淮河下通长江水道之利而修建码头，当时的江宁已是"鱼米之乡"。

秣陵地区历史悠久，在湖熟文化时期是人类的一个聚居地。其置县历史始于秦，始皇改金陵邑为秣陵县，汉初沿袭秦制，秣陵县仍属鄣郡。汉武帝元朔元年（公元前128年），分封江都王刘非之子刘缠为秣陵侯，以一县之地为其封域，秣陵县遂为秣陵侯国。元鼎四年（公元前113年），刘缠死，未留子嗣。秣陵侯国废，复为秣陵县。王莽时期称秣陵为"宣亭"。② 东汉晚期，中原动乱，百姓多渡江南下，宁镇山脉和秦淮河流域环境优越，成为他们的首选之地。这也为孙吴建国打下了基础。建安十七年（公元212年），孙权在楚金陵邑的故址筑石头城，改秣陵为建业。晋太康元年（公元280年），武帝司马炎废除建业，复为秦汉旧称秣陵。太康三年（公元282年），以秦淮水为界，分秣陵县北为建邺③。秣陵县治在迁往石头城后约70年，又迁回今江宁秣陵关。东晋安帝义熙九年（公元413年），秣陵县治迁往建康城东南的斗场柏社④，至此秣陵作为县城的历史画上了句号。隋时，秣陵并入江宁，景德二年置秣陵镇，今在江宁县东南50里。在大起大落之中，秣陵有过辉煌，也有过黯淡，虽然秣陵古城遗址遍寻不得，但无法抹杀秣陵历史久远、文化底蕴浓厚的事实。

---

① 《汉书·侯表》。

② 《吕志》。

③ 《晋地志》。

④ 又据《宋书》记载，秣陵城内可能还设有秣陵市，秣陵县治迁移到斗场六年后的元熙元年（419），因省废扬州府禁防参军，县治又改移其处。新县治位置，据旧志记载，在建康宫城南八里一百步的小长干巷内，大约在今中华门外秦淮河之长干桥南侧一带。

　　丹阳的历史可以回溯到 6000 年以前，当时就有人类在此处聚居，繁衍生息。秦始皇东巡之际始置丹阳县，隶属会稽郡。秦代的开发为汉代的繁荣发展奠定了基础，汉武帝元朔元年（公元前 128 年），封江都王刘非之子刘敢为丹阳侯，此一县之地即为丹阳侯国。元狩元年（公元前 122 年），刘敢死，因无后而废侯国，复为丹阳县，属丹阳郡。汉武帝元封二年（公元前 109 年）改鄣郡为丹阳郡，治宛陵（今安徽宣州市），辖县十七，丹阳郡领有丹阳县。孙吴、西晋时曾先后封宗室孙胤、孙韶为丹杨侯，丹阳一度成为侯国。据《晋书·地理志》记载，西晋太康二年（公元 281 年），分丹阳十一县，置宣城郡，郡治宛陵。丹阳郡治建业，领县十一（其间或有新县析置），从此辖境开始缩小。继后，东晋南朝复为丹阳县。隋时，丹阳郡改置蒋州，丹阳县亦废入溧水。大业三年，改蒋州为丹阳郡，领江宁、当涂、溧水三县，辖境进一步缩小。唐武德三年，丹阳郡又易名润州，而复置丹阳县。到了贞观年间，又省丹阳县入当涂。至此汉丹阳郡境地旧置的丹阳郡、县消失。考古学者调查证实，汉代丹阳城址就在今天的江宁古丹阳镇。城外有护城河，城内外都有汉代瓦片遗留于地表，有筒瓦、板瓦、瓦当，有的板瓦宽达 40 余厘米，还发现装饰着小方格纹、瓦楞纹、凸弦纹的陶片，似乎在昭示着曾经的繁荣兴盛。这些足以证实两汉时丹阳城内有不少高大的官署和住宅。文献和考古还证实，丹阳从商周到初唐，一直是地区政治经济中心。秦以后一直是县治所在地，南朝时还建过"丹阳宫"。

　　湖熟镇位于江宁县的东南部秦淮之滨，地处江宁、句容、溧水三县边缘的中心地带，土壤肥沃，物产丰富，早在 6000 年前就有新石器时代的先民在此聚居劳作，是一座文化历史悠久的古城。《上元·江宁两县志》上说"旧有湖熟县，汉置也"，湖熟镇就是江都王子刘胥行的封邑"湖孰侯国"。三国时期，孙吴定都建业（今南京），很重视湖熟这块京郊之地，设典农都尉，实行屯田制度，使秦淮河中游的土地得到进一步的开发。晋灭吴，复置湖熟县，县城仍在今湖熟镇，南朝沿袭不改。隋大业三年（公元 607 年），湖熟县一部分划归句容县，一部分并入江宁县，至此湖熟长达 700 多年的县级治所的地位结束了，成为县以下的商业市镇，称湖熟市。宋以后，湖熟成为镇，民国至今直属江宁（表二）。秦汉以后，对湖熟的开发一直未间断。湖熟占据了通向句容、溧水的交通要道，自古以来为兵家必争之地。孙吴政权更是大力开发此处，农业发达，鱼米甚丰。到了东晋，甚至成为皇家的"脂泽田"，到义熙九年，才"罢湖熟脂泽田以赐平民"，由此可见湖熟地之肥沃，物产之丰。时至今日，湖熟仍是江宁地区的"鱼米之乡"。

表二　秣陵、丹阳、湖熟县治沿革表

朝代	年代	政区名称	在今江宁区辖域范围或设区划设置	隶属	备注
秦代	前221~前206	秣陵县	约今江宁区中、北、西部	会稽郡	秦始皇二十六年（前221），秦改金陵邑为秣陵县。秦始皇三十七年（前210），始皇东巡，两过今江宁区境
	前221~前206	丹阳县	约今江宁区西南境	会稽郡	今江宁区境，新置丹阳县，徙秣陵县治于今江宁区秣陵街道
汉代	前128~前113	秣陵侯国秣陵县	约今江宁区中、北、西部	会稽郡、鄣郡、丹阳郡	初属韩信楚国会稽郡，继属荆国、吴国、江都国鄣郡。元狩二年（前121）后属丹阳郡。
	前128~前122	丹阳侯国丹阳县	约今江宁区西南境	会稽郡、鄣郡、丹阳郡	元封二年（前109）后属丹阳郡。王莽新朝改丹阳郡为宣亭郡，秣陵县、江乘县分别改称宣亭亭、相武县。
	前128~前112	湖熟侯国胡孰县	约今江宁区东南境	会稽郡、鄣郡、丹阳郡	东汉复置湖熟侯国。
孙吴	?~280	湖熟典农都尉	约今江宁区东南境	丹阳郡	汉建安十七年（212），孙权改秣陵县为建业县。
	222~280	丹阳县	约今江宁区西南境	丹阳郡	设湖熟典农都尉。
西晋		秣陵县	约今江宁区中、北部秦淮河以南地区	丹阳郡	太康元年（280），改建业县为秣陵县，废湖熟典农都尉，复为湖熟县。太康三年（282），析秣陵县秦淮河以北置建邺县，以南仍为秣陵县
		湖熟县	约今江宁区东南境	丹阳郡	
		丹阳县	约今江宁区西南境	丹阳郡	
东晋	317~420	秣陵县	约今江宁区中、北部秦淮河以南地区	丹阳郡	
	317~420	湖熟县	约今江宁区东南境	丹阳郡	
	317~420	丹阳县	约今江宁区西南境	丹阳郡	
南朝	420~589	秣陵县	约今江宁区中、北部秦淮河以南地区	丹阳郡	
	420~589	湖熟县	约今江宁区东南境	丹阳郡（宋、齐）；琅邪郡（梁）；建兴郡（陈）	
	420~589	丹阳县	约今江宁区西南境	丹阳郡	
隋代	589~618	秣陵县并入江宁，景德二年置秣陵镇			
	589~618	丹阳郡改置蒋州，丹阳县办归句容县			
	589~618	湖熟县一部分划归句容县，一部分并入溧水县			

参考文献

1. 《汉书·侯表》。

2. 《吕志》。

3. 《晋地志》。

4. 《宋书》。

5. 吴汝康、李星学：《南京直立人》，江苏科学技术出版社，2002 年。

6. 张之恒：《中国新石器时代考古》，南京大学出版社，2004 年。

7. 张之恒：《南京直立人生存年代的研讨》，《东南文化》，2001 年第 5 期。

8. 周春林、袁林旺、刘泽纯、张惠：《南京汤山地区的地貌与岩溶发育演化》，《地理科学》2006 年第 1 期。

9. 南京博物院：《江宁汤山点将台遗址》，《东南文化》，1987 年第 3 期。

10. 张敏：《试论点将台文化》，《东南文化》，1989 年第 3 期。

11. 魏正瑾：《宁镇地区新石器时代文化的特点与分期》，《考古》1983 年第 9 期。

12. 曾昭燏、尹焕章：《试论湖熟文化》，《考古学报》1959 年第 4 期。

13. 刘建国：《浅论宁镇地区古代文化的几个问题》，《考古》1986 年第 8 期。

14. （清）陈文述撰：《秣陵集》，南京出版社，2009 年。

15. 赵建中：《吴文化的源头辨析》，《江海学刊》2006 年第 6 期。

16. 中共南京市委党史工作办公室、中共南京市委宣传部编：《南京历代风华》，南京出版社，2004 年。

17. 王引：《发展江南经济，开发南京旅游文化资源——对重筑"方山埭"与重开"破岗渎"的思考》，《旅游学研究（第二辑）——文化遗产保护与旅游发展国际研讨会论文集》，2006 年。

18. 贺云翱于 2009 年 12 月 20 日在"湖熟文化论坛"上的演讲文本，见贺云翱博客。

19. 南京市江宁高级中学：《江宁地方简史教程》，江苏教育出版社，2009 年。

叁　帝都郊郭　人文蔚兴

一　六朝重地　文化多样

"六朝"是指中国历史上定都今南京的东吴、东晋、宋、齐、梁、陈六个朝代，时间跨度约350年。从西晋末年到东晋时期，北方战乱频繁，社会生产和生活遭受严重破坏，而南方战争较少，社会相对安定，大批北人南渡，给南方增加了许多劳动力，还带来中原地区较为先进的生产技术，为南方特别是长江中下游地区社会经济的迅速发展提供了良好的社会环境。江宁当时地处京畿要地，三面环绕都城，也得到开发与发展，遗留下大量文化遗存。建国后60多年的考古发掘在江宁境内出土了数以万计的六朝文物，反映了各个王朝时期江宁经济文化发展的状况。

（一）孙吴建业　始称江宁

江宁地处长江中下游，以长江形成的天然屏障，易于防御。境内河网密布，水运发达，以水战见长的孙吴集团在此建立了霸业，形成南方的一个经济区。建安十六年（公元211年），孙权将政权中心由京口（今镇江）徙治秣陵（今南京）。相传诸葛亮途径秣陵时，见钟山如巨龙蜿蜒盘伏于东南，石头山似猛虎雄踞干大江之滨，不禁赞叹："钟山龙盘，石头虎踞，此乃帝王之宅也！"说明此地独特的山川形势。孙权也考虑到秦淮河可以"安大船"、"理水军"，临江控湖则退可以守江东、鼎立东南，进可据淮河、逐鹿中原。徙治秣陵后，江宁成为京郊，这片富饶的土地源源不断地为孙吴集团提供物资米粮。凭借着南方厚实的经济基础、以山河之险为依托，在南方土著豪族和北方南迁大姓的鼎立支持下，孙权在江南稳定了东吴政权。

东吴立国江东，加速了此地区的开发进程。为了联结江南三角洲上的三吴地区，在秦淮河的上游开凿了破冈渎运河。《三国志》记载："（孙权）遣校尉陈勋将屯田及作士三万人，凿句容中道，自小其至云阳（今丹阳市）西城，通会市（杭州）作邸阁。"沿途上下立有一十四埭，使船舰不必绕道长江即可直达建业。

　　方山埭，就是这条运河上的第一梯级水利枢纽工程。位于今南京江宁区方山西南侧，龙都镇西北村与秣陵关新圩村之间，它与石头城下的石头津遥遥相对，是当时秦淮河上的重要水利设施和水陆码头。方山埭修筑好之后，除了蓄水之外，还为江南内河航运的开通提供了有利条件。六朝时期的石头城常遭水患，方山埭有效地截住上流的来水，保证了首都的安全，也保障了南方地区的农业生产（图四五）。

图四五　古方山埭遗址

　　东吴政权之所以选择在此处修筑水坝和运河以通三吴，是出于政治、经济和军事屯田的需要。湖熟和秣陵皆是鱼米丰盛之地，可作为重要的农业基地。而且当时北方混乱，江北许多自耕农迁至此地，带来了先进的生产工具和技能，促进了江宁地区的农业开发。民屯的兴起，水利和航运必须接踵而上，从而才能保证太湖流域的粮食财富能不间断的供应京都。方山埭、破岗渎这条人工大水坝和内河航运的运输线修筑好之后，在孙吴到南朝的三百多年间一直物流畅通。

　　"六朝之时，因破冈渎东通吴会，西达秦淮，而以方山埭为起点，故方山为交通要道"①，方山埭作为一座重要的码头成为人们折柳道别的场所，时时上演

① 朱偰：《金陵古迹图考》第 26 页，中华书局，2006 年。

悲欢离别的场景，留下许多以迎别为主题的诗歌。晋元帝时，张闿自至方山迎贺循；宋元嘉末，何尚之请致仕退居方山；南朝诗人谢灵运曾在此与亲友告别，并留下诗作《邻里相送之方山》，抒发了"各勉日新志，音尘慰寂蔑"的情怀：

> 祇役出皇邑，相期憩瓯越。
>
> 解缆及流潮，怀旧不能发。
>
> 析析就衰林，皎皎明秋月。
>
> 含情易为盈，遇物难可歇。
>
> 积疴谢生虑，寡欲罕所阙。
>
> 资此永幽栖，岂伊年岁别。
>
> 各勉日新志，音尘慰寂蔑。

后也有不少游子出门或远归，都选择在方山小憩，留宿于山中的寺庙或庵堂。围绕方山码头形成了集市，东吴灭亡后，方山埭有些颓损，但到了南朝这一工程又得到了重视，为了缓解破岗渎紧张的水运，还在它的北面开凿了"上容渎"。隋灭陈后，政治中心转移，建康地位下降，方山埭日渐废弃。到明清时期几乎完全被损毁，只有一小地段如方山至湖熟等地，尚能通行小船。现在已经难觅其迹。

东吴定都南京后对南方的政治、经济、文化的发展产生了深远的影响，造就了自秦汉以来江南地域文化史上的一个辉煌时代①。在此阶段，江宁地区逐渐与华夏文明进一步交融，加速了自身文明发展的进程。

此外，东晋、南朝时期，秦淮河上先后建有二十四处浮航，其中不少在今江宁境内。六朝时期，秦淮河河面宽广，波涛汹涌，在当时的技术条件下修建固定的木、石结构的桥梁尚有一定的困难。为了便于两岸的往来，就在交通要道处设置简易的浮航。浮航就是联舟为桥的浮桥，可以随着季节水位高低变化而浮动（图四六）。据《景定建康志》记载，在建康城内外总共设有二十四处浮航，其中四航之名可考，分别是丹阳航、竹格航、朱雀航、骠骑航，均在南京主城区内，其他十八航的信息文献已经失载。有人推测二十四航应该东至方山，西至石头城。《建康实录》卷九中云："六代自石头东至运署，总二十四所，渡皆浮船，

---

① 张学锋、傅江：《东晋文化》，南京出版社，2005年。

图四六　浮航示意图

往来以税行，直淮对偏门。"因方山是连接建康与三吴地区的交通咽喉，朝廷在此设置方山津，并收取过往商税，因此怀疑"运署"就是指方山津。

晋太康元年（公元 280 年），武帝司马炎灭吴，统一了中国。晋武帝对吴都建业实行贬压政策，对作为原吴国统治中心的丹阳地区采取了一系列加强控制的措施。不仅废除了建业之名，复称秣陵县，而且在行政建置上采取分而治之的政策，从实质上削弱建业的力量，强化对建业的控制和管理。太康元年从秣陵县西南境析置临江县就是实施这种政策的结果。次年，改"临江"为"江宁"。据文献记载，江宁的取名是晋太康元年，武帝初通江南，巡视至江宁（今江宁镇），夜宿时叹曰"江外无事、宁静于此"①，后遂改临江县为江宁县，这也是一代帝王对国土安宁的希冀。

（二）东晋风流　千古佳话

东晋立国于公元 317 ~ 420 年，定都建康。其偏安江南，版图较小，大概包括今天的江苏、浙江、安徽、湖北、湖南、广东等。西晋灭亡后，中原动乱，大批士族南迁，带来了中原地区的文化礼仪。丞相王导积极拉拢北方士族和南方士族，巩固了东晋政权，使得东晋王朝在一定时期内保持了相对稳定的政局，从而保障了长江流域生产力水平的发展，其政治、经济和军事等诸方面都可以和黄河流域相抗衡。

在这一百多年的发展时间内，社会稳定、经济发展，文化更是呈现出一片繁荣的景象，形成了独具一格的东晋文化，创造出许多风流人物和千古佳话。在东

---

① 关于"江宁"一名，通常认为源自"外江无事，宁静于此"，实际据考证源自永嘉年间顾野王所撰《舆地志》一书，宋代人撰写了《太平寰宇记》一书时引用了《舆地志》的记载："江外无事，宁静于此"，这是因为晋代人将长江以南地区习惯上称为"江外"而非"外江"。

晋时期的意识形态中，玄学为重。士大夫们崇尚自由，热爱自然，沉醉山水，他们尤其崇拜具有超凡脱俗风度的名士，争相效仿。文人雅士都形成了一种不求闻达、醉心山水乃至放荡不羁的生活观念。他们穿宽松飘逸的衣衫，登很高的木屐，脸上涂白粉抹胭脂，经常挟妓饮酒，弹琴下棋，自得其乐。文人们浪漫的情怀和热爱自然的心态促使了许多江南美景的开发，也留下了一段段风流佳话。

1. 新亭对泣 东晋建立

"八王之乱"及其后来的"永嘉之乱"给黄河流域带来了极大的破坏，北方流民纷纷南迁。当时的移民大部分是在地方贵族和豪族大家的率领下集体南迁的。北方南渡人士，身在江东颇有寄人篱下之感，经常聚会悲歌，慷慨陈词，对国土沦丧于匈奴外族之手，无不痛彻肺腑。一次，趁着风和日丽的天气，过江的诸名士相邀到新亭宴集。周颤北望家乡，不禁百感交集，叹息道："风景和过江前虽没有什么不同，可是国家山河破碎，已经不同于往日了。"众人听了这些话，都相视流涕，感慨国破家亡、背井离乡。此时，丞相王导却脸色沉重的说道："我们应当尽心为国家出力，收复中原，怎么能像楚囚那样空自悲切！"① 鼓励大家同心协力，辅佐王室，使大家心服口服。"新亭对泣"由此成为历史典故，南渡士族的家国之悲、北伐之志跃然纸上。后至南宋，境遇与东晋相似，诗人词家多引新亭之典入句，如刘克庄的："多少新亭挥泪客，不梦中原块土！"②

关于新亭的地理位置，史料记载都证明它在江宁境域内。《建康实录》记载："（卫玠）葬新亭东，今在县南十里。"③新亭在墓西，卫玠墓在县南，则新亭在县南偏西，其地正当南京市安德门菊花台。六朝时期所谓的新亭，还指亭子所在之山，连带着山的附近地区。因此菊花台地属新亭，是六朝新亭垒的北界。《景定建康志》中："（新亭）南去城十二里，有岗突然起于丘墟垅堑中，其势回环险阻，意古之为壁垒者，或曰此六朝所谓新亭是也。"④ 新亭不仅是文人雅士聚会宴饮的场所，也是六朝建康西南的近郊军垒，这也是与它"回环险阻"的地势有关。新亭是一处重要的历史遗迹，却湮没在历史的长河中，难寻其踪迹，

---

① （南朝宋）刘义庆撰：《世说新语》中有"周侯中坐而叹曰：风景不殊，正自有山河之异。皆相视流涕。唯王丞相愀然变色曰：当共戮力王室，克复神州，何至作楚囚相对！"
② （南宋）刘克庄：《贺新郎·送陈子华填真州》，《后村集》卷一百九十。
③ （唐）许嵩撰：《建康实录》卷五，中华书局，1986年。
④ （宋）周应合纂：《景定建康志》卷二十二《城阙志》三，南京出版社，2009年。

实在令人扼腕叹息。

2. 东山再起　谢安入仕

在古代名臣中，东晋名臣谢安备受文人推崇、仰慕和向往，后人总是津津乐道于他的风流韵事，"东山再起"就是缘起于他的一说。

谢安（公元 320～385 年），字安石，号东山，陈郡阳夏（今河南太康）人。东晋著名的政治家、军事家、文学家（图四七）。谢安出身名门，其家族是永嘉之乱中随元帝东迁渡江的著名世家大族之一。他自幼聪慧、少有重名，却无意于仕途，隐居浙江东山，自得惬意。他与友人"出则鱼弋山水，入则言咏属文，无处世意。"长期的隐居并没有让世人淡忘他，反而还背负有"安石不出，将如苍生何"的期望。后在匡扶晋祚与重振家风的双重压力下，于公元 366 年离开浙江会稽到建康，受到简文帝的重用。远离家乡之后，谢安思乡心切，在京郊附近的

图四七　谢安像

土山模拟浙江会稽东山在其上建造别墅，"楼馆林竹甚盛"，并在此与风流雅士聚会宴饮，此为"东山再起"之一说。又云："安虽受朝寄，然东山之志始末不渝，每形于言色。及镇新城，尽室而行。"

孝武帝太元八年（公元 383 年），符坚带领 80 万军队南下，企图灭掉东晋，一统天下。东晋朝廷在得到前秦出兵伐晋的消息后，加封谢安为征讨大都督，要他率兵抗秦。谢安便派他的子、侄谢琰、谢玄、谢石率兵迎敌。战事紧急之时，"（谢）玄入问计，……安遂命驾出山墅（指江宁东山），亲朋毕集。方与玄围棋赌别墅"，谢安的镇定和从容使得大家的心都安定了下来。事实上，谢安的沉着冷静也是在仔细的分析和谋略后的表现。"玄等既破坚，有驿书至，安方对客围棋，看书既竟，便摄放床上，了无喜色，棋如故。客问之，徐答曰：小儿辈遂已破贼，既罢，还内，过户限，心喜甚，不觉屐齿之折。其矫情镇物如此。"① 这就是历史家描述的淝水之战时期的谢安形象，江宁东山也因为是这场战争的指挥所而饮誉史册。因淝水之战而出现的"草木皆兵"、"风声鹤唳"等成语，也增

---

① 《晋书》卷七十九《谢安传》。

加了东山作为指挥中心的神秘性。

　　江宁的这片土山因谢安而更名"东山"，东山的历史自晋代到明清一直都有沿袭关系。明万历年间李登曾撰文写道："都城南，东山者，晋谢太傅游旧地也"等句，说明了东山之名一直延续了下去，东晋名士谢安的传奇人生也赋予了东山浓重的历史韵味。

3. 王朗放歌　东山脚下

　　王朗，原名王昙首，琅琊临沂人，学问和品德兼备，是刘宋文帝时的朝中重臣。他十四五岁便会唱歌，且歌声妙丽，轰动朝野。歌妓时常在谢安面前称赞他的歌声，谢安想一听为快。但是"王名家年少，无由得闻"，谢安身边的歌妓将他的心意转达给王朗。一天，谢安携歌妓来到东山别墅中游玩。王朗精心的打扮，头上扎"两丸髻"，身上着"袴褶"，骑马来到了东山脚下的蔷薇林中。但是当时东晋的士庶划分明显，谢安是不能与王朗见面的。于是王朗在秋风中"举头看北林"，为谢安高歌了一曲，然后离去。谢安听到了这美丽的歌声，歌妓们便对谢安说，刚才献歌之人便是王朗。"王朗放歌"由此成为千古佳话，人们说到东山，便会提到那个曾经在东山脚下高歌一曲的少年。

　　虽然只是一则轶事，但是也反映了谢安的雅量。谢安的名士风度为后世的文人雅士所称道，因此也代代不绝地成为文人吟咏的话题。诗仙李白曾多次写诗赞美他，"但用东山谢安石，为君谈笑靖胡沙"、[①]　"安石东山三十春，傲然携妓出风尘"[②]。谢安的风流雅事中总也少不了东山之地，他隐居东山、东山再起、归葬东山，可以说，东山是谢安韵事中不可或缺的部分，"谢东山"和"东山妓"几乎成为谢安的私人标志。后来，东山也成为了一些诗人寻梦的起点，谢安在纵游山水之间渐渐升腾为一种精神的象征，影响着后人们的心境。东山别墅是他因思念家乡而建造，是释放雅兴、携妓游乐、弹琴下棋的好地方，闲暇时他在此游玩作乐，处理朝中要事时，他在此运筹帷幄、从容应对。唐代诗人温庭筠曾作诗描写过谢安的东山别墅，"朱雀航南绕香陌，谢郎东墅连春碧。鸠眠高柳日方融，绮榭飘飖紫庭客。文楸方罫花参差，心阵未成星满池。四座无喧梧竹静，金蝉玉柄俱持颐。对局含嚬见千里，都城已得长蛇尾。江南王气系疏襟，未许苻坚过

[①]　《李太白集》卷七《永王东巡歌十一首》。
[②]　《李太白集》卷二十四《出妓金陵子呈卢六四首》。

淮水。"①

（三）帝陵石刻　识古寻踪

六朝时期，南方经济得到发展，促进了文化艺术的兴盛。

南朝即宋、齐、梁、陈四个连续更替的封建政权，从公元 420～589 年，历时约 170 年，共有 24 个皇帝前后执政，而分封的王侯更是不计其数。不少帝王贵胄迷恋江宁的秀水山川，选择此地作为死后长眠之地。作为六朝艺术的杰出代表，南朝神道石刻②在继承了汉魏石雕艺术的基础上，积极借鉴、汲取中原北方和周边地区的文化因素，形成了独竖一帜的艺术风格。

南朝陵墓神道石刻，沿袭汉魏之风，取其精华，融合新的文化因素，获得了重大发展，其雕刻手法渐趋精丽细致，在保持汉魏雕塑特有的雄浑拙厚的恢宏气度之外，又以极其丰富的凹凸有致的曲线勾勒出灵动的轮廓，使神兽③灵异的气质在动势中得以升华，展现出矫健威猛与典雅秀丽完美融合的时代精神，充溢着内在的坚实力量和旺盛的活力，堪称中国雕塑史上承前启后的经典之作。

南朝陵墓石刻（统称六朝石刻）在江苏省内共有 31 处，其中南京地区有 19 处分布在江宁、栖霞等处，其年代最早始于南朝刘宋，距今约 1500 年。其中比较著名的是宋武帝刘裕初宁陵石刻（江宁区麒麟铺村公路两侧）、齐宣帝萧承之

---

① 《温庭筠诗集》卷二。

② 南朝石刻指南朝皇帝和王侯陵墓前的神道石刻。神道即墓道，意为神行的道路。设立在神道两侧作为陵墓标志的石刻，便称神道石刻。这些陵墓大多取坐北朝南方向，石刻距陵墓约千米，一般都包括镇墓神兽、神道石柱、神道碑等几种。由于神道石刻只有帝王和王侯才享有，因此神道石刻往往雕刻精美，形制巨大，是权贵的象征。

③ 镇墓神兽分三种：天禄（鹿）、麒麟与辟邪。三种石兽形态基本相似，均体形高大，昂首挺胸，口张齿露，目含凶光，腹部两侧刻有双翼，四足前后交错，利爪毕现，纵步若飞，似能令人听到其行走的脚步声，神态威猛庄严。它们之间的区别在于，天禄顶部雕饰双角，麒麟为独角，而辟邪则无角。天禄又称"天鹿"，是古代传说中的一种神兽，与"天命"和"禄位"有关，因而古代最高统治者将其置于自己的陵前，既是禄位的象征，又是天命所归的反映，以显示其尊贵。麒麟也是我国古代被神化的一种兽名，是我国传说中的"四灵"（麟、凤、龟、龙）之一，也有称为"符瑞"的，因为它"不折生草，不食无义"，因而被视为"仁兽"。天禄和麒麟也统称为麒麟。它的出现，往往被附会为圣贤的降生，是太平盛世的表现，故而被南朝统治者置于墓前。在南朝陵墓石刻中，天禄与麒麟仅见于帝陵，辟邪则专用于诸侯王墓，等级严明，不能随意僭越更改。俗话说："丹阳的麒麟，南京的辟邪。"这指的是丹阳的萧氏家族成了齐、梁两代的帝王，皇帝死后，不忘叶落归根，纷纷在故乡丹阳建陵安葬，按照帝陵的礼制，镇墓神兽为天禄、麒麟。而南京多为齐、梁两代的王侯墓，其陵前镇墓神兽为辟邪。所以，天禄、麒麟便成了丹阳的象征，辟邪就成南京的象征。

永安陵石刻、齐武帝萧赜景安陵石刻、齐明帝萧鸾兴安陵石刻、齐景帝萧道生修安陵石刻、梁文帝萧顺之建陵石刻、梁武帝萧衍修陵石刻、陈武帝陈霸先万安陵石刻（江宁区上坊镇的石马冲）、陈文帝陈蒨永宁陵石刻、梁临川靖惠王萧宏墓石刻、梁安成康王萧秀墓石刻、梁鄱阳忠烈王萧恢墓石刻、梁始兴忠武王萧憺墓石刻、梁桂阳简王萧融墓石刻、梁南康简王萧绩墓石刻、梁吴平忠侯萧景墓石刻、梁建安敏侯萧正立墓石刻（江宁区龙眠路南京海事职业学校内），另有失考墓石刻多处（表三）。《江宁竹枝词》曾这样歌咏南朝石刻："天禄威猛辟邪骄，璃座莲端华表高。石物何尝关治乱？剩留雕艺认南朝。"

表三　江宁境内南朝陵墓神道石刻一览表

石刻	简介	价值
初宁陵石刻	宋武帝刘裕陵石刻，位于江宁麒麟铺村公路两侧。现存有一对石兽	年代最早的南朝帝陵神道石刻，为全国重点文物保护单位
万安陵石刻	陈朝创立者陈霸先陵石刻，位于江宁上坊石马冲。现存有一对石兽	年代最晚的南朝帝陵神道石刻，为全国重点文物保护单位
萧正立墓石刻	南朝梁武帝萧衍之侄建安敏侯萧正立墓石刻。位于江宁淳化刘家边。现存石辟邪一对，石柱一对	为全国重点文物保护单位
方旗庙失考墓石刻	墓主人身份待定。位于江宁建中村方旗庙。现存石辟邪一对	为全国重点文物保护单位
宋墅失考墓石刻	墓主人身份待定。位于江宁科学园内。现存有石柱一个，柱础一个	为全国重点文物保护单位
侯村失考墓石刻	墓主人身份待定。位于江宁科学园内。现存辟邪一对，石柱一个	最小巧的南朝王侯石刻。为全国重点文物保护单位
耿岗失考墓	墓主人身份待定。位于江宁科学园内。现存有石柱一个	为全国重点文物保护单位
后村失考墓	墓主人身份待定。位于江宁麒麟晨光村。现存有一残龟趺座	

调查发现，最近20年，酸雨、冻融等因素对石刻造成的伤害，甚于过去200年的侵蚀，尤其是人为因素，对石刻的侵害更甚于酸雨烈风。南京师范大学美术学院院长李向伟教授说，南朝石刻在最初铸成时，全身上下镌满了细致精美的花纹，

而今，由于人为和自然的破坏，又缺乏有效保护，南朝石刻的价值和生命正在消失①。

1. 宋武帝刘裕初宁陵石刻

初宁陵石刻位于今江宁区麒麟镇麒麟铺，距中山门约 10 公里。现存石兽一对，夹路相向，间距为 23.4 米。1956 年曾加以整修，从原本相距的 54.5 米的位置挪置于此。

刘裕②陵墓坐北朝南偏西，陵前现存麒麟一对，不见石柱。两麒麟东西相向，均为雄兽。20 世纪 30 年代，朱希祖先生前往初宁陵考察时，"在陵左者，倒于水塘边，已不全；在陵右者，尚完整未倒，惟头顶缺"。现在的模样系 1956 年整修加固的结果，相较原有位置稍有偏移。

东边的麒麟为双角，双角已残。体型高大，昂首挺胸。腹的两侧浮雕有双翼，翼前部的鱼鳞纹依稀可辨，后部似为五根翎毛。麒麟双目圆睁，张口露齿，额下长须垂胸。四足已失，下承四个石墩，尾巴无存。修复之后的麒麟身长 2.9 米、身高 2.9 米（连石墩）、体围 3.13 米。西边的麒麟独角已损，头部损毁尤为严重，可见榫头拼接痕迹。额下长须垂胸，腹侧浮雕双翼，翼前部作鱼鳞状，后部饰六根翎毛，形态优美。麒麟四足、五趾，体躯作内侧前肢迈出状，昂首阔步，颇有威镇百兽之态。其身长 3.18、高 2.78、体围 3.21 米，重约 12 吨。1956 年修复时在下垂的腹部垫有两块石墩支撑。这两只麒麟是现存南朝陵墓神道石刻中年代最早的一对，代表了初创时期的艺术风格，其形体虽残，但风貌犹存，气势雄浑，弥足珍贵（图四八）。关于这对石兽，历来多认为是宋武帝刘裕初宁陵所有，近年来有学者提出异议，认为麒麟门二石兽当为宋文帝长宁陵所有（如王志高《南朝麒麟铺神道石刻的墓主问题》一文中有阐述）。1988 年初宁陵石刻被

---

①　《专家提议兴建南朝石刻博物馆》，《江南时报》2008 年 10 月 29 日。

②　刘裕（公元 363～422 年），字德舆，小名寄奴，彭城县绥舆里（今江苏徐州）人，后流亡至晋陵郡丹徒县之京口里（今江苏镇江市东丹徒镇）。孙恩起义后，刘裕投靠刘牢之，他胆识过人、作战勇猛，"常披坚执锐，为士卒先，每战辄催锋陷阵"，频繁的战争经历和过人的胆识才干造就了一代统帅，南宋词人辛弃疾在《永遇乐·京口北固亭怀古》中称赞他道"金戈铁马，气吞万里如虎"。公元 420 年，刘裕废晋帝，建立刘宋，立都建康。作为乱世中的英主，刘裕除了骁勇善战之外，还治军严谨，军纪严明。《宋书·武帝纪》载："于时东伐诸帅，御军无律，士卒暴掠，甚为百姓所苦，唯高祖法令明整，所至莫不亲赖焉。"后虽高居帝位，却依然俭朴如常，"清简寡欲，严整有法度，未尝视珠玉舆马之饰，后庭无纨绮丝竹之音。"不仅如此，刘裕还担心子孙"骄奢不节"，遂将自己早年劳动时的衣物作为家族内部教育的实物，以警示后人。刘裕称帝后的第三年病死，时年 60 岁，庙号高祖，谥号武皇帝。

列为全国重点文物保护单位。

图四八　初宁陵石刻

2. 陈武帝陈霸先万安陵石刻

万安陵石刻位于江宁区上坊镇西北石马冲，现存石兽两只。相距48.8米，原本半没于农田中，后经文物部门整修提升并加固。

陈朝皇帝陈霸先①葬于万安陵，陈朝灭亡时万安陵被政敌王僧辩之子掘毁，现存神道石刻一对。造型奇特，气韵生动。两石兽均为雄性，北兽似为天禄，保存较完整，长2.50、高2.57米。南兽似为麒麟，长2.72、高2.28米，颈部断裂，胸部碎裂，风化严重。二石兽均无角，头有鬣毛，颔下长须垂胸，舌不下垂。腹侧有双翼，素面无纹饰。其体型较大，造型朴实，体态匀称，四足前后交错，长尾及地旋转成半圆形，有徙步若飞之感。万安陵石刻是南朝最后一个王朝

① 陈霸先（公元503～559年），字兴国，小名法生。吴兴郡长城县（今浙江长兴县）人，其先祖世居颍川，西晋永嘉之乱时南迁至长兴。《陈书·高祖本纪》谓陈霸先"少俶傥有大志，不治生产。既长，读兵书，多武艺，明达果断，为当时所推服。"梁大同初年，陈霸先追随吴兴太守萧暎，开始了戎马征战的生涯。经过战火硝烟的洗礼和考验，陈霸先以军功显贵闻达。论及陈霸先的军事生涯，陈朝后人曾评之曰："南平百越，北诛逆虏"，南平百越巩固了萧梁政权，北抗北齐摆脱了做北齐附庸国的危机，获得了民心，为建立帝王基业奠定了声威。太平二年（公元557年）十月，获封陈王，随后萧方智禅让，陈霸先称帝，建立了陈国。庶族地主出身的陈霸先，能够在纷争乱世中创一代帝业，除了他独到的政治眼光和过人的军事才能，还与其个人品质有关。虽是武艺起家，却从不好战，不轻易调发民力。贵为帝王，依旧俭素自率，"常膳不过数品，私飨曲宴，皆瓦器蚌盘，肴核庶馐，裁令充足而已，不为虚费。"宫中不用女乐，衣不重采，饰无金翠。不贪图钱财，所得赏赐均分给下属，由此颇受属下拥戴。陈霸先于永定三年（公元559年）去世，时年57岁，葬于万安陵，谥号武皇帝，庙号高祖。

开国之君的遗存，其艺术风格积累了前三代的成果而有所发展，对于研究南朝陵墓石兽艺术风格的演化具有重大意义（图四九）。1988 年万安陵石刻被列为全国重点文物保护单位。

图四九　万安陵石刻

3. 梁建安敏侯萧正立墓石刻

萧正立墓石刻位于江宁区科学园（原淳化镇刘家边），现南京海事职业技术学院内，现存石辟邪两只，石柱一对。

萧正立，字山公。乃临川靖惠王萧宏之子，梁武帝萧衍之侄。初封罗平侯，因其母受萧宏宠幸，萧宏在长子萧正仁过世后册封萧正立为世子。萧宏死后，萧正立主动将王位谦让其兄，梁武帝对此举甚为嘉许，于是破例改封萧正立为建安县侯，食邑一千户（诸侯例封五百户）。后任丹阳尹，官至侍中、左卫将军。卒于梁天监十年（公元 511 年），谥号"敏"。

据朱偰的《建康兰陵六朝陵墓图考》：过前宋墅村，至刘家边，西为梁萧正立墓。墓范围颇大，石兽凡二，南北相向，与甘家巷萧秀墓所见略同。由二石兽方位测之，正当九十度左右，墓盖东向，后直牛首山。石兽后数十步，越小坡，为二石柱，已大半没土中，碑一作正文，一作反文，反文尚可读，作"梁故侍中左卫将军建安敏侯之神道。"

萧正立墓东向偏南，墓前石刻现存 2 种 4 件，南北相向，相距 16 米。南边的辟邪长 2.20、高 1.95 米，右翼及胸部有裂纹，头后部损毁。北边辟邪长 2.15、高 2 米，头部剥蚀严重，舌、尾皆残。这两只辟邪头小身长，体态丰腴矫健，翼、脊及胸前均刻有凹沟，使得辟邪轮廓线洗练概括，翼前装饰有鱼鳞纹，装饰效果强烈（图五〇）。二兽腹部以下部分原已埋入土中，1964 年整修时清出并提高。

图五〇　萧正立墓石辟邪（30 年代）

在东距辟邪 110 米的地方，有神道石柱两件，相距 17 米。柱身上下粗细不一，风化严重，文物部门以铁条箍柱柱身来加固。柱顶盖及其上的小辟邪均无存。南石柱高 3.45、体围 1.74 米，柱表作 23 道瓦楞纹；北石柱高 3.44、体围 1.84 米，柱表作 20 道瓦楞纹。柱额呈矩形，文字正书四行，已被磨蚀得漫漶不清，南石柱上题"建安"二字依稀可辨。据朱偰的研究，题应为"梁故侍中左卫将军建安敏侯之神道"。柱额下刻有双螭纹，下段原埋入土中，已风化剥蚀严重有裂隙，整修时提升并加固（图五一）。现在还流传有"梁故侍中左卫将军建安敏侯萧公墓志"的拓片，字为楷体，收录于朱希祖、滕固编写的《六朝陵墓调查报告》以及姚迁、古兵编写的《六朝艺术》等书。1988 年梁建安敏侯萧正立墓石刻被列为全国重点文物保护单位。

图五一　萧正立墓石柱

（四）南朝胜迹　山水情怀

江宁位于长江与秦淮河交汇之处，自然化育、灵山秀水，独厚的自然条件使得这片土地自古就有"江南佳丽地"之称。众多风流雅士留恋此地，品山水之情、享田园之乐，好不惬意！

1. 圣汤古传　享誉甚久

据旧志记载，利用汤山温泉治病至少有 1500 年的历史。刘宋武帝刘裕第五个儿子、江夏王刘义恭曾到汤山游览，见山下有温泉出露，遂取名为汤泉，并赋《汤泉铭》："秦都壮温谷，汉京丽汤泉，英德资远液，暄波起斯源。"他将汤山温泉与秦都、汉京的温泉相提并论。从此以后，汤山温泉的美名不胫而走，南朝及以后各代的达官显贵、文人墨客皆来此游览和沐浴养身，还留下不少诗词篇章。六朝萧梁时期的皇太后来汤山沐浴，治愈了皮肤病，为此，皇帝封汤泉为"圣汤"，并在汤山东麓建起一座"圣汤延祥寺"以祀泉神。

浴汤山三首（二）

（清）袁枚（1716～1798）

方地有水是谁绕，暖气腾腾类涌潮。

五日熏蒸三日浴，鬓霜一点不曾消。

2. 幽栖古寺　禅宗显圣

幽栖寺位于南京市南郊祖堂山的南麓（原东善桥乡），与弘觉寺遥遥相对，是"南朝四百八十寺"中早期的著名庙宇，距今已有 1500 余年的历史。祖堂山为牛首山的一个分支，山上层峦叠嶂、古木参天、宁静致远，颇有"鸟鸣山更幽"的意境。

寺院始建于刘宋大明三年（公元 459 年），因建在幽栖山上，故名幽栖寺。唐贞观初年，南宗第一禅师法融在此居处修道，创立了牛头宗，幽栖寺作为牛头宗的发祥地，被誉为南宗祖堂，由此改名为祖堂寺，山也改名为祖堂山。唐光启四年（公元 888 年），寺院废弃。杨吴太和年间重建寺庙，改名延寿院。南宋治平年间又复幽栖寺名。

依据《金陵梵刹志》卷四十四"幽栖山祖堂寺"记载，明代祖堂寺内的主要殿堂有金刚殿、天王殿、佛殿、千佛殿、观音殿、华严殿、水陆殿等。除了观音殿为三楹外，其余各殿皆为五楹；其次还有三层十五楹禅堂、二层十楹斋堂及五楹厨库、茶寮。寺院基址占地约 243 亩（东至寺天盘岭、西至寺西峰岭、南至寺宝盖山顶、北至寺蜈蜂岭），田地山塘有 500 余亩。祖堂寺的规格为中刹，下领几座小刹，有吉山寺、永泰寺、宁海寺、静居寺。寺前有无梁殿及回廊、渡桥等建筑（图五二、五三）。这些宏伟的寺院建筑一直保存到公元 1853 年太平天国定都南京前夕，在清军与太平军的纷战中，被破坏殆尽，实为南朝佛教文化的重大损失，现存的建筑系清同治和光绪年间相继修复建造的。

图五二 幽栖寺无梁殿（30 年代）　　　图五三 幽栖寺古拜经台

与幽栖寺息息相关的人物就是禅师法融。法融（公元 594～657 年）俗姓韦，润州延陵（今江苏丹阳）人。《金陵梵刹志》载其："少为儒，博极群书，既而叹曰：此仁义耳，吾志求出世间法"，于是尽弃宿学，剃度为僧。传在幽栖山北崖洞穴中修行时得禅宗四祖道信传授达摩心印法要。唐贞观十七年（公元 643年），法融出禅关，在幽栖寺北岩下创立茅茨禅室，授徒传法。"数年之中，息心之众百有余人"，法门逐渐兴盛，后其禅法系统被称为牛头禅。

3. 龙女涌泉　祈泽池深

祈泽寺位于江宁区上坊镇东 2 里的祈泽山西侧，距光华门约 10 公里。

关于祈泽寺众多历史方志均有记载，《景定建康志》记载："祈泽山有祈泽寺，在城东南三十五里，周回一十里，高五十丈，东连彭城山、北连青龙山。"寺始建于南朝刘宋景平元年（公元 423 年），初名宋少寺。在南北朝对峙的年代，寺院频遭破坏，唐会昌（公元 841～846 年）时寺废。南唐时李昇派人重建寺院。北宋治平（公元 1064～1067 年）年间宋英宗赐名为"祈泽治平寺"，南宋绍兴二年（公元1132年）十一月敕赐"嘉惠庙"额牒，改名"灵泽夫人祠"。元至正二年（公元1342年）重建，复名祈泽治平寺。明嘉靖十二年（公元1533年）寺院被修葺一新，并作为祈祷雨泽之所，仍名祈泽寺。清道光（公元1821～1850年）间僧明辉、勇青重募修。咸丰三年（公元1853年）正月至六年（公元1856年）五月，寺毁于太平天国军队与清军的多次争战之中。光绪十七年（公元1891年）重建。民国三十五年（1946年）部分改作粮库，1949年后亦用作粮库。现仅残存几间光绪时期的旧房和已经干涸的"祈泽龙池"。

据《六朝事迹编类》载：梁朝置龙堂，有初法师者来结茅庵于山下，日夜诵法华经，有一女郎来听，移时方去，师讶之，因问其住址，女曰：儿东海龙女游江淮间，闻师诵经来听之。师曰：此山乏水，汝能神变为我开一泉可乎？女曰：此固易事，容儿归白父言。讫不见数日，后忽作风雷良久，有清泉涌于座中。根据这个传说，明代江宁籍状元朱之蕃将祈泽寺作为"金陵四十景"之一收录入《金陵图咏》，命名"祈泽龙池"，清代时，被更名为"祈泽池深"，并入"金陵四十八景"之中。

据《金陵梵刹志》中的描述，祈泽寺的殿堂主要有金刚殿、天王殿、正佛殿、左观音殿、右地藏殿、龙王殿，除了正佛殿为五楹，龙王殿为二层六楹外，其余均为三楹。另外还有钟楼一座，僧院三房。寺院基址占地21亩，东至本寺山顶，南至官路，西至官水沟，北至青龙山。拥有田地山泽约36亩。寺院内历代刻石多砌于大殿壁间。有南唐断石，北宋的"重建祈泽寺嘉惠庙碑"（图五四）、"祈泽治平寺残碑"、"宋仁寿县君苏氏墓志铭"、"高逸上人诗碑"以及"梵仙诗碑"、宋绍兴碑建"藏经记碑"、南宋绍兴"祈雨碑"、元代的"白野碑"、"类慧泉碑"、"舍田记碑下题名"、"祈泽治平寺舍田记碑"等；新中国成立前，寺内还存有南唐断碑和白野碑各一座，据说是宋朝宗室后裔、当时的大文学家兼书法家赵孟頫所撰，可惜两座碑石如今已不知去向，1983年文物普查时，仅发现光绪十七年修寺石碑一块。

祈泽寺所在的祈泽山环境优雅，泉水潺潺，

图五四　北宋"重建祈泽寺嘉惠庙碑记"拓片

鸟语花香。山上有堕云峰、待月亭、仙人岭等。历代文人雅士都喜爱到此游览，吟诗作对，流连忘返。明正德年间南京兵部尚书乔宇司马游览此地时曾在堕云峰上题字曰："乱石□岈，若飞云欲堕"；王安石来此游玩，赋诗《饭祈泽寺》，生动地描述了山寺周围的面貌："驾言东南游，午饭投僧馆。山白梅蕊长，林黄柳芽短。笒箵沙际来，略彴桑间断。春映一川明，雪消千壑漫。鱼随竹影浮，鸟误人声散。玩物岂能留，干时吾自懒。"

昔日的祈泽山明丽秀美、寺院雕梁画栋，现在我们也只能从残存的遗址中寻到旧日的痕迹。

4. 南朝古刹　云居佛寺

云居寺位于江宁区淳化青龙山，是南朝时期的古刹，属于区级文物保护单位。

据《金陵梵刹志》记载，云居寺原本"在郭城高桥门外东城地，西去正阳门四十里"的钟山，明代移旧额于此并重建。寺内殿堂有观音殿三间、右伽蓝殿三间、僧院一房，殿堂前建有山门，共三间。基址占地 3 亩，范围东至官沟，南至官沟，西至八甲民田，北至太子山。所有的田地塘约为 12 亩。

现寺院仅存有大殿和后殿，共二进。其建筑风格明显属于明清时期，屋脊两端装饰有鸱吻，其状如卷尾巨龙张口吞脊，背上还插有剑柄。屋脊上还刻有佛教真言"啰、嘛、呢、叭、唵、吽"六个字，有明显的藏传佛教风格。挑檐墙上绘有精美的龙凤彩绘，拱形门的上方有一格扇大窗。大殿的内部构造全为木质，为抬梁式结构，梁上柱头的木雕精细复杂、栩栩如生。大殿进深为 16 米、宽度为 16 米，高度 13 米，共四间。大殿的东面尚存一二层木质小楼。最粗木柱直径 50 厘米，柱础直径 80 厘米；最细木柱直径 36 厘米，柱础直径 60 厘米，在方形的柱础石上还有用于隔绝地面湿气的圆柱形石柱础。前后殿相距约 16 米，方砖和青质条石铺设而成的路面贯穿其中（图五五）。后殿的地势相对较高，由条石砌筑的庙基，需爬八级台阶才可以进入。楼上的格扇门窗和走廊显示当年这里可能是"藏经楼"（图五六）。

云居寺的规格属于小刹，南朝时期及以后历代都有文人墨客到此，并且留下了不少佳句。刘宋诗人王褒在游过云居寺后赋《云居寺高顶》："中峰云已合，绝顶日犹晴。邑居随望近，风烟对眼生。"其描述的景象堪称壮丽。唐代白居易曾经赠诗于人，曰："乱山深处云居路，共踏山行独惜春。胜地本来无定主，大都山属爱山人。"言辞之中不乏对此地的喜爱。云居寺 1983 年被列为县级文物保护单位。

图五五　云居寺原大殿

图五六　云居寺原后殿

二　隋元变迁　经济发展

（一）隋唐低迷　南唐复兴

隋灭陈后，结束了南北朝分裂的局面，隋文帝将政治中心徙至黄河流域，他下令将建康的城池宫殿全部夷为平地，仅留下一座石头城作为蒋州的州城。六朝的繁华顷刻间变为一堆废墟，城内的居民大量迁入长安，南京城为之一空，"建康城邑宫室并平荡，耕垦于石头城"。削弱了这里的政治土壤后，隋朝还竭力压制长江流域经济的发展，统治者们加强这里人民的赋税，使得人民生活窘迫贫穷，无心发展商业经济。江宁作为京畿之地，其命运始终与金陵息息相关，荣辱与共。随着京都地位的下降，江宁也随之衰落。

隋时，江宁隶属蒋州，唐时变动频繁，先后称为江宁县、归化县、金陵县、白下县、上元县等，说明了当时动荡的局势，战争导致江宁地区人口锐减，经济沉寂，几乎是在前代的基础上缓慢前行。如汤山伏牛铜矿的开采，便是从春秋时期一直延续到隋唐。伏牛山古铜矿遗址发现于南京东郊汤山镇东北约 3 公里的一座名叫南山的小山下，该山海拔 205 米。地下埋藏有丰富的硫化铜矿资派，古铜矿位于山东北面以及与之相邻的东沟砂子坡中，采矿区呈西北—东南走向。到了隋唐时期，已经形成了完备的采矿设施和作业程序。伏牛山古铜矿采场的发现，为研究我国的矿冶史提供了珍贵的实物资料，也是探寻江宁地区早期矿产资源开发的有力实证。

唐朝末年，军阀割据，金陵归淮南节度使杨行密所有。公元 902 年，杨行密为吴王（定都今扬州），史称"杨吴"。公元 917 年，杨吴国重设江宁县，此后，江宁县未再取消。杨吴大和三年（公元 931 年），杨吴国权臣徐知诰镇守金陵，第二年扩大金陵城。后徐知诰夺取杨吴帝位，易姓为李，称李昪。改金陵府为江宁府，定都金陵（今南京），史称"南唐"。

南唐政权（公元 937 ~ 975 年）建都金陵，是五代十国时期南方的一个经济文化相当发达的国家，共传三位皇帝，即先主李昪、中主李璟和后主李煜，其中李后主的名气最大。李煜（公元 937 ~ 978 年），南唐中主李璟的第六子，北宋建隆二年（公元 961 年）继位。北宋开宝八年（公元 975 年），国破降宋，俘至汴京，被封为右千牛卫上将军、违命侯。宋太宗即位，进封陇西郡公。北宋太平兴国三年（公元 978 年）七夕是李煜 42 岁生日，宋太宗恨他有"故国不堪回首月明中"、"问君能有几多愁，恰似一江春水向东流"之词，命人用药将其毒死。死后追封吴王，葬洛阳。李煜在政治上虽庸弩无能，但其艺术才华非凡。他工书法，善绘画，精音律，诗和文均有一定造诣，尤以词的成就最高，被尊为"千古词帝"。

南唐的统治者重视农业发展，兴修水利，鼓励人们种桑养蚕，江南的经济再次繁荣起来。南唐中主李璟和后主李煜在政治上作为都不大，却具有很高的文学造诣。从今日南唐两位君主的陵墓中，可以略窥南唐经济和文化的复兴。

　　南唐二陵位于南京南郊江宁县东善乡境祖堂山西南"太子墩"，为我国五代十国时期建都金陵、偏安江南一隅的南唐的皇陵，此二陵为南唐烈祖李昇与皇后宋氏合葬的钦陵、中主李璟与皇后钟氏合葬的顺陵，迄今已1050余年的历史。

　　二陵相距约150米，均南向，为砖石仿木结构，分前、中、后三个主室，两侧有供陪葬物的耳室。居东者为南唐烈祖李昇与皇后宋氏合葬的"钦陵"，居西者为南唐中主李璟与皇后钟氏合葬的"顺陵"。两陵均已修建陵门廊和饰以兽环的红漆大门。

　　李昇（公元888～943年），字正伦，小字彭奴，徐州人，天祚三年（公元937年）取得帝位，改国号为唐，以金陵为首都，史称南唐。在出土的玉片上有雕刻填金"维保大元年岁次癸卯十月嗣皇帝巨瑶"等字样，明确了这座墓就是南唐开国皇帝李昇与皇后宋氏合葬的钦陵，葬于公元943年。

　　钦陵是在南唐国力日强、声威日著的情况下修建的，故其规模大，绘画、雕刻、建筑等艺术均极精湛。钦陵的外观为一个隆起的圆形土墩，周围约170米，高出地面12米，当地人把它称作"太子墩"。墓道中铺有青石台阶，墓门在石灰粉饰的梯形八字砖墙的中间，门外被五层共计五十余块小青石板不成规则的堵着。其下是五层共二十九条二三吨重的大石条，石条下面为平铺的人字纹砖地。墓门呈圆拱形，门洞厚实，表面涂有朱砂。门上正中绘有彩色斗拱，门两边为矩形倚柱，枋子和倚柱皆彩绘牡丹花纹（图五七）。

　　墓室包括前、中、后三间主室和十间侧室。全长21米，宽10米，高5米多。前、中两室及其所附四间侧室是砖结构，后室及其所附六间侧室是石结构。墓门及前、中、后三个主室都仿照当时社会上流行的木结构建筑式样，在壁面上用砖砌或石雕成梁、桥、柱子和斗拱，再用石青、石绿、赭石和丹粉等矿物质颜料在其上绘以鲜艳的彩画，图案多作牡丹、莲花、宝相、海石榴和云气纹等。据有关学者研究，认为这是目前国内现存最早的附属在柱枋部分的彩画遗迹，在建筑史和艺术史上都具有很高的价值。

　　前室，是砖砌筑的穹窿顶，外涂朱，门楣由不同角度的楔形砖嵌建成拱门，上设有斗拱，两旁倚柱，室内斗拱均有彩绘，透出朱、绿、翠、黛各种绚烂的颜色，更显出五色斑斓的情调。图案多是牡丹、宝相、莲花、海石榴和云气等。中室亦为砖砌，门楣上部雕刻着青石浮雕"双龙戏珠"，下方的左右两侧各置一尊足踩祥云、披甲持剑的石刻浮雕武士像，原均敷金涂彩，后皆被损坏（图五八）。后室及其所

图五七　钦陵外景

图五八　钦陵石雕武士像

附的六间侧室主要是石结构，面积最大，是停放棺木的地方。室顶绘有朱红的旭日和浅蓝的明月以及众多的星斗，组成一幅绚丽的"天象图"。地铺青石板，雕凿成江河迂回之状，这种上具天文，下具地理的陵墓内部装饰刻画了一幅象征天下一统的"地理图"，构思高超，独具匠心。后室的中后部有石砌棺床，棺床的侧面有行龙浮雕，并用浅刻的卷草和海石榴花纹作为棺床平面的装饰。

　　钦陵早年多次被盗，金、玉、铜、铁和陶瓷质的器物或遗失或损毁，劫余器物以玉哀册和陶俑像为主，哀册刻字填金，标明了该陵的陵名以及下葬的年代，成为推测墓主人的主要依据，显得尤为珍贵（图五九）。陶俑包括数以百计的男女宫中侍从俑、舞俑以及各种动物俑，其数量种类之多亦为南方唐宋墓中所罕见。从这些散落在墓室各处的陶俑身上，我们似乎还能想象到下葬之时它们排列成行的气势。

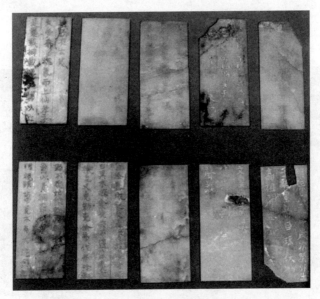

图五九　玉哀册

　　顺陵与钦陵相隔约 50 米，是中主李璟与皇后钟氏合葬墓。

　　李璟（公元 916～961 年），字伯玉，原名李景通，徐州人，南唐烈祖李昇的长子。升元七年（公元 943 年）李昇过世，李璟继位，改元保大。后因受到后周威胁，削去帝号，改称国主，史称南唐中主。

　　顺陵是在南唐国势垂危的情况下修建的，且李璟为李昇之子，故其墓葬形制虽相似，但规模相对较小，装饰也甚少（图六〇）。墓葬共计有前、中、后三间主室和八间侧室，墓室全部为砖结构。南唐后期的政治、经济、军事各方面实力都不及前期，所以，墓葬的结构、装饰均已失去了南唐初期富丽雄宏的气魄。后室入口处无"双龙戏珠"及武士的浮雕，后室的室顶有天象图，但地面上没有雕凿地理图，棺座上亦有浮雕纹饰，已浸漶不清。三间主室的壁面仍有砖结构的仿梁、枋、柱和斗拱的式样，其上同样绘有牡丹和卷草等彩画，可惜已经剥落。劫余的随葬品以陶俑和玉哀册较多，但质量和品种皆不如钦陵所出。

图六〇　顺陵外景

南唐二陵的设计者韩熙载是南唐宰相，深受中主李璟的宠信。后主李煜继位后，怀疑其有政治野心，遂派宫廷画院的"待诏"顾闳中和周文矩到他家里去暗地窥探，令他们将所见如实作画。韩熙载大智若愚，在夜宴中故意展现一种不问时事、沉湎歌舞、醉生梦死的形态。顾闳中凭借敏捷的洞察力和惊人的记忆力，把韩熙载在家中的夜宴过程默记在心，回去后即刻挥笔完成了《韩熙载夜宴图》。李煜看了此画后便放过了韩熙载。《韩熙载夜宴图》是中国十大传世名画之一，它以连环长卷的方式描摹了南唐巨宦韩熙载家开宴行乐的场景。这幅长卷线条准确流畅，细腻灵动，充满表现力。图中人物有聚有散，场面有动有静。设色工丽雅致，且富有层次感，神韵独出。40多个神态各异的人物重复出现，性格突出，神情自然。画卷中的主要人物就是韩熙载（图六一）。

南唐二陵自宋代以来曾多次被盗。1950年开始发掘，经过半年多的发掘清理，仍收集到哀册68片，各种陶俑136件，其中有持物俑、拱立俑、舞姿俑、

图六一　　《韩熙载夜宴图》部分一览

人首蛇身俑（图六二）、人首鱼身俑（图六三）和人首龙身俑等。此外，还有各种瓷器 200 多件，以及铜、铁、漆、木、玉器多件。瓷器为安徽宣州繁昌官窑生产的贡瓷。两墓共出土文物约 600 件。

图六二　双人首蛇身陶俑

图六三　人首鱼身陶俑

　　按照中国古代的惯例，皇帝的陵墓一般都耗资巨大，无论规模与占地都是惊人的。但对于风雨飘摇的南唐而言，一个皇帝的头衔已经不能代表什么财富与权势，而到了后来，不得不对后周称臣，连一个皇帝的头衔都没有保住，成了"国主"。因而，这两座皇帝的坟茔比较简陋且相隔不到百米远，也就可以理解了。南唐二陵的发现极具历史意义，墓葬的建制和构建为研究我国唐宋时期的建筑、丧葬制度提供了翔实的资料；其精美的彩绘和浮雕具有很高的艺术价值，为世人所惊叹；出土数量众多的陶俑也蕴含了丰富的历史信息，对研究历史风情、服饰、舞蹈等具有重要意义。

（二）宋元变迁　战争前沿

隋唐五代至宋元时期，南北战争频仍，江宁地处战争前沿，在战争的打压下，经济得不到充分发展，是地区发展史上的一段低潮期。政治中心北移后，金陵由首都降为一个城市，称"江宁府"。到了南宋时期，金陵改称建康府，元代又先后称作建康路、集庆路。统治者对本地区进行了人为的压制或控制，因此南京地区（江宁）虽然有较高的文化地位，但是经济上似明显落后于周边其他地区，再加上连年的战争，使得人民颠沛流离，无心发展经济。这里所发现的大型墓葬也较少，充分证明了政治地位下降后随之而来的经济发展迟缓。

即便如此，两宋时期，江宁地区的经济社会发展和人口增长都比较快，本区出现了第一个镇市汤泉市（即今汤山），宋《建康志》说："汤泉市，在上元县神泉乡汤山延祥院前，去城六十里。"宋代的镇和市均为县以下商品交换的集镇，称"市"的集市一般是自发形成的商品交换场所。到元代《至正金陵新志》江宁地区有了淳化镇、土桥镇、湖熟镇、汤泉市等，江宁地区得到了较快的开发和发展。宋元时期，江宁建立了县学，教育取得突破性的发展。

1. 始建上元县学和江宁县学

南宋景定二年（公元 1261 年），上元知县钟蜚英在县治西建上元县学完工，改写了上元县建置 500 年来无县学的历史。

上元久无县学，子弟入学及春秋奠祀皆附于建康府学。南宋宝祐三年（公元 1255 年）陈寅赴任上元县知县，即以兴建县学为己任，然苦于兴学经费难以落实。宝祐六年（公元 1258 年），上元县有民田入官，陈寅遂以此为经费，建学宫于县治西侧的废圃上，规划学宫范围纵广各三百多尺。未及建成，陈寅离任。因担心县学工程不了了之，陈寅邀请建康通判兼管内劝农营田事，梁椅撰《建学前记》刻于石，希望继任者继续完成县学建设。但继任知县许钥任职仅六月即改任他职。南宋景定元年（公元 1260 年），钟蜚英调任上元知县，他以立学为第一事。当时，周应合受邀编纂《景定建康志》，内列《儒学志》以记府学、县学情况。他很奇怪，上元作为建康府首县，没有县学，却有《建学前记》。一日，周应合登上上元县衙勤清堂，见县学之殿、学、堂、序、门、庑、井等建筑规划图已画于墙上,工人们正在紧张施工。刚满一月,钟蜚英即派人来通告县学建成。周应合应邀为新建县学学堂起名"明新",四斋名"学文"、"修行"、"存忠"、"主信",并作《建学后记》,介绍续建县学的经过①。

南宋景定四年(公元1263年),江宁知县王镗始建江宁县学于县衙之北,改写了江宁自建县以来无县学的历史。

宋代统治者对州县学校教育一直比较重视。北宋庆历四年(公元1044年),朝廷诏命各州县立学以教人伦。但因江宁县是金陵附郭之县,府学在此,故县学一直未建。每年春秋奠祀,都由令佐率一县学子拜附于府学。景定元年(公元1260年)三月,番阳人王镗赴任江宁知县。鉴于江宁久无县学的遗憾,王镗上任伊始即以兴办县学为己任,并通过平日点滴积累筹措办学经费。景定二年(公元1261年),上元县学告成。次年,朝廷令各县置设学官。江宁县有师无学,更添尴尬。景定四年(公元1263年),王镗于县衙之北购地鼎建县学。他招集工匠,购买建材,日夜操劳。县人多被感动,纷纷参与工程建设之中。建康行宫留守姚希得听闻此事,亦加褒扬,并出资相助。于是,门殿、明伦堂、二斋、四宿等建筑及位像、礼器无不具备,工程相继完工。他又购置学田若干,收取田租以供县学以后的日常开支。县学告竣后,于县学内立石碑,上刻有《建学记》一通,详记建学经过。碑记由杨巽撰文,杨同祖书丹,赵棐篆额。

元代,各县仍设县学,并由所属行省宣慰司派遣教谕,主管县学钱粮、教育。江宁县学殿宇、田粮,一承宋旧。据《至正金陵新志》卷九记载,元代江宁县学有学田12顷75亩有余,这个田亩数应该与宋代江宁县学相同。直到明洪武十五年(公元1382年),将明初建立的国子学(今夫子庙)改为应天府学,将上元、江宁两县学并入府学。

2. 牛首山岳飞抗金

牛首山因地处南京南大门,山势险要,历来为兵家必争之地。南宋建炎三年(公元1129年)秋,金兀术率金兵南下,岳飞等将领经苦战后,率部转战到茅山地区和宜兴、广德一带,等待战机,以收复建康(今南京)。建炎四年(公元1130年)春,金兵带着在临安府(今浙江杭州)等地掳掠的大批财物北返,途经镇江,遭到南宋名将韩世忠的截击。金兵退抵建康后,在钟山、雨花台两处扎

① (宋)周应合:《景定健康志》卷三十,南京出版社,1992年。

下营寨，修建城垒，造成准备长期驻扎建康的假象，暗中却加紧把掳掠来的大批居民、财物聚集到江边准备北窜，运输船只绵延不断。这年四月，金兵在建康城内纵火，准备乘乱率军渡江。岳飞得知军情，联络了邵青和钱需带领的两支义军，立即抢占牛头山，就地取石，修筑石垒，在金兵必经之路设下埋伏。当金兵抵牛首山下宿营时，岳飞派遣100多名身穿黑衣的狙击手，趁夜色冲入金营偷袭。混乱中金兵自相攻击，逃出兵营的金兵，又为岳飞事先布置在周围的骑兵所袭杀。史书中有"兀术趋建康，（岳）飞设伏牛首山待之，夜令百人黑衣混金营扰之，金兵惊，自相攻击"的记载。岳飞亲率步、骑兵在清水亭（今江宁殷巷）伏击金兵。金兀术连忙拔寨向江边的龙湾（今下关附近）逃窜。岳家军乘胜追击，又给金兵以致命打击。这两次战斗，共击毙金兵3000多人，其中包括大小将领170多人，缴获马甲200多副，弓箭、刀旗、金鼓等3500多件。岳飞设伏筑垒击杀金兵，杀的金兵大败，伏尸15余里①。金军败退，岳飞等胜利收复建康，稳定了南宋偏安江南的政局。

牛首山之役，是金兵入侵江南地区以来，受到的最为惨重的一次打击。从此，岳家军威名远扬，金兵闻风丧胆。岳飞对于牛首山一战甚为得意，曾于建炎四年（公元1130年）在《宜兴张氏桃溪园厅壁记》中写道："总发从军，大小二百余战，虽不及远涉遐荒，亦足快国事之万一。今又提一垒孤军，振起宜兴，建康之城，一举而复……他时过此，勒功金石，岂不快哉！"牛首山上至今残存着南宋抗金名将岳飞构筑的军事防御工事——石垒，岳飞抗金故垒起自铁心桥东500米处秦淮河边的韩府山，至牛首山主峰，断续残存约4200余米。其中沿牛首山脚至山脊，长2000余米。石垒底宽1.5~3米不等，高约1米。故垒是采用当地赤褐色石块垒筑而成，蜿蜒起伏，高低错落。有的地段人工痕迹明显，有些地段因年代久远，风雨侵袭，已散乱圮塌，难觅踪影（图六四）。

牛首山山势陡峭，形势险要，历来为兵家必争之地。韩府山，地处牛首山以北，绵延数里，北起秦淮河畔，南与牛首山紧密相连。牛首山和韩府山，组成南京南郊的一道天然屏障，护卫着南京古都的安全。

沿着牛首山至韩府山的山脊处，至今仍保留着当年的石块堆垒的军事防御工程，起伏蜿蜒长达数千米，它的北端在韩府山直通秦淮河边，南端达牛首山顶

---

① 参见《江宁文物》第117页，江苏美术出版社，2004年。

图六四　岳飞抗金故垒

峰，即所谓牛眼睛、牛鼻子处，这里是绝壁悬崖，形势十分险峻。站在顶峰上可以隐约看见一条人工形成的屏障，故垒上已经生长着藤蔓、虎刺等，不易察觉，但有些地方至今还是石块堆垒整齐。

　　岳飞大战牛首山的故事距今已有 870 余年的历史，故垒犹存，可谓极其珍贵。抗金故垒这一历史遗存成为牛首山风景区一个重要景点。1992 年被列入南京市文物保护单位。春游牛首山，人们在饱览名山秀色的同时，既可以观赏祖国佛教文化的瑰宝，又可以亲临古战场，凭吊当年岳飞抗金之故垒，缅怀英雄之浩然正气。

　　龙泉寺后山仍为韩府山之一部分，当地人都习惯称其为将军山或断臂崖。之所以这样称呼，是因为这里至今还流传着与岳飞抗金有关的故事，据寺中老僧介绍：南宋时，岳飞大战牛首山，一员猛将深入敌阵，奋勇冲杀，杀死许多金兵，这员猛将的一只臂膀也被敌人砍断。于是，他隐身在这个岩洞中养伤，后来被当地老百姓发现，他们送茶饭，采集中草药，帮助其疗伤。不久，将军伤好又奔赴抗金战场。人们为了纪念这位因抗金而断臂的英雄，遂命名此山为将军山，崖为断臂崖。

3. 宋元时期江宁人物

（1）秦桧家族

　　南宋初年，面对金兵入寇朝廷存亡之际，与岳飞等抗金英雄同时并存的还有投降派首领秦桧，秦桧也是最后杀害岳飞的主要谋划人之一，因此他被永远钉在历史的耻辱柱上。秦桧及其家族正是江宁人，其祖籍在今江宁汤山桦墅村，其家族墓地分布于今江宁牧龙村、建中村和清修村一带。据说，桦墅村原名大王庄，是秦氏一族历代居住的地方。秦桧做官以后，曾经在此建别墅。后人因耻于秦桧这个佞臣，于是将大王村改为"桦墅村"，事实怎样，今天已经无存考证。

秦桧（公元 1090～1155 年），字会之，宋江宁府（今江苏南京）人。宋徽宗政和五年（公元 1115 年）高中进士，官至御史中丞。曾主张抗金，被金军俘虏后降敌在金廷大倡议和。南宋建炎四年（公元 1130 年）随金军转至楚州，旋即逃回南宋。秦桧深得宋高宗信任，两度任职宰相。他把持朝政、力主议和，解除岳飞、韩世忠等大将军权，以"莫须有"罪名杀害岳飞，与金朝签订屈辱的条约。他在朝 19 年，朝政黑暗，不少人家破人亡。绍兴二十五年（公元 1155 年），秦桧病故，时年 66 岁。被追封为"申王"，谥号"忠献"。宋宁宗时，认为他叛国投敌，奸害忠良，剥夺了秦桧的王爵，并改贬"谬丑"。

秦桧死后，关于其主墓仍是疑云重重。墓葬的出土地点与历史上所传的秦桧下葬地点有千丝万缕的联系。《景定建康志》记载："太师秦桧墓在牛首山，去城十八里。"宋代岳珂在《程史·牧龙亭》中记载："金陵牧龙亭，秦氏之丘垄在焉。"另外还有史料记载，曰："秦桧墓在江宁镇，岁久榛芜。成化乙巳秋八月，被盗所发，获货贝以巨万计。盗被执，而司法者未减其罪，恶桧也。"虽然这些史料都未给出秦桧墓的准确地点，但是大体上可以确定，墓葬在今江宁区江宁街道建中一带。相传，秦桧墓前有丰碑屹立，不镌一字。

2004 年在江宁区接近牧龙村附近发现一座高规格的宋代大型砖石墓。墓平面呈凸字形，用工整坚硬的厚青砖砌成。墓葬由封土、墓坑和南北两个长方形墓室等构成。墓室总宽为 7.94 米，北侧墓室略大，全长 6.58 米，南侧墓室稍小，全长 4.82 米。墓壁均由三重砖石构成，并用一层三合土浇浆密封。部分墓砖上有"大宋绍兴二十五年四月八日……"等多种铭文。该墓室历史上曾多次被盗。棺内出土了瓷、银、铜、漆木、牙角、玉以及玻璃水景、玛瑙等不同质地的文物约 800 件，造型独特、做工精致。此合葬墓是目前南方地区发掘的南宋古墓中规模最大、级别最高的墓地。墓主人身份待定，有专家根据墓葬的位置、随葬品情况等，结合历史学、文献学和考古学知识分析后认为该墓主人即为秦桧夫妇。

据传，徐氏一族实为秦氏后人，因耻于姓秦，该姓徐。"秦"字，头为三人，而"徐"字，"双人"在旁边，一人在上面，合起来也是"三人"。这样改秦氏为徐氏，既有着避秦之意，也有不忘祖先之情。今天的铜井牧龙，尚有徐氏一族居住于此。

秦桧作恶多端、为一代奸臣，但其秦氏族人却不乏忠良贤德之才。秦桧的父亲在做湖州知县时，政绩颇佳，当地有以其秦氏命名的"秦公桥"。秦桧的哥哥秦梓，宣和六年（公元1124年）进士，早年任宣州知府，清正廉明深受百姓爱戴。秦桧的儿子秦熺，曾任安陆府知府，博文好识，为政尚宽简，声誉颇佳。秦桧的曾孙秦钜，嘉定年间任蕲州通判，曾经殊死抵抗金兵，并壮烈为国捐躯，他的两个儿子亦效仿先父，为国牺牲。秦氏后代真可谓人才辈出，秦桧后代秦大士在乾隆十七年（公元1752年）高中状元，为秦氏争得荣誉。

1986年考古人员在江宁区铜井镇牧龙村发现秦桧的家族墓，初步认为墓主是秦桧之孙秦埙、秦堪。墓葬出土了包括钱币、瓷器等在内的多件文物。在其中一只定窑白瓷碗银边上铭"秦待制位"四字。待制是备皇帝日常顾问的重要官员，秦埙、秦堪二人曾获此殊荣，秦埙任敷文阁待制，秦堪任待制建康郡侯。

2006年在江宁清修村发掘了三座南宋墓葬，这三座墓葬呈"品"字形排列，均为土坑竖穴石室墓。中间一座墓葬早年已经被盗，其它两座墓葬较为完好，出土文物近百件，包括金器、银器、漆器、锡器、瓷器等。考古人员在一座墓葬中发现书有"宋故燕国太夫人曹氏"字样的墓志铭。从墓志铭可以推断出中间那座墓葬墓主身份应为秦桧独子秦熺，有"宋故燕国太夫人曹氏"字样的墓为秦熺夫人曹氏的墓葬。

（2）上元主簿程颢

程颢（公元1032～1085年），宋代著名哲学家、教育家，字伯淳，又称明道先生。宋仁宗嘉祐五年（公元1060年），程颢调任江宁府上元县主簿，上任伊始，即设法解决田税不均的问题。当时府城周围良田多为贵族富室所有，获利丰厚；而小民之地偏远贫瘠，无利可图。程颢下令按人丁及田地等级收税，一县田税均分。此举对富者不利，多遭议论，甚至欲阻止其事，但终无一人敢不服令。不久，程颢代行县令之职。因上元县为大邑，每日诉讼不下两百起，为政者疲于应付。程颢处理这些案件井然有序，不至数月即民诉大减。以前，上元县江圩稻田多依赖陂塘灌溉。盛夏之际，一旦塘堤决口，必须依靠大量人力才能堵塞。旧时每遇此时，须先由县上报至江宁府，江宁府再禀明漕司，然后再视情况调派劳役，非月余救治难以开始。程颢说："如果这样迟缓，禾苗早就枯槁了，老百姓吃什么呢？如果我因救民而获罪，将在所不辞！"于是，他发动乡民及时堵塞决口，当年庄稼就获得丰收。程颢虽在上元主簿任上不久就升任晋城令，但久为金陵人民怀念。据《景定建康志》记载，上元县主簿廨所在之街巷，即因程颢之美名呼为"主簿巷"，巷左还在南宋嘉定八年（公元 1215 年）建有明道书院以纪念程颢。南宋淳熙三年（公元 1176 年），资政殿大学士刘珙重修建康府学，于府学内立二祠堂，东即为明道先生祠。

（3）文天祥与"金陵驿"

宋时战争连绵，不仅要抵抗金兵的入侵，后还要反抗元的暴掠。这些民族英雄们在江宁勇敢抗敌，留下了一段段佳话。抗元英雄文天祥就曾经羁押于江宁，麒麟驿站（金陵驿）因此而闻名，其位于南京东郊麒麟镇蛇盘村的山岗上。

祥兴元年（公元 1278 年），文天祥从广州被押往大都途中，于六月十二日至八月二十四日被囚于金陵驿。他孑然一身独处在驿中，想到国破家亡，收复无望，痛心疾首。便在此期间，以诗词方式抒发情怀，他为同行好友、抗元军幕邓光荐编订诗集，自己亲自作诗 14 首、词 3 首，收录在《指南录后录》卷一中。《金陵驿》是其中著名的一首，诗云："草合离宫转夕晖，孤云飘泊复何依！山河风景原无异，城郭人民半已非。满地芦花和我老，旧家燕子傍谁飞？从今别却江南路，化作啼鹃带血归。"这首诗道出了国家与个人的双重不幸，表达出诗人视死如归、以死报国的坚强决心。

1991 年，南京市在金陵驿故址上建造文天祥诗碑亭（图六五），以表示对这位民族英雄的无限的怀念和崇高的敬意（图六六、图六七）。

图六五　麒麟驿旧址（30 年代），现为文天祥诗碑亭

草合离宫转夕晖孤云飘泊复何依

山河风景原无异城郭人民半已非

满地芦花和我老旧家燕子傍谁飞

从今别却江南路化作啼鹃带血归

文天祥过零丁洋诗书赠文徵明（題款）

图六六　文天祥像　　　　　　　图六七　文天祥石碑

4. 江宁出土宋元重要墓葬

（1）徐的家族墓

徐的家族墓位于江宁开发区原东善桥镇东冯村西侧的蔡家山南麓。

徐的（公元988～1045年），字公准，建州建安人。进士及第后补钦州军事推官，与役夫一同劳作，建筑城郭，以备战守。后又有累迁，官至三司度支副使、荆湖南北路安抚使，曾经令蛮党悔过自归。平定诸蛮叛乱有功，可惜未等到大展才能就已经在桂阳逝世。

徐的家族墓的发现为研究江宁地区家族墓地提供了珍贵的资料。徐氏家族墓地共发现墓葬8座，均有墓志出土，提供了墓主人的资料信息。8墓分别为：徐的及其妻吴氏合葬墓、长子大受之墓、次子大方及其妻方氏合葬墓、长孙伯达之墓、孙儿伯通之墓、次孙克温之妻王氏墓。8座墓中其中3座墓保存较好，其余皆有不同程度的损毁。从形制上看，皆为竖穴土坑墓。

徐的墓前40米处的地方发现一墓志铭，外有石质的墓志铭盒，为正方形，边长1.28米。盒盖四周斜杀，厚11厘米。盖面上有篆文，但是已经漫漶，无法辨认。志石厚11厘米，四周雕饰有缠枝卷叶花纹。墓志铭志文为竖读楷书体，共39行，每行有45个字。全文共计1800余字。其内容记录详细，记载了徐的籍贯、年龄、官爵、卒葬年月，且详细地叙述了徐的的生平事迹以及葬在此地的原委"二子护其丧，浮江湖无所归，过金陵乃葬焉"。

（2）将军山下南宋墓

墓葬位于南京市南郊江宁开发区内，地属东山街道康后村，坐落于康后山的土坡南麓上。从出土的墓志可知墓主为南宋周国太夫人杨氏。墓葬虽早年多次被盗，但仍留下了宝贵的历史信息。残存的墓葬形制结构在南京地区罕见，且出土的随葬器物较为珍贵，其中以人物、花卉砖雕尤为精美，是研究南宋时期政治、经济、文化的重要实物资料。

墓葬由墓圹和墓室两个部分组成。墓圹已残。墓室为砖筑，平面长方形，全长4.41米、宽3.14米。墓室毁坏严重，墓顶已无。墓室底部没有铺设地砖，用单砖直接在生土上砌成六条间隔式横槛，形成棺座。两棺座之间，紧贴墓墙的南北两侧，放置有8只铁牛，对称排列，其形制大小基本相同。墓室后壁处立有一石质碑形墓志，为椭圆形，高1.90米、宽0.81米、厚0.11米，碑额上有"宋周国太夫人杨氏圹志"阴刻篆文，其下为22行的楷书志文，但部分文字漫漶不

图六八 墓志铭

图六九 墓祭台前景

清（图六八）。墓志前部设有青砖祭台，由砖台和青石板组成。祭台上有放置过东西的痕迹。在祭台的东面有一斜立的铁地券，文字锈蚀，无法释读（图六九）。

　　根据出土墓志的相关志文可知，墓主为南宋勋官贵妇杨善庆（公元 1201 年～1270 年），庐州人，曾先后被宋王朝以"明堂恩"形式加封为孺人、历阳郡夫人、吉国太夫人、和国太夫人、卫国太夫人、鲁国太夫人、周国太夫人。

　　墓内出土砖雕、砖质构件、铁器、铜器、釉陶器、石墓志等不同质地的随葬品 51 件，以砖雕尤为精致。这些人物和花卉砖雕在南京地区两宋墓葬中并不多见，人物砖雕线条流畅、刻画栩栩如生，上有鎏金和彩绘的痕迹，表现了古代工匠高超的技艺，为宋代服饰研究提供了直接的实物资料（图七〇、图七一）。墓室墙壁上嵌有精美的砖拼浮雕壁画，但未见同时期中原地区流行的彩绘壁画，可能与南京地区滨临长江、雨水丰富、彩绘不易保存等因素有关。

图七〇　文官画像砖　　　　　　　　图七一　武官画像砖

　　此次发掘的墓葬，虽然遭受严重盗掘，但墓主身份高贵，又有确切的纪年材料，对江南地区宋代墓葬形制及丧葬制度的研究具有一定的参考价值，尤其出土的一方墓志，对作为南宋东都的南京地方史研究具有重要的学术价值①。

　　（3）竹山元代墓葬

　　竹山元代墓葬是江宁地区为数不多的元代典型墓葬，反映了元代盛行火葬这

―――――――――

① 南京市博物馆、江宁区博物馆：《江苏南京南宋周国太夫人墓》，《东南文化》2010 年第 4 期。

一特殊丧葬习俗。

　　墓葬位于南京市中华门外东南9公里的江宁区东山镇竹山的阳坡，坐北朝南，前对圩田和村落，地势开阔。墓为砖室券顶结构，距离地表约2米。墓室平面呈长方形，长3.4米、宽1.6米、高1.9米。有石门两扇，门楣和门臼齐全，门可灵活转动，仿照现实中的门的模样。墓室内皆用青砖错缝砌成，青砖形制大小规整统一。在墓室东西两壁上各砌有一方形壁龛，对称分布，长0.46米、宽0.44米、深0.2米，为放置墓主人遗物之用，东壁龛空无一物，在西壁龛内发现鎏金镶孔雀石玉带。在距墓门1.2米处砌有一方形的祭台，边长0.4米，当时供奉物品之处。在墓室中后部，有一凹形方坑一个，坑内尚存木炭屑和碎骨一堆，元代有火葬的习俗，推测应为墓主火化后的遗骨。

　　该墓早年被盗扰，残存遗物不多，共出土6件（套）。其中以西壁龛出土的铜质鎏金镶孔雀石玉带尤为精美。玉带饰件计15件，长方形7块、鸡心型4块，不规则形4块。其带头的背面有7个小孔，呈梅花状。这些孔雀石玉饰的背面有镶扣的布纹痕迹。这件玉腰带制作精致，其主人应是身份尊贵的上流人士（图七二）。值得一提的是，在元代墓葬中出土玉腰带并不多见，而在南京地区这还是唯一的一件，具有极大的研究价值。墓葬中还发现瓷器4件，其中3件为青白釉瓷盏、从其特征看应该是景德镇窑系产品。元代的景德镇窑烧制技术继承了宋代而多有创新。这3件青白瓷器为我们研究元代景德镇的制作工艺提供了实物资料。另一件为青灰褐色釉瓷碗，素面无纹饰，器形规整，线条流畅，其制作技艺具有相当的水准。

图七二　铜质鎏金镶孔雀石玉带

从竹山元代墓葬的形制以及出土物的特点来看，该墓葬代表了江南地区流行的元代葬俗，对于我们研究元代的丧葬习俗具有重大价值，同时也反映了元代上层社会人士的奢华生活。

三　明都要会　经济重地

明太祖朱元璋平定群雄，北讨残元，统一全国，在六朝古都金陵创建大明王朝。南京又一次成为全中国的政治、经济和文化中心，经洪武、建文、永乐三朝共 50 余年。统治者们在南京地区进行了大规模的开发建设，城墙、宫城、太祖孝陵以及功臣名将的墓葬，大都设在南京地区，成为古都南京文化内涵的重要组成部分。江宁距离京都较近，受都城文化辐射，开发力度加强，众多功臣宿将、王公贵族选择此地作为家族葬地，牛首山、将军山、上坊、汤山等处都分布有墓葬遗迹。此后，京师虽北迁，但南京仍是两京之一，优越的环境风貌、深厚的文化底蕴孕育出了众多的文人雅士，留下了无数明清建筑，造就了无数的艺术珍品。时至今日，我们依然能感受到昔日的繁荣辉煌。

（一）城市早期建设

1. 郭城

洪武二十三年（公元 1390 年）四月，为加强南京城防，朱元璋令置京师外郭城凡十五门。外郭，又称外城、郭垣，为明代南京四重城垣最外一道城垣。城周号称 180 里，实测 120 里。初为驯象、安德、凤台、双桥、夹冈、上方、高桥、沧波、麒麟、仙鹤、姚坊、观音、佛宁、上元、金川等 15 门，后增为 16 门，至明末设 18 门。故民间有"里十三，外十八"之说。涉及到今江宁区的明代外郭遗址，大致有麒麟门、沧波门、高桥门、上方门、夹岗门等。

洪武二十三年（1390）四月，高桥门建成。高桥门位于明代南京城外郭东南端，西南郭垣接上坊门，东北郭垣连沧波门，《金陵古迹图考》称之"重关屹立，形势嵯峨"。据了解，高桥门原有"大门券"。传说刘基看过此地后，认为风水好，会出天子，故挖井以镇之，称"朱家井"现高桥门旁"井西村"地名即与此相关。此城门建成后，因门前原有高桥，故名高桥门。

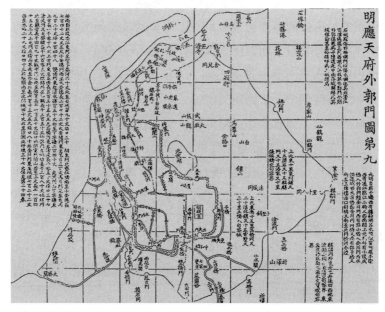

图七三　明应天府外郭城门图

　　洪武二十四年二月，建成外郭部分城门，郭垣亦基本完成。朝廷始置诸郭门千户所，"铸印给之"。外郭范围大致从城西的江边向东南过江东门，至夹岗门转向东北，将南郊雨花台一线冈阜制高点圈入郭内，并延伸至外郭最东端筑麒麟门，转向西北，将钟山及其余脉和玄武湖等河道、湖泊全部囊括郭中；再沿郭垣至最北端开观音门，并顺江岸转向西南，于京城金川门外筑外金川门，并将郭垣延伸至江边，把京城北面的幕府山等"高岗逼岸，未易登犯"的江防高地悉收郭内。此次营造外郭城可能仅完成15座城门及部分郭垣，故《明太祖实录》载：洪武二十四年四月辛末，应天府江宁县沙洲乡（今上新河向东一带）开始修筑土城。如果依照洪武十七年朝廷所立"定军士筑城，不得役民"规定来看，外郭的建造主要当为留守诸卫的部队承担。永乐时期对外郭城仍有修缮。外郭城不少地段城垣被称之土城头（图七三）。近年来的实地勘查结果亦表明，外郭之城垣大部分利用沿线的自然岗阜、再培土修筑勾连而成，并设有过水涵洞。

2. 道路

　　朱元璋定都南京后，都城人口迅速增加，经济需求强烈，明成祖朱棣迁都北京后，供给仍仰赖于江南。而丹阳地处南京通往东南经济发达地区的交通要道，往来常州、苏州、嘉兴、杭州等地的商旅络绎不绝。特别是胭脂河淤塞后,恢复了丹阳至南京的粮道,两浙漕运粮改由丹阳用车辆转运到南京,以致丹阳至南京的粮食运输任务十分繁重。明万历十九年(公元1591年),在南京工部尚书丁宾主持下,将丹阳至南京土路改铺为石路,"尽易以石,行旅颂之",是南京古代道路建设史上的一件创举。土路雨天泥泞,不便交通,这条石路不仅可以全天候运输,不受风雨影响,而且人畜运输的速度也比土路高多了。这条古道由上元县驿运总铺出发,东南行20里设淳化驿铺,淳化并设有淳化巡检司管理治安,继续前行15里为索墅驿铺,经土桥,抵丹阳,全程79.4公里。在古代将如此漫长的土路改建为石铺路面的大道,不仅工程艰巨,投入浩大,而且也是敢于突破陈规旧制,把古代筑路技术推向前进,颇具惊人气魄,从一侧面也可反映当时江宁对都城经济发展所起的作用。今江宁通往丹阳市的道路,其中一条出光华门、经江宁上坊、淳化、土桥、过句容而达丹阳,约长74.9公里,此路与明清驿道走向大体吻合,丁宾所改石路或即此道。

为了传递公文和各地情报的便利,明初朱元璋十分重视驿道建设,构筑了以京师为中心对外辐射的驿道网,可贯穿全国。时以60里为一驿,按定额配足马船,京师周围驿道多对元代道路进行大规模整修,并将道路纳入军事攻防体系。凡道路宽度和坚实度不符合军事攻防体系部属,不适应载重车辆和驿马驰传要求者,均重新开凿。驿道上除驿馆外,还设有邮亭。据《万历江宁县志》、《万历上元县志》记载,明代将元代所改之"站"恢复为"驿",上元、江宁两县所设驿铺少量沿元代之旧,多为新设。其中所设驿站有秣陵驿(在今秣陵街道)、大胜驿(在大城港口)、江宁驿(今江宁街道)等。

这些驿道往往以"铺"来说明距离的多少,驿道上共设二十八铺,分五路。宋时在江宁每隔10里左右设一驿铺,可见当时的江宁驿路布设繁密,是传递情报的重要路线。明末清初时期,道路交通进一步发展,改宋代急递铺为驿站,但江宁境域仍然称"铺"。东经高桥,淳化到土桥,西经牧龙去安徽慈湖,东北经骆家边达句容东阳,南经河定桥,殷巷秣陵通溧水。另外还有四条驿道从外地通江宁,一从安徽采石经江宁镇抵板桥,一从安徽当涂经小丹阳,陶吴至秣陵,一从丹阳(今为江苏丹阳)走勾曲抵淳化,一从浙江湖州,安徽广德经溧水抵秣陵。虽然古代的驿道随着历史的变迁,大多数被改建成可通汽车的现代公路,但是沿途使用过的"亭"、"铺"、"凹"站名,仍然沿用至今,这就难怪在江宁县境有这么多以"铺"冠名的村、地名了，如殷巷乡的"铺岗村"，禄口镇的"铺头村"，麒麟乡的"拓其林铺"村，铜井乡的"铺头村"等。

3. 金牛洞古采矿场

相传早在明代，位于今谷里的金牛洞内就已开采铜矿，后因故停开。金牛洞位于谷里街道金牛山北侧，洞口为圆柱形高 2.8 米，宽 1.8 米，主洞斜向 45 度洞下约 30 米处，又有一东向洞口，斜向仍为 45 度。因年久淤泥阻塞，巷道已难以进出，据《南京谷里铜矿矿史》介绍，谷里地区采矿历史悠久，早在明代，矿区开采深度以达 50 米水平。该矿矿工们在金牛洞矿段 501 号和小铜山矿段 506 号采场作业时，在向上开采 10 多米后曾经发现有古代采矿区，现场发现有溜槽、断木板、陶瓷碎片等相关遗物。据此可以推测，在古代，金牛洞古采矿场是采取手工凿岩的方法进行采矿，沿矿脉深掘"Z"字形坑道。其地表遗存大量炉渣，则可以想见当时炼铜规模之大。此地的矿产资源开发，吸引了不少"淘金"者，使得江宁山区的开发进入白热化。

4. 人口的频繁流动

明初，开发建设京都及其周围地区，促进了人口的流动。大量外籍人户移徙京师，主要包括从全国征调的大批手工业匠户、驻扎在京师重地的庞大军队和随军家眷，以及朱元璋效法汉高祖徙实京师的近两万天下富户，其总人数可能有数十万之多。明初，因定都金陵，有大量外籍人口迁徙入籍江宁，洪武时期移居京师的人户主要由三部分构成：其一，由于大量的工程建设，从全国各地征调了众多的手工业匠户，计 4.5 万户，至少有 20 万人左右。这些人中相当一部分后来留居金陵；其二，作为京师重地，明初南京驻军亦有 20 万人之多。若再加上随军家眷，则人数更加庞大。这些人中外籍人口当占不少；其三，为了充实京师，朱元璋效法汉高祖两次从全国徙富户于南京。一次是洪武二十四年，徙天下富户5300 户于南京。一次是洪武三十年，命户部徙浙江等省、应天诸府富户 1.43 万余户至南京，其总人数当近 10 万人。也有因戍边等需要，不少江宁籍居民远徙至云南等地。永乐年间，都城北迁，虽然其中大半富户随迁，但仍有不少留居南都。根据有关文献、出土墓志以及现存家谱记载，这些移徙金陵的外籍人户，后来相当一部分入籍江宁、上元，并定居、安葬于两县之地，他们成为当时两县居民的重要组成部分。与此同时，亦有大量包括今江宁区域范围在内的南京居民移徙云南等边区。这些人中绝大部分是随征滇大军远徙云南的。这些江宁籍移民与当地少数民族一道为保卫和开发祖国边疆作出了重要贡献。直到今天，云南地区一些集镇村寨的汉族居民的衣装服饰还保留着明代的特点，其口头用语不少与旧日江宁农村的方言土语相同，当地的一些老年人甚至代代相传他们的祖籍是"南京应天府江宁县"或"南京应天府上元县"。

志载洪武二十四年（公元 1391 年），江宁县人口超过 22 万，两县总计人口超过 47.32 万人，户数超过 6.59 万。永乐都城北迁，县民及匠户 2.7 万随行，人口遂减大半，此后，户口一路锐减，甚至达到"十不逮一"的地步①。两县户口累年递减：万历年间，江宁、上元两县的户口较明初大为减少。上述人口统计累年递减的原因，可能主要是因明代中晚期南京赋役日增，人户流亡或投靠豪门造成；而地方政府编造册籍，为减轻地方赋役负担，有意隐瞒丁口，这也是当时普遍社会现象。此外，人口减少可能还与沙洲乡划属江浦有关。但有明一代，南京作为京师和陪都，历 200 多年发展，经济发达，文化繁荣，社会稳定，其间又没有发生大规模兵役和战争，故实际上两县人口并不止此数，在嘉靖、万历时期可能还有所增加。

明清鼎革，旧朝的南都降为新朝的江南省城，但上元、江宁两县的设置仍沿袭不替，江宁作为前朝京畿地区，也是明代遗民活跃的区域之一。经历了百余年的康乾盛世，江宁乡村人口在嘉庆年间一度达到了百万之数，创下了近代以前的最高纪录。

5. 湖熟市井繁荣与傩戏

湖熟自古粮食丰足，经济发展在江宁地区一直处于领先地位，富足后的湖熟人民精神生活也日益丰富起来，除却文人墨客追求的"阳春白雪"，也有民间"下里巴人"的趣味横生的文娱活动。

明末清初，上元湖熟盛行结社赛傩。傩戏，源于远古时代，早在先秦时期就有既娱神又娱人的巫歌傩舞。明末清初，各种地方戏曲蓬勃兴起，傩舞吸取戏曲形式，发展成为傩堂戏、端公戏。傩戏于康熙年间在湘西形成后，由沅水进入长江，向各地迅速发展。据康熙六年（1667）修《江宁府志·摭佚》载："湖熟有好事者，结一社，每十年始一举。"十年中，为此"一日之会"要积银数千两。届时，当地各村社竞相赛演傩戏，前往聚观者多达数万人（图七四、图七五）。山东乐安（今山东广饶）人李象先目睹这一胜景，有诗记之：

---

① 顾启元：《客座赘语》卷二《户口》。

梁帝分封处，秦淮古渡边。

隔桥双市井，环水万家田。

村社巫相赛，乡傩戏竞妍。

空中台阁耸，掌上绮罗悬。

撷彩迎花丽，藏机引毂旋。

竿头擎舞竖，兽背挟飞仙。

络绎珠幡袅，婆娑绣带联。

鸟王肩大士，蟾窟隐便娟。

锦束霞光削，绡轻雪态翩。

戈矛时击刺，鼓吹逐喧阗。

上祀还刍狗，鬼工肖木鸢。

谁将虚景聚，弥使俗情牵。

比屋观如堵，驰车忘若川。

歌姬凝翠黛，游子滞楼船。

作俑虽无后，歆神若有年。

升平人自乐，豪举事堪传。

图七四 傩戏

图七五 傩戏面具

　　李象先的诗栩栩如生地描绘了热闹的赛傩场景。傩戏一般每年春季在各村社中举行，其目的主要是驱鬼逐疫、迎神祈福，但如此大规模集体赛傩的现象实为少见。此举反映了湖熟一带市井繁荣之后，既娱神又娱人的双重需求开始出现。这一现象同时也反映了"钱敛演戏"的庙会至明清时期开始逐渐定型。

（二）倭寇掠境侵犯江宁

　　公元 1368 年，明王朝建立时，日本的历史已经进入南北朝时期，由于长期内战，财政空乏，一些封建主为了掠夺财富，便组织许多武士、浪人和商人，结成武装集团，到中国沿海一带进行走私贸易和劫掠骚扰，被称作是倭寇。自明正统年间以后，明朝政治渐趋腐败，海防逐渐削弱，倭寇侵扰便日趋频繁，到明嘉靖年间，更显得凶焰。江宁虽然地处内地，但作为京畿要地，又是交通要道，不免受到侵扰，造成人、财、物的破坏。

　　江宁区博物馆在城区所在的东山之上征集到一块碑刻，该碑为功德碑，撰写于万历三十四年（公元 1606 年），碑文由上元名士李登所撰，李登系前河南新野知县，曾为《万历重修江宁县志》主编。该碑主要记述了东山附近村民自愿集资绿化东山之事，然而也记载了树木被毁的原因，反映了明代嘉靖甲寅年间（公元 1554 年）倭寇犯我江宁的史实。碑刻中有这样一句话："入国朝嘉靖甲寅岁倭寇入讧蹂躏……"有关文献和明史资料，验证了此次历史事件，文献载："七月，苏浙倭自被创后，每自焚其舟，登岸劫掠，有倭六七十人亦焚舟自上虞，爵溪竹登岸"，一路劫掠浙江、安徽等州县。"八月，犯江宁镇，指挥朱襄等纵酒失机，贼遂沿乡抢掠，趋秣陵关，守将罗节卿、徐承宗望风奔溃，贼乃径犯南京，兵部尚书张时彻，侍郎陈洙等闭城不敢出，倭红衣黄盖，帅（率）众犯大安德门及凤台夹岗，越二日，出秣陵（以上地名皆江宁境内，或毗邻江宁），入溧水至溧阳、宜兴"。《溧水县志》载：倭寇"犯溧水、众皆靡然、溃城一空、邑人李佛保挺身与倭寇力战，死于募军桥"。因朝廷派官兵追杀，倭寇"一昼夜奔百八十余里"。向太湖地区逃窜，最后在常熟的浒墅和如今的张家港被官兵四面合围而全歼①。

　　① 周维林：《倭寇侵犯江宁史实》，《江宁文化志》第 525 页，南京出版社，2011 年。

（三）太平天国在江宁的活动

1. 太平军占领江宁城

　　鸦片战争充分显示了清政府的腐败无能，彼时各地起义也烽烟不断。江宁作为江南枢要，历经战火硝烟，见证了历史上这段纷乱的时期。1853年春天，太平天国农民起义军在天王洪秀全、东王杨秀清率领下，水陆两路，从武昌循江东下，以到金陵"登小天堂"为号召，直取江宁（图七六）。

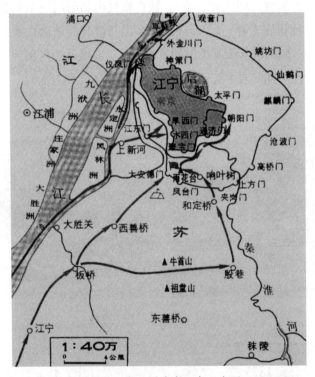

图七六　太平军攻克江宁示意图

　　早在咸丰二年冬，太平军尚未占领武昌，江宁布政使祁宿藻就已依照鸦片战争时南京的筹防办法，成立保卫总局，请乡绅负责其事，维持城内治安。武昌陷落后，祁宿藻又添募乡勇万人，由新成立的筹防局负责。两江总督陆建瀛曾两赴长江上游防堵太平军，在江宁城内"下令禁民迁徙"，并张贴布告安抚民心，呼吁"协心同力，保护兹土"。咸丰三年正月二十八日，太平军先锋李开芳及所属指挥黄生才等进抵江宁镇、板桥一带，江宁的千名乡勇一触即溃。次日，李开芳率太平军兵临城下。同时，据《金陵癸甲纪事略》载，太平军水师也自江宁镇外的新洲、大胜关上游夹江泊起，至七里洲下游夹江，江中船只无数。二月三日，太平军主力进围江宁省城，在距城七八十里之处扎营筑堡，以防后路追兵。当时登城望之，江宁境内"直望无际，皆红人头"，清军为之夺气。陆建瀛计无所出，打算招募郊县四十八社乡民人援，但派出之人杳无音讯。十日，林凤祥率部众趁天色未明，炸破仪凤门城墙，突击队冲入城内，杀死陆建瀛，城南太平军大队在李开芳等的率领下乘虚登城而入，大城遂被占领。次日黎明至下午，太平军经苦战攻破由旗兵驻守的满城（明代旧皇城）。数百旗兵出朝阳门逃至东乡等处，太平军发布文告称"有擒得旗人者，赏银五两"，乡民乃群起搜杀逃亡旗兵。江宁全城至此为太平军占领，随即成为太平天国的首都天京。而城外乡村仍为清军所有，遂成为太平天国入据江宁期间双方长达十余年的拉锯战场（图七七）。

图七七　太平军与清军激战

2. 太平军攻破江南大营

咸丰三年（公元1853年）二月，清军向荣至江宁，建立江南大营。在天京城外盘踞三年多的江南大营，是以孝陵卫为中心，北起长江南岸的石埠桥，南经栖霞镇、尧化门、仙鹤门、黄马群、孝陵卫、高桥门、七桥瓮、秣陵关、溧水等地，至高淳东坝，依托天京城东山及城南秦淮河、石臼湖、固城湖、胥河的南北向军事防线，进可围攻太平天国统治中心，退可屏蔽东南苏杭财赋重地（图七八）。江南大营的建立阻断了太平天国与南方地区的联系，财力物力得不到及时的补给，因而急需打破这个营垒。

太平军在集结的过程中曾多次与清军交锋，而陶吴、朱门、小丹阳等地则是

图七八　向荣奏报的江南大营围攻天京图

太平军的小据点。1856年6月20日，太平军发起总攻：秦日纲部于青马群立阵，"步战汉兵，马战满兵"，与张国梁杀得难分难解；天京城内数千名太平军立即出通济门，直扑七桥瓮。无将可派的向荣不得已亲率大营兵勇1200人赶救七桥瓮。此时，石达开部从灵谷寺后翻过紫金山，直扑清军马队营盘，纵火焚烧，洪武门、朝阳门守军也出攻正面清军，孝陵卫一带20余个满汉营盘相继被荡平，仅剩向荣、张国梁分别驻守孝陵卫、七桥瓮残余数营中。在太平军攻陷拱卫大营后路的高桥门之前，张国梁护卫向荣、福兴等连夜逃窜淳化镇，次日又经句容逃往丹阳。至此，江南大营被彻底击溃，太平军首次完全控制上元、江宁两县，解除天京三年围城之困。

3. 忠王救主　被俘方山

太平天国是农民领导的起义运动，政治体制不完善，最终被清军剿杀。1864年7月19日天京陷落，李秀成把自己的好马让与幼主洪天贵福，掩护其突围，遭曾国藩军截击，彼此失散，幼主脱险，而秀成自己却因"马不能行"，22日在江宁东南方山丁村被俘。他在敌人的囚笼中写了数万言的自供状，向曾国藩乞降。但是，他的动摇和变节并没有换取曾国藩饶他一死。过了16天，受尽酷刑的李秀成被曾国藩在金陵城内凌迟处死。曾国藩向朝廷汇报处死李秀成的缘由时，提及方山"乡民竟将亲兵王三清捉去，杀而投诸水中，若代李逆报私忿者"。李秀成在生命尽头表现的起伏十分令人感喟。忠王不"忠"的现象从一个侧面说明，太平天国后期人心离散，士气低落，气数已尽，纵有天才而忠勇的将士苦撑，也无法使太平天国摆脱败亡的厄运。

（三）明清江宁教育发展

1. 明代上元、江宁县学并入应天府学

明洪武十五年（公元 1382 年），将明初建立的国子学改为应天府学。置应天府学，设教授一员，训导四员，生员 60 人。时江宁知县张允昭建议江宁、上元二县附郭都城，宜建学校以教京师子弟，于是命置应天府学以教二县子弟。明代并江宁、上元二县儒生入应天府学，但据志书记载，有关费用仍由两县承担。

2. 清顺治七年上元、江宁两县学被誉为"东南第一学"

清顺治六年（公元 1649 年）二月，原应天府学被改为上元、江宁二县学。明代，上元县学和江宁县学被并于应天府学。清顺治六年（公元 1649 年），总督马国柱奏称，江南既然改京为省，国学也应改为府学。次年二月，原国子监基址正式设为江宁府学，原府学基址则安置重新恢复的上元、江宁两县学，其规模悉从府学之制。清康熙五十四年（公元 1715 年），布政使张圣佐重修经阁。康熙五十八年（公元 1719 年），江苏按察使李馥捐修文庙，复建青云楼（楼原高三重，因临近贡院，改为二重，奉文昌帝君神像），并立有重修上元、江宁儒学碑。清雍正二年（公元 1724 年），建忠义祠（后改名忠义孝悌祠）。雍正十二年（公元 1734 年），教谕章玉树重修青云楼。清乾隆四十年（公元 1775 年），泮宫坊左建魁星阁（奎星阁），阁高三重，下临泮水，环以石岸蔽以雕墙，成为县学的重要景致。清嘉庆十年（公元 1805 年）五月，尊经阁火灾，所藏书籍、二十一史书板及三段碑（天发神谶碑）、落石星等皆被焚毁。次年，两江总督铁保、布政使康基田在旧基重建尊经阁，并在新阁设立尊经书院，三段碑碎石、尊经阁灰烬等皆埋入阁后土阜（名为卫山），山上建敬一亭。清道光元年（公元 1821 年），绅士伍光瑜以大成殿仅有一层板窗，"未肃观瞻"，遂改砌砖台，并用香楠为龛楠，设朱栏、石座、天花板、朱红门扉皆镂饰云龙，台基也增石栏、石级，宫墙内外皆粉饰一新。清道光十年（公元 1830 年），邑绅何汝霖将魁星阁改为蓝琉璃顶。清道光十六年（公元 1836 年）、清道光十七年（公元 1837 年），又重修青云楼、魁星阁。经过近两百年的扩建，上元、江宁两县县学规模益加完备，无愧于"东南第一学"之称。其布局如下：文庙（先师庙）在明德堂前，崇圣祠（启圣祠）在明德堂左，名宦祠在儒学左，乡贤祠在儒学右，上元教谕、训导宅在左边的青云楼前，江宁教谕、训导宅在右边旧射圃的位置。

3. 清同治八年重建上元、江宁两县学

清同治八年（公元 1869 年）十一月，上元、江宁两县在原址重新建成县学。上元、江宁两县县学在太平天国战争时期被毁。清同治八年（公元 1869 年），两县仍在原址重建县学。次年十一月复建竣工，所建计有大成殿、尊经阁、戟门、乡贤祠、名宦祠、崇圣祠、明德堂、两庑、两学教官衙署并亭、阁、牌坊等，共大小房屋 181 间、大小门楼 13 间、走廊 25 间、亭阁 4 座、牌楼 5 架、石牌坊 3 架等，祭器什物也都配齐。由于县学以秦淮河为泮池，常有水淹之苦，故地基加高了 3 尺，大成殿则加高了 8 尺。照壁有堤环抱。跨淮的利涉桥、文德桥皆用木制。天下文枢因原有坊木太薄，易以柏木，坊额青质金字，由邑人陈鸣玉重书，旋又改由端木埰题写。坊东西为下马牌，以石易木，书满汉文。坊西依次有聚星亭、方亭，唯原聚星亭的北额"佟公桃李"由孙衣言重书后，连同汪士铎所作记皆被误植于方亭。两县的教谕、训导署皆建成广三间、深五层，较过去更加齐整。明德堂东西也各增屋一间，供督学谒庙后，更朝服、讲书训士。明德堂额原有文天祥正书，至此改为曾国藩小篆书。堂下庭院极广，围以三周木栏，近南为门坊，坊额"东南第一学"，原由秦大士正书，至此也易为小篆。栏内有志道、据德、依仁、游艺四斋，每斋仅有一楹。儒学前的大街东西分别建有"德配天地"、"道贯古今"两坊，坊额皆由曾国藩题写。东坊外南面的魁星阁也被重建。清同治十三年（公元 1874 的），洒扫会又出钱五万，种植松柏。重建后的上元、江宁两县学虽然仍悉符旧制，但整体气象较过去更加恢弘。

4. 江宁第一所近代新式小学——汤山小学出现

清宣统三年（公元 1911 年），汤山出现近代江宁历史上的第一所小学。清末新政确立了近代小学教育制度，南京的近代小学由此开始出现。宣统三年（公元 1911 年），汤山开明士绅、曾任南京政法学堂学监的唐云楷及另一学者唐庆功创办了当地第一所小学，名为汤山高等小学。校址在汤山集镇汤水河畔古刹汤延祥寺内。初创时有先生六七人、学生百余人，校训为"智、仁、勇"，校歌歌词为"汤山之阴汤水滨，我校适比邻。温泉源源水甚清，正育众学生。峨峨讲舍集群英，学问相竞争。有教无类勤学习，为国育才能"。20 世纪 20 年代后期，蒋介石常偕夫人宋美龄赴汤山沐浴，浴后又常在温泉池畔的汤山小学校园里散步。宋美龄见孩子们在破旧的古寺里读书，条件简陋，便向蒋介石提议拨款修建学校，得到蒋介石的应允。这样，在 20 世纪 20 年代末和 30 年代初，汤山小学先后修

建了宫殿式建筑风格的教室"蓝房子"、"红房子"及大礼堂等。这一时期，汤山小学占地百亩，规模之大、设施之齐，不独全县仅有，就是南京城内的许多小学也望尘莫及，当地百姓将其称之为"美龄小学"。蒋介石还以奉化母亲墓庐之名，为学校亲题"慈庵课室"之匾。1937年12月，汤山小学最好的建筑——大礼堂及相邻的两个教室均被侵华日军焚毁。

（四）家族墓地的修筑

早期的建设进行的如火如荼，江宁地区迎来了历史上又一次开发高潮，作为明初京师和此后留都郊畿之地，众多勋臣贵族和皇亲国戚在此大兴土木，开辟家族葬地。今江宁地区山岗丘陵上分布着大量耳熟能详的名人墓葬，其中既有七下西洋的航海家郑和之墓，又有为大明王朝镇守南疆近三百年的沐英家族的将军山庞大墓地，也有文化名流朱之蕃、顾起元、陈沂之墓等。

1. 将军山沐氏家族墓地

将军山沐氏家族墓是南京古代最豪华的家族墓地之一，它位于今江宁开发区佛城西路北侧的将军山南麓。将军山原名观音山，因明开国功臣黔宁王沐英家族葬于此而得名。明朝时期，沐英家族镇守云南近300年，对于巩固西南边防，发展云南地区的政治、经济和文化，作出了重大贡献。

沐英于明洪武二十五年（公元1392年）卒于云南任上，年仅48岁，赐葬于江宁县长泰北乡观音山（图七九）。根据考古发现，自沐英之后，其家族的主要成员除少数留葬于云南外，绝大部分归葬于南京将军山祖茔。沐英幼年父母双亡，被朱元璋收为义子，改为朱姓，在建立明朝的战争中军功显赫。洪武元年（公元1368年）三月，朱元璋命其恢复沐姓。洪武十年（公元1377年），沐英被任命为征西副将军征讨吐蕃，封西平侯。第二年拜征西将军，讨伐西番，大获全胜。洪武十三年（公元1380年），总领陕西兵出塞，渡黄河，擒故元国公脱火赤及知院爱足等。洪武十四年（公元1381年），被任命为征南右副将军，率军长驱攻取云南，立下赫赫战功。云南收复后，沐英奉命留镇滇中10年。在云南期间，他多次平定

图七九　沐英像

诸蛮叛乱，安抚各民族人民，稳固西南边陲，开筑道路，对明朝初年云南社会经济的恢复和发展，对滇中百姓生活和生产环境的改善都作出了巨大的贡献。朱元璋曾当面夸奖："使我高枕无南顾之忧者，沐英也。"

自20世纪50年代初发掘沐英墓后，定远王沐晟、黔国公沐朝辅、黔国公沐睿、沐英曾孙沐瓒、沐英第八代孙沐朝弼等古墓相继在将军山被发掘，这些墓葬多有墓志出土（表四）。考古发现证明沐英墓位于整个墓氏家族墓地的中心位置，其子孙墓葬均位于沐英墓前部两侧。沐氏家族墓地前部的神道石刻和享殿类建筑已荡然无存，仅发现一些残碎的建筑构件。虽然沐氏家族墓时代跨度大，但其形制结构却显示出惊人的相似之处。墓葬均为土坑竖穴砖室结构，由墓道、排水沟、墓坑和砖室等部分组成。墓道有斜坡式、台阶式、斜坡台阶混合式三种。砖室总长均逾8米，由封门墙、甬道、横前室、过道和后室构成，砌筑考究，沐朝弼的墓砖上还发现有阳文模印的"工"字铭文，证实了《明史》记载工部营造公、侯等高等级贵族墓葬的真实性。墓顶均为券顶结构，墓内设有一道或两道高大厚实的石门，后室后部有砖石砌棺床，棺床上置木棺，后室的两侧壁和后壁还设有壁龛，后室的各室之间有"过仙洞"相通。除沐斌继室夫人梅氏为单人葬外，其余均为两人或多人合葬墓。沐氏家族墓中，沐晟、沐睿、沐朝辅、沐瓒、沐斌夫人梅氏等墓保存完好，余墓在近年遭盗掘。沐氏家族墓出土了数以百计的精美文物，其中各类金、玉、宝石器数量大、装饰美、工艺精，可称为南京明代艺术品的宝库（图八〇、图八一、图八二）。2002年10月，沐英及其家族墓被列为江苏省重点文物保护单位。

表四　江宁将军山发现沐英家族墓一览表

卒葬年	墓主	身份	形制
洪武二十五年（公元1392年）	沐英	黔宁昭靖王	前中后室/三室
宣德六年（公元1431年）	沐晟	定远忠敬王	前中后室/三室
正统十年（公元1445年）	沐昂文氏	黔国公	前后室/双室
景泰元年（公元1450年）	沐斌张/徐氏	黔国公	前后室/三室
	梅氏	黔国公沐斌夫人	前后室/
成化十七年（公元1481年）	沐瓒	都督同知副总兵黔国公	前后室/三室
弘治九年（公元1496年）	沐琮（?）	黔国公	前后室/
万历五年（公元1577年）	沐朝弼	黔国公	前后室/四室
卒万历三十七年（公元1609年）	沐睿	黔国公	前后室/双室
卒天启五年（公元1625年）	沐朝辅	黔国公	前后室/双室

图八一　云纹金束发冠、金簪

图八〇　青花人物梅瓶　　　　　　　　　　　　图八二　沐英石印

2. 郑和墓

在早期的建设中，江宁的重要地位是得到帝王认可的，不仅国戚贵族相继在此建立陵茔，而且皇帝还御赐江宁之地作为功臣安息之所，郑和墓就是一典型例证。

郑和（公元1371～1435年），回族人，祖籍云南昆阳，本姓马，明成祖赐姓郑，因官至内宫监太监，故世称其为"三宝太监"。郑和是我国伟大的航海家，也是世界航海史上的风云人物，航海业绩显赫，他死后，宣宗赐葬于江宁牛首山南麓（图八三）。墓位于江宁谷里镇周村东，背依牛首山，面对弘觉寺塔，左右峰峦环抱，形成一座椅形地势。郑和墓也称"马回回墓"，原墓圹规制宏伟，呈马蹄形，东西宽60米、南北长300米、高近3米，墓前原有神道石刻、墓碑、山桥及享殿数间，均早年被毁①。

关于郑和墓是衣冠冢还是埋葬真体的墓葬，多年来众说纷纭，莫衷一是，归纳起来有两条：一是郑和1433年第七次下西洋期间，卒于印度古里，按伊斯兰教规实行海葬，由其马弁海扎儿（又称赫大人）携回发辫、衣冠和靴子，埋于牛首山麓，这一

---

① 南京市江宁区文化局、南京市江宁区博物馆编：《江宁文物》第156页，江苏美术出版社，2004年。

主张为郑和后裔所支持。一种说法是郑和于宣德初完成了
第七次下西洋回国复命，卒于南京，赐葬牛首山，这一观
点为历史学者朱偰、吴晗所认可。不论我们赞同何种观
点，郑和葬于江宁牛首山上是不变的事实。多种说法和猜
测给郑和墓披上了一层神秘的面纱，耐人寻味。

图八三　郑和像

1985 年，正值纪念郑和首航西洋 580 周年，南京
市人民政府与江宁区人民政府按照回族和伊斯兰葬制，
对郑和墓进行了大规模的整修。墓园呈马蹄形，中央
为台基，其上建有回回式风格的石棺与墓盖石。盖石
成金字塔形，但是半圆而非尖顶。石椁仿照扬州梅花
岭回民布哈丁墓石椁刻制，用青石砌成。四周装饰有
瑞云、香草、莲花图案及阿拉伯文字。后壁石墙镶嵌有阴刻石碑，镌刻"郑和之
墓"4 个隶书大字。墓园下有 28 级台阶，象征郑和航海 28 年；台阶分为四段平
台，标明郑和飘洋四海、访问过诸多国家；而每个平台又有 7 层石阶，用以说明
郑和曾 7 次下西洋。墓道两旁遍植青松，使得整座墓园显得郁郁葱葱。在绿荫掩
映中，墓道南侧建有仿明式建筑的陈列室和碑亭，供人游憩。碑亭里立有"重修
郑和墓碑记"（图八四）。目前，对郑和墓的整理维修仍将继续，它将以崭新的
面貌迎接来自海内外的各界来宾。

图八四　郑和墓

3. 清朝邓廷桢墓

邓廷桢墓位于江宁区汤山街道麒麟门北邓家山。邓廷桢（公元 1776 ~ 1846

年），字维周，又字嶰筠，江宁（今南京）人，清嘉庆进士，历任安徽巡抚，两广、闽浙和陕甘总督，是鸦片战争中力主禁烟抗英的民族英雄。曾与林则徐同时谪戍伊犁。为政期间"以善折狱称"，政绩卓着。黎民百姓将其比为决狱神明的包拯，难得的清官廉吏。道光二十六年（公元 1846 年）卒于西安任所。著有《双观斋诗钞》、《青山解堂文集》等（图八五）。

墓西南向，背倚灵山，正对钟山，显示逝者一生不忘西方列强入侵中国之害，以及强迫清朝签订不平等条约《南京条约》、掠夺香港之耻。墓前原有邓廷桢夫妇两块墓碑，一刻"皇清诰封荣禄大夫振威将军显考嶰筠府君之墓"，一刻"皇清诰封一品夫人显妣张夫人之墓"，皆篆体阴刻，下款均刻：

图八五　邓廷桢像

"男尔晋咸巽敬立"，"道光二十六年"。两碑于 1958 年修水库时湮没，现墓碑为 1962 年 10 月南京市文物保管委员会重立，碑座高 0.95 米，碑身高 1.34、宽 0.60、厚 0.19 米，正面刻："清两广闽浙陕甘总督邓廷桢之墓"，背面刻"重立记"，叙记邓廷桢的简历和功绩以及原碑被埋在大蒲塘水坝内故立新碑之原委，碑后即墓冢。1981 年重修水泥墓冢，冢圆形，直径 4.00 米、高 2.10 米。

（五）山体文化景观开发

江宁地区多山，资源丰富，因建设需要，人们对山上的自然资源进行了多次开采。六朝以来，历代南京地区的建筑石材、石碑、石兽、石柱、石板、石雕等，基本上都取材于江宁。江宁富有铜矿、铁矿，往往就近开采，就近冶炼铸造，冶炼业发达，同时也支持了当时的城市建设和发展，开采后的遗址遗迹也成为了今日江宁的景观之一。更有甚者，见此地山体宏伟，绿树环绕，便在山体建造摩崖石刻，颇具佛教色彩，丰富了江宁地区人文情怀，成为值得一览的历史胜迹。

1. 阳山碑材

阳山位于汤山镇西北，那里的石材很好，碑材系明成祖为其父朱元璋树"神功圣德碑"而开凿的巨型石材，屹立于阳山之巅，故称之为阳山碑材，又名孝陵碑材，后因体积庞大无法启运而弃之不用。

阳山，亦名孔山，海拔140米，位于江宁县东北部，东至句容县观山，西至汤山坟头北，与青龙山相接，北与射乌山为邻，南隔广谷与汤山相望。古名雁门山，《建康志》载，"山势连亘，类北地雁门"，因名。唐李白诗中有"绿水问雁门"即指此山。明代胡广《游阳山记》，又称此山为阳山。山体石质多为石英岩与石灰岩，系历代开采石材处。

关于阳山碑材的来历，《万历上元县志》载："雁门山，在县东六十里……一名阳山，孝陵碑材取之此。"《同治上江两县志》载："明永乐三年，成祖朱棣为其父太祖朱元璋记功而命凿。"永乐年间翰林院编修胡广《游阳山记》具有很高的史料价值，该记祥云："永乐三年秋八月，皇帝因建碑孝陵，斫石于都城东北之阳山，得良材焉。其长十四丈又奇，阔不及长者三分之一，厚丈二尺，色黝泽如漆，无疵纹……越九月戊午，特命翰林臣往观。"根据以上记载可知，阳山碑材为明永乐三年至四年（公元1405～1406年）明成祖朱棣为其父明太祖朱元璋修建孝陵而凿，拟雕造"大明孝陵神功圣德碑"。后来由于贪大求高，无视当时客观运载能力，加之南京暖热的气候和高低起伏的丘陵地形，结果碑重难移，遗留至今。

按照最初的设想，功德碑完成之后，将被送到今天的南京明孝陵旁的四方城供奉。其中碑座石材高13米，宽16米，长30.35米，重达1.6万吨（图八六）；碑身石材长49.40米，宽4.4米，高10.7米，重约8700吨左右（图八七）；碑额石材高10米，长20.3米，宽8.40米，重约6000吨（图八八）。若此碑立起，总高为78米，重约3.1万吨，是当之无愧的世界第一碑。清代著名诗人袁枚在他的《洪武大石碑歌》一诗中惊叹："碑如长剑青天倚，十万骆驼拉不起！"

1957年，阳山碑材被列为江苏省重点文物保护单位。1983年，在"金陵新姿览胜评点征联"活动中，阳山碑材以"绝世碑材"的赫赫声名入选"新金陵四十景"之一，同时入选的楹联为"石上有痕，已为前朝记功过；碑中无字，留与后人论是非"。为取此石材，古代劳动人民付出了非凡的艰辛与血汗，数千民工、石匠累死皇家采石场，今碑石附近的坟头村即是当时民工的合葬地。

图八六　碑座

图八七　碑身与碑额

图八八　碑额

当地旅游部门在阳山碑材的保护范围之外，盖起了仿明建筑群，建起了明文化村，成为南京东郊风景区的重要景观之一。明文化村位于阳山西南麓，系围绕阳山碑材依势就形而建。2002年开工，次年落成开放，总占地面积5.5公顷。由阳山碑材区、碑材打造再现区和阳山怪石区三部分组成。村中建有仿明代风格的茶楼、酒肆、当铺、药房、豆腐坊、南北杂货店、赌坊、镖局、万花楼、印染店、观音堂、戏台、临水长廊及打铁铺、石匠村、古采石畅㺄监工房等，工作人员根据不同角色着各类明代服装，再现了当年数万民工打造碑材的吃、砖㺄娱乐的劳作场景和生活场景。园内每天还安排了不同内容的特色表演，如明代古装戏，传统的杂耍、鞭技、踩高跷及水上飞狮、劫镖车、赐御婚、祭碑仪式等，向游人展示出一幅幅生动的明代世俗文化图卷，是集人文、民俗、历史于一体的观光游览佳地（图八九）。

图八九　明文化村

2. 牛首山摩崖石刻

摩崖石刻位于牛首山东峰舍身崖前，距离弘觉寺塔约百米，从塔旁台阶往下走，就可以看到掩藏在绿荫当中的精美石刻佛像群。

摩崖石刻整体呈几字形，内容包括佛像和题刻。佛像共有129尊，置于佛龛内，有端坐莲花的佛像，有侍立婀娜的菩萨、有袒胸露乳的罗汉，有甲胄分明的力士，还有宽衣博袖的僧人等。在石壁正中的一个佛龛里，雕刻有释迦牟尼佛，高

1.78 米，结跏趺坐，施禅定印，佛像下面是一高 0.39 米的覆莲须弥座，雕刻较为粗糙（图九〇）。龛外左右壁上刻有文字，已经漫漶，难以全部释读。以正中佛龛为中心，东西两侧各有一龛，东龛共分上下九层，有 75 尊佛像，最下层的为环立武僧，虽然大部分已经损毁，但还是能看见盘膝打坐的僧人形象（图九一）。西龛的内容风格与东龛相同，西龛的下面相距高约为 0.39 米处，有一小龛，龛内雕刻有一高为 0.45 米的弥勒佛，造型惟妙惟肖，其艺术造诣高于其他的造像。龛外石壁的右侧镌刻有"大明成化元年岁次乙酉五月五日……真定成造弥勒像一尊，永远供养"的题记。佛龛两侧尚刻有 4 处梵文，其东壁南侧的岩石上，镌刻一行梵文，宽约 1.6 米，另有《题感应泉诗》一首，系磨刻壁上，文字清晰可辨，为明景泰元年（公元 1450 年）所刻①。

图九〇　释迦牟尼佛　　　　　　　　　　图九一　石刻局部

　　南北朝时期，就有著名禅师法融在牛首山结庐悟道，并开创了"江东牛头"派，史称牛头宗。至唐时，牛头宗盛传东南并东渡到日本；而南北朝时期，梁武帝还在牛首山"大起兰若（佛寺）千间"，至明代，以灵谷寺、栖霞寺、牛首山宏觉寺为首的八大寺成为国家寺院，是全国的宗教文化中心。以此推断，南京牛首山出现摩崖石刻是理所当然的。

①　南京市江宁区文化局、南京市江宁区博物馆编：《江宁文物》第 172 页，江苏美术出版社，2004 年。

3. 汤山摩崖石刻

汤山摩崖石刻在江宁区汤山镇桦墅村（桦树村）。当地人称其为石佛庵，为明永乐元年（1403年）二月兴造，建造人是"汤山第一代白云禅师"，距今已有600年的历史。而且它是南京地区仅有的一处藏传密宗佛教石窟，非常珍贵（图九二）。

图九二　石佛庵全景

图九三　主窟佛像

目前，暴露在外的石窟有 8 个，每窟有佛像 1 尊，大小不一，均禅定跌坐，施禅定印。佛窟最高处 190 厘米，主尊佛像高 140 厘米，体宽 58 厘米，袒右胸，露一乳，神情坦然，身后雕出举身舟形背光，并有圆形头光（图九三）。在主佛的左右分别是二菩萨佛窟造像，较主佛龛略低，与主佛龛相贯通，形成一个组合。二菩萨着双领下垂大衣，胸前挂璎珞饰物，结跏跌坐于仰莲座上，尤以西边菩萨最为完整，色彩至今仍然鲜艳。

佛龛分别凿刻于山岗的南面石壁之上，石质为沙质岩，较坚硬。主佛窟门边壁雕出壶门形状，有文字记载的碑刻是就岩体刻凿而成。整个石窟顺山体自然形状刻凿，错落有致。除"一佛二菩萨"的佛龛石窟较大外，其余石窟均较小。最小一个石窟的佛像高度仅 80 厘米，分别分布在主佛像的东面。在主窟东边有"大明永乐元年二月吉旦兴造，开山第一代白云禅师"。在石壁上，还发现了部分文字，有"天中天"、"后"、"向"、"蒋"等约 20 个字的铭刻，其内在的意思尚待进一步考证。该石窟的发现为我们探讨佛教在本地区的传播及影响提供了实物资料，作为保留了原始彩绘、有准确纪年的佛教石窟，汤山石佛庵显得弥足珍贵。

（六）精美的明清建筑

建筑是文化的体现，建筑所蕴涵的文化元素植根于民族的土壤。走进江宁的明清建筑，跃入眼帘的是斑驳的青砖、浑朴的墙头、古拙的雕梁画栋。幽深的小巷中散发出青苔的味道、苍老的古井挥散不去老旧的气息。这些建筑群或雄浑大气，或精致玲珑，既有周密严谨的高墙深院，也有小家碧玉般的小宅门户。在这里，我们能轻松地身临其境，感受明清时期人们的居家生活。

1. 江南地区保存最完整的古民宅群——杨柳村古建筑群

杨柳村位于秦淮河畔，背依马场山，前临杨柳湖，富有浓郁的江南水乡特色。村落平面呈东西长、南北窄的长方形格局，分前、中、后 3 个自然村，中、后村已毁于清末咸丰年间的兵火，现存的前杨柳村建筑群绝大部分是在清康熙、乾隆时期所建。原杨柳村占地 887.5 亩，村内共居住 361 户人家，1348 口人，有 1408 间房屋，分 36 个"堂"，建筑面积达 38016 平方米。各堂的名称是：翼圣堂、翼经堂、四本堂、树德堂、恩承堂、礼和堂、酌雅堂、安雅堂、崇厚堂、序乐堂、居易堂、天乐堂、映雪堂、祖耀堂、文光堂。原来宅院之间的间巷，全部以青石板铺路，以条石为阶。古时有"青石墁地石门楼，走进杨柳不沾泥"的说法，即指一条洁净的"青石街"。这里的一个个自成体系的"堂"就是独立宅院，各宅院之间有青石板相通。现36个堂中保存最完整的一组建筑位于村西，为礼和堂、恩承堂、树德堂三堂并列相通，各堂的高大门楼多完好保存，外有高墙围抱（图九四）。

图九四　建筑群鸟瞰图

目前，杨柳村的砖雕、木雕和石雕技艺，被称为"三绝"（图九五、图九六）。当时所用的木材、石料是通过人工开挖的水道运输而来的。木材多从江西、湖广地区运来，石料多取自苏州及南京东郊青龙山。2002年被确定为江苏省文物保护单位。这里的古民居一般为三进、四进、五进，最多的翼圣堂是"七进、十八道门槛"。其规模格局大体保存了传统风格，在中轴线上建门厅、轿厅及住房，并在左右纵轴线上布置有客厅、书房等，成为中左右三级纵向的院落群体，在各群体间有前后相通的"备弄"（即通道、夹道），既可防火又便于巡逻，有的宅院后面还设有更楼（图九七）。《恽代英》、《严凤英》、《兵临城下》、《下里巴人》等多部影视作品都把这里作为拍摄外景地。

图九五　屋脊木雕

图九六　门楼

图九七　后院阁楼

　　杨柳村古建筑群始建于明代万历七年（公元1579年），一直延续到清代咸丰以后。据《朱氏宗谱》记载，朱氏世居溧阳南渡，其六世祖朱武公移住句容陡门口，万历七年（公元1579年），七世祖朱孔阳从陡门口迁居今湖熟街道龙都社区杨柳村。传说朱孔阳兄弟二人，父母双亡，哥哥朱孔阳已有家小，考虑到弟弟尚未婚配，想把房产让给弟弟，自己一家外出谋生。弟弟不肯，两人争执不下，遂由族人调解。族长就在两人手心里各写一字，叫他们回家看。结果，哥哥手心里面写的是

"去"字，弟弟手心里面写的是"留"字。于是，朱孔阳带着家小，挑着货郎担子远走他乡。一天，他来到秦淮河边的杨柳湖畔，突然挑担的绳子断了，只好停下来生火做饭，饭后洗碗，又不慎将碗掉进湖里。朱孔阳长叹一声说："天留我也！"就这样，朱氏在此落户繁衍，家业日趋壮大，至今有16代400余年。

据说，清代时，这宅子的主人拥有南京半个城的店铺，有当铺十八家、钱庄十八家，银钱田地更是不计其数。可是繁华落尽，这里高大的马头墙上已是杂草丛生，地上随处可见掉落的瓦当，昔日朱红的立柱也早已斑驳陆离。解放后，海军第二医院、秣陵中学、龙都中学、句容河整治工程指挥部都曾迁址于此，种种原因使得杨柳村古建筑群渐渐失掉了原来的风貌。2007年底，江宁区人民政府斥资近千万元对这组古建筑群进行全面修缮，以更好地保护这一珍贵文化遗产①。杨柳村古民居群，将成为展示南京乡村民俗文化尤其是外秦淮河流域文化的重要载体，即成为南京的"大宅门"。杨柳村古建筑群民俗文化园建成后，将成为集古民居建筑创意研发中心、教育培训基地、碧波庄园、水上游憩园、民俗康体中心等为一体的综合文化旅游园。

2. 南京最老的徽派建筑——佘村明清建筑群

佘村明清建筑群位于江宁区上坊镇佘村王家自然村，只有两间大房子，东面是潘氏祠堂，建于清末民初；西面则是潘氏故居，在1983年6月被江宁人民政府核定为"县重点文物保护单位"。主要由潘氏宗祠和潘氏住宅两部分组成，为顺治初年始建，后又重新改建。从外表上看，它虽比不上湖熟杨柳村江南民居大气，但精致、玲珑的小家碧玉更是令人发思古之幽情，加之环境宜人，有山有水的桃源风景，仍是十分讨人喜欢。

潘氏住宅位于潘氏宗祠西侧10米处，为清末建筑物。住宅坐北朝南，为二堂三进式高墙深院，房间共计九十九间半，占地约750平方米。建筑结构周密严谨，整体为南向，但宅院两堂的大门均为斜式偏西。东堂年久失修，后面堂屋顶坍塌，西边的宅子保存的较好（图九八）。宅子每进都有个门楼，门楼上有砖雕

---

① 南京大学历史系教授周学鹰认为，在修缮过程中，最重要的工作就是保持原有的建筑布局、架构、工艺和材料，尽可能保持历史文物信息，修旧如旧。比如建筑的木梁，如果没有出现2/3的损坏，基本将会保留；如果损毁严重，将进行落架大修。甚至希望在这次大修中保留20世纪50年代海军第二医院修建的戏台、龙都中学的教室以及"文革"期间的标语，这些遗迹也是构成杨柳村古建筑群历史的一部分。参见《杨柳村古建筑群修缮工程昨日开工》，《南京日报》2007年11月21日。

图九八　住宅外景

图九九　住宅内景

石刻，装饰有人物、花卉、禽兽等精美的图案，刻图精细古朴，形态逼真。门额上镌刻楷书砖雕，上有"天锡纯嘏"、"福禄申之"等四字吉语。每进为7间，每间均为九架砖木结构，设有大厅、客厅、住房、厨房、杂屋等。室内布局巧妙美观，厢房内雕刻对联，还镶嵌玻璃片。后进住房为二层建筑，楼上有复道悬廊，宛转相通，曲折回绕，似入迷宫。住宅布局讲究对称，中间为天井，两侧为耳房，东堂和西堂的结构基本相同。西堂的三进堂屋阁楼保存完好，精细的木雕清晰可见，还可攀登而上，实为难得。这组建筑群规模不大，但是内部雕刻精美，整个建筑具有徽派建筑风格，在南京地区较为少见（图九九）。

潘氏宗祠保存情况较好，建筑南向，东西有马头墙，大门两侧分别放置相对的青石石鼓，高约80厘米（图一○○）。宗祠内部结构为三房二进式，占地面积约350平方米，第一进厅内横梁上刻有花卉图案，上面施有红漆。第二进为祭祖大厅，现在已经改造得不见原貌了。

图一○○　宗祠全景

据考证，清顺治（公元1644～1661年）初年，潘氏巨商潘恒才建造了佘村潘氏宗祠和住宅。据民国十三年（公元1924年）所修的《潘氏家乘》记载，潘氏原为中州望族，世居河南归德府。明代末年，中原战乱频繁，生灵涂炭，唯江南堪称乐土，其始祖仁公携家眷避乱于上元县凤城乡佘村，见"虎洞、天印屏于前，青龙、天宁列于后。群峰环抱，自成村落。又复山川明媚，树木葱茏。爱其地僻而静，有类世外桃源"，就定居于此，子孙繁衍，至民国年间已经历了十余世。顺治初年的老宅与宗祠都毁于咸丰年间（公元1851～1861年）太平天国的战火之中。民国十年（公元1921年）秋，族人潘芗泉首倡重建宗祠、重修家谱，就在第二年春集资购材，大兴土木，民国十三年（公元1924年）工程告竣。

潘家宅子高大的马头墙，又称封火墙，是徽式建筑当中的重要特色。但是建筑中还带有南京地区的本土特色，青砖黑瓦不同于徽派的黑白格调。徜徉于佘村得古建筑中，似乎还能看见明清时期潘氏族人的无限风光，可惜包裹着迷离色彩的老屋，却难掩垂暮之态，现在，正需要我们去复原历史、再现历史。

（七）地方专志的编纂

真正对地方乡土历史的关注，始于明代①。江宁县志与志书发展：宋《景定建康志》、元《至正金陵新志》虽保存有上元、江宁两县大量地方史料，但还不属于两县专志。正德、万历年间所修的两县四部县志，弥补了江宁建县以来一直没有专志的缺憾。

正德十四年（公元 1519 年），明武宗朱厚照南巡至应天府，索看郡县之志，可惜当时江宁并没有县志以供阅览。官员们认为"江宁首天下郡县，其风土人物尤宜记载"②，江宁知县王诰遂以个人薪俸开局编修县志，延聘江宁贡生刘雨主纂。刘雨以正德初年龚弘、许庭光编写的《南京志》草稿为基础进行修纂，历45 日书成。次年，继任知县又聘请管景、徐霖等增修。《正德江宁县志》虽成书极速，但亦博采群书，考订较详，志中保存有不少明代江宁县珍贵史料，是今存重要的乡邦文献，也是南京地区现存最早的县志。

江宁县志以正德十四（公元 1519 年）编修者最早，此后 70 年没有续志。万历初年，《应天府志》修成，重修上元、江宁二县志被正式提上议事日程。时江宁知县昆山人周诗特邀聘新纂《上元县志》的李登为主纂。李登又约请应天府学生员盛敏荆以及翰林院编修、邑人顾起元等人共同编纂。书成，周诗升迁，刊刻费用难以落实。继任江宁知县石允珍力促其成，毅然捐俸赞助刊刻志稿，越三月而告成。万历二十六年（公元 1598 年），《江宁县志》刊行。重修的《江宁县志》对旧志进行了许多增补，该志体例较《正德江宁县志》为精，采录更严。此书在序言中自称其："庸调则繁简休戚如指掌矣，风土则地形藻翰纷应接矣，往哲则硕人髦士具实录矣。"③《续修四库全书》称赞此志"体严而事广，文简而意赅"，堪称一部良志。这是明代又一部重要江宁地方文献，作志者皆当时南京文章名家。

由于地方文化名流的介入，明代中期以后还产生了诸如陈沂的《献花岩志》、《祈泽寺志》，盛时泰的《牛首山志》、《大城山志》等著名山、寺专志，把对乡土历史的编纂和研究引向了深入（表五）。

---

① 《江宁历史文化大观》第 269 页，南京出版社，2008 年。

② 《万历重修江宁县志·江宁县旧志序》。

③ 《万历重修江宁县志·重修江宁县志序》。

表五　明清至民国编撰的重要江宁地方文献表

书名	作者	成书时间	内容备注
《正德江宁县志》	王诰、刘雨	明正德十四年（1519）	是明代江宁县珍贵史料，书凡十卷
《正德上元县志》	白思齐	正德十六年（1521）	
《牛首山志》	盛时泰	明嘉靖三十三年（1554）至三十四年	上卷分类记述牛首山名胜古迹，随附大量名人诗篇；下卷分游览志、丽藻志，前者记叙游览者的活动，后者记叙有关牛首山的记、铭、名人游记、诗篇等
《献花岩志》	陈沂	明嘉靖四年	包括山石、岩洞、水泉、台甃、宫宇、卉木、异畜；随附与献花岩有关的诗词
《万历上元县志》	程三省	明万历二十一年（1593）	
《万历江宁县志》	李登、周诗	万历二十六年（1598）	
《康熙江宁府志》	陈开虞	清	
《康熙江宁县志》	佟世燕	康熙二十二年（1683）	
《康熙上元县志》	唐开陶	康熙六十年（1721）	
《乾隆上元县志》	何梦篆、程廷祚	乾隆十六年（1751）	
《乾隆江宁县志》	袁枚		
《江宁新志》	袁枚	乾隆十三年（1748）	
《道光上元县志》	武念祖	道光四年（1824）	
《同治上江两县志》	莫祥芝、甘绍盘	同治十三年（1874）	
《赤山湖志》	尚兆山	光绪八年（1882）	强调浚淮必先浚湖，内容实际包括整个秦淮河流域
《上元江宁乡土合志》	陈作霖	清宣统二年（1910）	
《江宁碑传初辑》	卢前	民国	
《江宁乡土志》	孙濬源、江庆沅	民国五年（1916）	记载了江宁乡村地情资料
《江宁县政概况》	江宁自治实验县县政府	民国二十三年（1934）	总结自治实验县一年半的工作得失
《南汤山志》	严伟	民国二十六年（1937）	
《秦淮志》	夏仁虎	民国三十三年（1944）	
《东山琐缀》	卢前	民国三十七年（1948）	

四　民国改元　县署始定

(一) 辛亥革命时期秣陵关九镇起义

辛亥革命是中国近代史上一次伟大的资产阶级民主革命。它推翻了清王朝的统治，结束了中国 2000 多年的封建君主专制制度，建立起资产阶级共和国，具有重大的历史意义。武昌起义成功之后，各省纷纷响应。当时驻扎江宁秣陵关的新军第九镇①在徐绍桢的带领下发动起义，并最终光复南京。

九镇，是清朝南洋新军中相当于今天师编制的一支军队（图一〇一），统制（相当于师长）为徐绍桢②，当时，孙中山先生的革命学说已在新军中秘密而广泛地传播着。九镇官兵多热血青年，具有民主革命思想的军官更多。如赵声、熊成基、孙铭、陶逊、顾草臣、郑为成等协统、管带、幕僚，或已秘密参加了同盟会，或受革命思潮熏陶，早就"立志覆清救中华"。他们经常以民族、国家大义，向徐绍桢进言，使这位统制也渐渐对革命有了认识。1911 年武昌起义成功的消息使徐绍桢增强了举义的决心。而这时，两江总督端方和他手下的张人骏等，看到九镇人心不稳，也对九镇加强了戒备。他们一面派人到九镇各标营"安抚"、笼络，一面由张勋统带的江防营和满人骑兵，每夜在九镇驻地外围巡守、侦察，以防事变。谁知这一来，却更加激起了九镇官兵的义愤。他们纷纷向徐绍桢慷慨陈词，激励他速下起义决心。于是，徐绍桢向端方、张人骏提出了到秣陵关打秋操的请求。端方等生怕这支眼皮底下的劲旅猝然出事，为安全计，也就允许了这一请求。10 月 23 日，九镇官兵浩浩荡荡离开南京，来到了江宁县的秣陵关。

---

① 所谓新军是指清末编制的近代化陆军，始建于 1894 年，装备操练皆以西法，中日甲午战争后由袁世凯接办，驻扎小站练兵，之后的北洋军即发展于此。张之洞在两江总督任内也编练了新军，称"自强军"，之后自《辛丑条约》签订后，中央责令各省设立新军，并明确新军为陆军军制，计划在全国编练新军三十六镇，每镇包括步、马、炮、工程、辎重等兵种，额定官兵 12512 人，设统制率领。其中下级军官多为国内各武备学堂毕业生充任，他们大多为有理想有抱负的新青年，因此在革命党人的积极活动下，各省新军里的中下级军官和士兵多倾向于革命者，成为日后辛亥革命中武昌起义和各省光复的主要力量。在南京光复之役中，任江浙联军总司令的徐绍桢就是江宁新军第九镇统制。

② 徐绍桢（公元 1861～1936 年），字固卿，世籍浙江钱塘，后迁广东番禺。光绪甲午年间中举，后来历任江南苏（苏州）、松（松江）、镇（镇江）总兵及苏北提督等职。辛亥革命前，他正统率九镇新军驻扎南京。

图一〇一　新军第九镇炮队

　　出发之前，徐绍桢曾请发 1000 发炮弹及全镇每人 150 发步枪子弹，以供打秋操之需。张人骏满口"好好好"，答应一等队伍到了秣陵关，便如数拨下。可是九镇到秣陵关后，一等再等，一催再催，却是"只听楼梯响，不见人下来"。全镇官兵义愤填膺，徐绍桢也气在心头。此时，部队又查获了张勋派来的侦查、监视九镇的侦探；而从上海和苏州，又传来两地起义成功并已经光复的好消息，火上添油，全镇愤然。徐绍桢见时机已到，便毅然下了"起义"的命令，一面派人日夜兼程到上海领取子弹，一面与尚驻南京的留守秘密联系，约定在 11 月 8 日夜里 3 点钟同时起事，里应外合，攻占南京。8 日，九镇官兵臂缠白布，斗志昂扬地从秣陵关誓师出发，直向南京扑去。行军中，他们听到一个消息，说是驻守雨花台的清军哗变举事了。这一来，原来就如火如荼的士气，更为之熊熊燃烧起来；但鼓舞欢欣之中，却也使警惕性无形中松弛了下来。待大队人马过了花神庙而近雨花台时，却不料清军连珠炮响，一卜子围截过来。双方激烈地打了一阵子，九镇原本不多的枪炮子弹，已经剩下不多。而此时，南京城内的九镇留守部队如约起义，也在进攻总督署时，被早有准备的张勋江防营击溃。"里应"未成，"外合"又受阻。徐绍桢当机立断，命令马队从隐蔽处先行撤出，步炮兵也在少数部队佯攻、断后下，悄悄撤回秣陵关。此后，徐绍桢在秣陵关收整了部队，稍事恢复元气后，便撤到镇江，与江苏、浙江、上海等地的起义军会合，共同组成"江浙联军"，由徐绍桢任总司令，旌麾西指，直取南京。11 月 24 日下午，徐绍桢在龙潭镇召开军事会议，部署大军兵分两路，一路从南京北面攻取紫金山的要塞天堡城，以控制全城；另一路从南面攻打雨花台，夺取炮台，从中华门攻进城去。各路军同仇敌忾，奋力拼杀。到 11 月 30 日，北路便攻下了天堡城，居高临下发炮轰击，连总督署附近也落弹爆炸，吓得端方急忙逃避，南路军也迅速攻占了雨花台，直插南京城里。这时，徐绍桢亲临前线督师，更加激励士气。全城枪炮震天，杀声四起。清军残部在张勋的带领下仓惶逃出汉西门，等到渡过长江至江北时，连伤兵在内，也只剩下几百人了。12 月 2 日，南京全城飘扬着五色的共和旗帜。这座曾经染过太平军将士碧血的历史名城，宣告光复。

1936 年 9 月 13 日，徐绍桢病逝于上海。1937 年春，国民政府将其公葬于江浙联军光复南京时的总司令部所在地——麒麟门外小白龙山。蒋介石、林森、于右任、孙科等均亲往致祭并赠送挽联。日军入侵南京时，其墓毁于炮火。1948 年 5 月重建，孙科亲题墓碑，碑高 1 米。"文革"中，其墓再次被毁。1986 年，经全国政协批示，南京市政府重新修复墓园。现墓址坐西朝东，墓高 1.5 米、直径 2.5 米，墓道石砌，墓墙高 2 米。1992 年 3 月 17 日，该墓被列为南京市文物保护单位。

（二）民国时期江宁汤山的开发

民国开基，江宁成为中国第一个共和之都的京畿地区。其行政区划发生了千年巨变。至民国八年（1919），汤山率先展开始于基础设施建设的全面开发，成为江宁走向近代化的重要标志。同时，林业建设、作物改良、农村调查、矿产勘探与开采等也先后开展，对打破农村封闭面貌具有积极意义。

1. 汤山兴业公司对汤山的开发

1919 年，上海的史量才、刘柏森与江宁的陶保晋、唐云阶等实业家，向江苏督军齐燮元和江苏省长齐耀琳申请组织南汤山①兴业公司。获准后，他们以工代赈，组织流落来南京的灾民，兴筑了南京至汤山的汽车路，并栽上了白杨等行道树。这是南京最早出现的、可通行汽车的公路——钟汤路。

钟汤路起自中山门外钟灵街（今孝陵卫），经马群、麒辚门、坟头庙、侯家塘，至汤水镇（今汤山镇）。沿路冈陵起伏，旧有九湾十八坂之称。虽然施工不易，但工程进展较快，几个月就竣工通行汽车。由于道路宽度仅 3 米，汽车会车

---

① 北京汤山，称为北汤山。

很困难，因此对该路又有扩建之议。在《江宁陶保晋汤山陶庐别业记》对钟汤路的情况有如下记载："上陈伊通齐公，拨款修路，并请于部，设立电话，以利交通，阅数月而路工告成，然以沿山筑路，曲折既多，宽仅丈余，交车不便，公司同人，以伊通既提倡于先，遂联衔呈请，改筑三丈宽之马路，并由公司助款万元，以促其成。"在兴筑钟汤路的1919年，北京政府内务部发布了《修治道路条例》及《实施细则》，这是我国第一部道路工程技术标准，是当时修建近代公路的依据。这对刚建成的钟汤路来说，提出了较高的要求。因此，全路又进行了裁弯取直，并将路幅拓宽，筑"旁子路各5尺"（亦即汽车路边两侧各有近2米宽的路肩），以解决会车问题。据《首都志》转引《海关报告册》记载：1921年钟汤土路筑成。这里即指拓宽工程完成后的道路。1947年9月，南京至汤山国道加铺江苏第一条沥青路面，此次改筑也是江苏省首次以机械化方式修路。钟汤公路的兴建，为南京经济的繁荣创造了条件。

钟汤公路通车后乘客踊跃，不少文人墨客还留下了不少诗文，描述了他们途经此路的喜悦之情。如"驱车出朝阳，言赴汤泉浴"，"忆昔骑驴此地游，匆匆又过十年秋，重来揽胜车如电，笑问山灵识我不"，"册里飚轮如掣电，一家眷属漫疑仙"，"展轮铁瓮饶余兴，选胜汤泉迨暮春"等①。1922年，为适应旅客众多的需要，钟汤路上出现了专营的游览车。汤山古镇揭开了历史发展的新章。

汤山兴业公司首先大力发展工商业，建有油米加工厂、茧站等五六家企业和公私浴池七座，以及面向农村的小商店和作坊。此外，还开展了筑屋修路、开凿山林、建造温泉等一系列开发活动。金佐临还向交通部申请开通了南京郊县最早的电话，并与吴谷宜筹建汤山医院。近现代汤山的全面开发由此为起点，由于各方努力，汤山很快成为南京地区最著名的风景名胜，吸引了大批游人洗浴、观光。

国民政府定都南京后，汤山地区成为军政要员，名流人士的钟爱之地，他们常常到此沐浴游憩（图一〇二）。这里先后建有招待官员的军政俱乐部、行宫别墅以及炮兵学校、步兵学校、交通兵学校等。

2. 对汤山温泉的开发

汤山温泉在秦汉时已被发现，南朝时曾建筑圣汤延祥寺，寺的附近有汤泉10所。

---

① 严伟：《南汤山志》，南汤山陶庐出版社，1927年。

图一〇二　蒋介石等国民政府要员在汤山

民国年间，大批达官显贵在汤山营建温泉别墅，最早的是江宁名人陶保晋于
1919 年建筑的"陶庐"。陶保晋在南汤山兴业公司开发汤山的同时，率先在温泉
泉眼附近购置土地，兴建温泉别墅。1919 年，陶保晋开始在汤山购地建陶庐。
别墅在今温泉路 1 号，名"陶庐"，寓意陶渊明"吾亦爱吾庐"之意。陶庐建筑
以中式园林的馆、榭、亭、廊为主，同时吸收日本与西方建筑特点，遍植花木，
四季常青，尤以菊花知名，常办菊展（图一〇三、图一〇四、图一〇五）。陶庐
复室皆导流泉水，水温 55 摄氏度。陶庐的服务对象多为政、商文化界人士，等
级仅次于专为高级政府官员服务的汤山俱乐部。

陶保晋与驻南京的江苏督军为至交，温泉的开发得到地方政府的支持，名气

图一〇三　陶庐别业园林

图一〇四　陶庐茶室　　　　　　　　图一〇五　陶庐菊展

越来越大。陶庐的修建起到了示范效应，上海证券物品交易所创办人张静江次年也来此修建别墅。

1920 年，同盟会元老张静江在汤山修建别墅。张静江别墅即今坐落于汤山街道温泉路 3 号的"蒋介石温泉别墅"，始建于民国九年。距南京城 28 公里。层峦环抱，绿树掩映，鸟语花香，温泉喷涌。

当时，张静江和蒋介石同在上海证券物品交易所做股票经纪人，并结为拜把兄弟。1927 年 12 月 1 日，下野的蒋介石与宋美龄在上海成婚，蒋介石、宋美龄大婚之时，张静江将其汤山别墅作为贺礼奉送蒋氏夫妇。蒋介石在南京期间常与宋美龄在此别墅消遣、活动。别墅占地面积约五六亩，由小楼、警卫室、车库、侍役用房、花坛和草坪等构成。小楼坐北朝南，该建筑造型中西结合，庄重典雅，青石垒砌的墙壁坚固稳重，赭红色的琉璃瓦秀丽高雅。分地上和地下两层。独具匠心的构造，不仅使楼房与周围山势、庭院布局相协调，而且一年四季温泉水都能通过管道源源不绝地流入别墅内的浴池。进门为二层，有会客室、休息室、棋室；地下室有蒋宋夫妇"鸳鸯浴池"、侍卫官浴池和随员浴池（图一〇六）。1931 年 2 月，国民党元老胡汉民曾被幽禁汤山的温泉别墅。解放后，有关部门在保护文物的前提下，对该别墅做了进一步修缮。现已成为汤山重要的旅游景点之一。

1932 年，国民政府考试院院长戴季陶在汤山建造"望云书屋"，并写下"天地钟灵气，清泉沸似汤。濯缨兹已足，养拙更何乡"的五绝诗句。别墅位于汤山东南麓的汤王庙附近，又名倚云书屋。由诗可见，戴季陶对温泉别墅优雅的环境和闲适的生活是心满意足的。

图一〇六　蒋、宋温泉别墅

　　1935 年，国民党元老、检察院院长于右任钟爱汤山山水，在汤山筑黄栗墅，建筑古朴典雅，颇具诗情画意。

3. 民国第一所兵种学校——陆军炮校迁址汤山

　　陆军炮兵学校创办于 1931 年 12 月 1 日，校址初设于南京丁家桥三十三标营房。1931 年，国民政府在江宁汤山附近开办了第一所兵种学校，全称是"陆军炮兵学校"，又称"汤山炮校"。1935 年 7 月，陆军炮兵学校迁址汤山。迁入汤山后始称"汤山炮校"。该校为国民党的第一所兵种学校。该校准备迁汤山前夕，蒋介石即兼任校长，直到 1937 年春。炮校迁址的原因，显然是因为位于市区的丁家桥不能满足教学和建设的需要，如实弹射击所谓的靶场都无从谈起。据《江宁春秋》记载，当初蒋介石对于炮校迁东郊汤山还是南郊方山曾举棋不定。一次他在军政部长何应钦陪同下召见汤山著名绅士唐庆升议及此事。唐庆升介绍，汤山西南面有个半边山，南坡平缓开阔、北坡陡峭壁立如刀削，故名半边山。此山周围没有村庄，炮兵往半边山打靶不会伤及人畜。蒋介石立即要何应钦派人勘测。不久汤山一带开始征地，筹建汤山炮兵学校和汤山炮兵射击场。1933年 6 月，炮兵射击场第一、第二观测塔和 7 座掩蔽部完工。该射击场由于面积大，设施全，当时号称"亚洲第一靶场"。次年 11 月，规模宏大的炮校在汤山基本建成。

　　炮校主体建筑在小山坡上，有主楼和南大楼、北大楼，其间有走廊连接，共

149 间房。办公楼中间围着小礼堂，小礼堂南北各有一个天井。办公楼由德国人设计，建筑风格为希腊多立克式，门前有六根大立柱，楼顶有大钟楼。

（三）县政府迁治东山与江宁自治实验县建设

1927 年 4 月，国民革命军北伐胜利后重新定都南京，步入江宁发展史上极为重要的时期。首先是城乡分界，在城为南京市，中央直辖；城厢以外 5 或 10 里属于江宁县①，江苏省辖。改江宁县公署为县政府，设县长。江宁县有史以来第一次退出城区，但它与南京城的关系仍然密切，甚至县政府在最初几年还寄设于城内。1927 年以前，全县面积为 2198 平方公里，其中陆地面积 2099 平方公里，水域面积 99 平方公里。1927 年，国民政府定都南京，原江宁城区（42 平方公里）及下关、后湖各地划归南京市，共计面积 58 平方公里，直属行政院；其陵园（23 平方公里）及八卦洲的部分地区（50 平方公里）也因种种原因，不再隶属江宁。至此，江宁全境面积共计减少 131 平方公里，实际所剩面积 2067 平方公里。这是 1927 年到 1934 年 8 月江宁县实际行政区的范围②。

江宁在 1927 年以前虽是省会所在地，但工商业并不像苏州、无锡等地那样发达，"四乡居民悉多务农为业，此时（1930 年——笔者注）论江宁民众，农民几占百分之九十，因农民占多数之故，相率耕作，民情尚属温厚，风俗亦颇醇朴"③。据《江宁自治实验县工商业业别统计表》记载，1933～1934 年间，江宁全县 31 个集镇共有商业 1234 家，职员 2033 人，学徒 818 人。另有米行 116 家，百货店 71 家，药店 67 家，豆腐店 113 家。这些商家资本都很小。

在民国时期的江宁各集镇中，湖熟镇的市场尤为繁荣，素有"小南京"之称。1947 年共有商家 221 家、1500 余人，其中 81 家粮食行每日大米吞吐量达几千担到上万担。此外，全镇有南北货店 11 家，五洋店 20 家，布店 10 家，药店 8 家，其中不乏资本雄厚的商号。久负盛名的"湖熟板鸭"常年产量约

---

① 邹振道编：《考查江宁县政总报告》（手写本）第 10 页，中央政治学校普通行政系实习报告，1932 年。
② 胡焕庸：《江宁县之耕地人口密度》第 1 页，国立中央大学地理学系。
③ 王垚：《江宁县县政概况》，《江苏旬刊》1930 年第 59 期。

20 余万只。汤山镇商业规模虽然不大，但因由温泉之胜，尚能保持一定的繁荣局面。

1. 江宁自治实验县建立

江宁的地方自治肇端于清光绪三十三年（1907 年）十一月。是年，上元、江宁两县开始试办地方自治，由官绅倡导，订立开办简章数则，设立研究会，探讨行政改革。自治经费出于漕忙带征①。因清政府很快垮台，地方自治不了了之。

南京国民政府建立后，根据孙中山先生建国大纲设想，国民政府应该经过"军政"、"训政"、"宪政"三个时期。1929 年 3 月，国民党召开第三次全国代表大会，通过了一个《确定训政时期党、政府、人民行使政权、治权之分际及方略案》；1931 年 5 月又召开国民会议，通过了一个《训政时期约法》。根据上述方案和约法，江苏省政府认为："自严重之国难发生以来，国人咸警惕于救亡图存之政治改革，非就下层着手不可。县为国家最低级行政机关，亦为地方自治单位。既欲改革下层政治，自应从县做起。"决定先行试点逐步推行，又以江宁县"地近首都，中外观瞻所系"和"各种制度方法易得各方面之协助与指导"等理由，决定把江宁县改为"自治实验县"，以为"改革下层政治"、"推行训政"的试点。国民党当局也正需摸索这方面的经验，于是便批准了这一方案。

1933 年 2 月 10 日，江苏省政府将江宁正式辟为自治实验县，江宁县成为全国第一个自治实验县，直隶江苏省政府，新县长梅思平②上任，开始探索不同于知识分子主导的又一种农村改良模式。1934 年 1 月 9 日，国民党江苏省政府委员会第六二五次会议通过《江苏省江宁自治实验县组织规程》。该规程规定：设置江宁自治实验县的目的，在于"改善县政，推行自治"，其实验期以四年为限。县政委员会仍由省政府聘任委员 9 ~ 13 人组成，设正、副委员长各一人，由省政府于委员中聘任之。县政委员会受省政府之委托，负责全权指导监督县政之推

---

① 王焕镰：《首都志》（上）第 539、545、548 页，正中书局，1937 年。

② 梅思平（公元 1896 ~ 1946 年）名祖芬，字思平，以字行。浙江永嘉人，于浙江省立第十中学毕业，考入北京大学政治系，获文学学士。五四运动的带头学生之一，火烧赵家楼的第一把火就是他放的。1940 年，汪精卫成立了南京国民政府与蒋介石分庭抗礼。梅思平在其间历任中央执行委员、常务委员、组织部部长、工商部部长、实业部部长、浙江省省长、内政部部长等要职，1945 年因汉奸罪被捕。1946 年 9 月 14 日被枪决。

行。江宁的实验以政府自上而下的强力推动为特色，享有广泛的自治权和免解省税等优惠政策，如县政府"对省政府令办之事，遇有特殊困难情形时，得叙明理由呈复，请予展缓执行"，从而给予江宁大量的资金支持，实际操作者则是以中央政治学校为主的高校精英人才。

江宁自治实验运动轰轰烈烈、声势浩大，在一定程度上有力推动了江宁的近代化进程，可谓是江宁历史上近代化的起点，江宁也成为当时可供外界参观的模范县。实验期初定 4 年，从财政、安防、教育、户籍、经济、社会风气等方面进行改革，规划市政分区，完善基础设施建设，首开江宁现代化建设之风。特别是公路、水利、教育、农业等方面的基础建设，乃至现代观念的普及，在以后数十年间仍可见其成绩。

2. 自治实验措施

江宁自治实验县的主要措施有以下一些方面：

（1）设置县政委员会，废局设科，合署办公；县政府搬出南京市。为加强县政府行政效率，裁并原有的财政、教育、建设、公安、土地各局，于县政府内设民政、财政、教育、建设、公安、土地六科，合署办公。另设一秘书室，主持县政府各项人事、事务等项管理工作。江宁自治实验县设置时，县政府尚在南京市内。1933 年，开始在土山镇（今东山）土山南麓营造县政府办公用房，准备县治迁出南京市区。1934 年冬，江宁自治实验县政府正式搬迁至东山，东山县机关和主要商号开始用电照明。

在人事使用上更换原先人员，任用精英。据 1934 年 10 月统计：改制后县政府人员共 110 人，其中大学毕业者 48 人，大学肄业者 5 人，专科学校毕业者 13 人，中等学校毕业者 38 人，其他 6 人。科长 6 人（内 1 人兼任秘书）及各科骨干均为国民党中央政治学校毕业生。由上可以看出，改制后人员结构的特点是：编制庞大，人员达 110 人；人员文化水平高，大学毕业生占 43.6%。

（2）改换基层设置。江宁自治实验县成立时，原有 10 个区，实行区、乡镇、闾、邻四级制。1933 年 6 月，废闾、邻而行村、里制，以构成乡镇之村落为村，以构成镇之街市为里，计有 295 个乡镇，编为 2049 个村、里。后又大力合并原有的乡镇，合并后有乡镇 109 个。1934 年 9 月 1 日，按照新的省市划界，将燕子矶镇、孝陵镇、上新河镇等 21 个乡镇交割给南京市政府，这时计有乡镇 88 个。

　　江宁自治实验县后，开展户籍登记工作，有效解决了地方治安问题。江宁县政府认为，"此种成绩，不是武器及公安人数可能解释其原因，江宁虽然有七百多技（枝）枪，但决不能每处地方都去保卫，其真正主要原因，实在得力于办理户籍"。办理户籍及人事登记后，每户持有一张户证，上注户内人数，户籍警对各户人员变动情况可以一目了然，"如本来五个人，现在变成六个人，这多出的一人，立即发觉，同时肉票也无处藏匿，坏人一回来了，大家都知道，这于治安上有很大的帮助"。江宁县政府认为，办户籍是治安的基础。当时江宁县"无保甲之名，而有保甲之实"，其连保切结制度，比其他县份的保甲都要严密。每乡有户籍员，两乡有1名户籍警，随时按家调查，如有出生、死亡和人口移动而没有报告的，查出来就要受到处罚。"别的县份无此组织，所以虽办保甲，也不易周密"，江宁办了户籍，再加上连保切结，治安管理非常严密，"许多行为不好的人，因为没有人同他连保，他们只能离开了江宁"①。

　　（3）撤区公所，设自治指导区。1933年12月，裁撤区公所，确定县、乡镇两级制，分全县为8个自治指导区（后划给南京1个）。自治指导区非一级政权机构，乡镇直接受县政府指导监督。各区自治指导员仅为县政府派赴各乡镇专办自治指导与监督事务之委员。

　　新第一自治指导区：土山镇、淳化镇、上坊、高桥镇、解溪镇、桥头镇、殷巷镇、岔路镇、青龙乡、三墅乡、方山乡、九华乡、佘建乡、忠陵乡、鸣凤乡。

　　新第二自治指导区：江宁镇、板桥镇、谷里镇、陆郎镇、牧龙镇、铜井镇、国材乡、西林乡、风林乡、雅林乡、颂林乡、中宁乡、正宁乡、和宁乡、平宁乡。

　　新第三自治指导区：陶吴镇、横溪镇、丹阳镇、朱门镇、元山镇、东善镇、集紫乡、岳庆乡、淡惠乡，西阳乡、西山乡、安民乡。

　　新第四自治指导区：秣陵镇、禄口镇、铜山镇、秦淮镇、曹村镇、孝陵乡、仁陵乡、爱陵乡、信陵乡、义陵乡、和陵乡、平陵乡。

　　新第五自治指导区；湖熟镇、龙都镇、土桥镇、索墅镇、清溪乡、和泉乡、

---

　　①　《两年来之江宁实验县——梅思平在苏省党政联合纪念周报告》，（镇江）《江苏月刊》1935年第3期。

桂诚乡，六都乡、京令乡、堰东乡、西成乡、东阳乡。

新第六自治指导区：麒麟镇、定林镇、汤山镇、东流镇、阜东乡、上峰乡、青林乡、孟北乡、鹤龄乡、古泉乡。

新第七自治指导区：石埠镇、摄山镇、尧化乡、天昌乡、靖安乡、龙潭乡、栖霞乡、忠孝乡、三霞乡、同扬乡、北辰乡[①]。

（4）整顿田赋，清查黑田。土地未呈报前，全县约有田地115万亩，呈报后增为1301700亩。1933年度田赋一项实征数为901276元，比1932年度实征数（477246元）增加89%。江宁自治实验县的户口，经过较为严密的调查，计有90447户、434494人口。

（5）发展教育，推行新式教育。

（6）办理卫生事业。由于缺乏强大的社会力量来办理卫生事业，江宁县的卫生事业主要由政府经办。自治实验县政府成立一年多时间内，即设立4个卫生所，6个卫生室，还开始筹设江宁县卫生院。卫生所分别设于江宁镇（1933年9月1日设立）、万山乡（1934年2月1日设立）、上新河镇（1934年2月22日设立），汤山镇也于1934年5月1日设立了一处卫生所。各卫生所设主任1人，综理所务，并设公共护士、普通护士、助产士、调剂员、卫生稽查各1人。各卫生所的主要工作为以下六个方面：环境卫生；医疗工作。妇婴卫生；学校卫生；卫生宣传；防疫工作。据统计，1933年9月到1934年8月，各卫生所就诊人数为45354人次，治疗63928人次，预防26693人次，对92410人次进行了卫生教育。

（7）撤销县公安局，由县政府公安科主管公安事项。全县设警察局7个。县治所在地设一个局，另于"京沪"、"京杭"、"京芜"、"东丹"、"京湖"、"京建"等铁路、公路交通线各设一个局。局以下有分驻所、派出所。特别警察有户籍警、卫生警、交通警、外事警、消防警、实业警、请愿警等。全县警官、警士713人。

（8）基础设施建设工作。江宁自治实验县建立后，致力于加强与南京主城的交通联系，改变以往城乡之间的交通阻隔。筹筑东丹（东善桥至小丹阳）公路、京湖（中华门至湖熟）公路及郊外公路四条（栖霞街至西沟镇、栖霞街至尧头山镇，栖霞街至尧化门、石埠桥至东庄山）。1933年10月，京湖公路上土

---

① 陈钟鸣：《国民党政府统治时期的江宁自治实验县》，《江宁春秋》第一辑。

山大桥竣工，沟通县城与南京的通道。1934年4月15日，江宁自治实验县自建的京湖公路通车。

清末民初，南京城与乡间交通仍依靠传统的内河航运以及陆路大道。运输工具则是陆上的马、驴、骡等畜力车和水上的木驳船，汽车尚未普及。航船码头在中华门外，沿秦淮河有八路航道，分别通往龙都镇、湖熟镇、秣陵关、禄口镇、陶吴镇湖头桥、横溪桥、王家渡、三星桥，皆在今江宁区[①]。陆路以旧日驿道为主，至1929年主要城乡大道列表如下（表六）。

表六　1929年南京至江宁境内主要道路

起讫点	方向	路面情况
中山门至汤山	由城门外东行，共长50里	以石砌成，路线甚直。自中山门起约计10里之路线，宽约7公尺，此外则渐狭，至汤山时，路面宽度不过2公尺半，但两旁均有广阔路肩，颇便于汽车行驶，且四围虽多山地，而路线所过，绝少崎岖之斜坡。城外旧有诸路，实以此为最完善
中华门直达芜湖	由南京城外西南行，途径江宁镇、铜井镇	长约90里，路面以石砌成，平均宽度约2公尺，路线甚直。惟路面过狭，行驶汽车，不免危险，马车及人力车，始可通行
中华门至河家村	从南京城外南行	路面平均宽度约2公尺，全路以石砌成，路线甚直，除小部分略有弯曲，又有500公尺之长度，高度为10%外，其余亦可资汽车之行驶
中华门至殷家镇	由南京城外南行，经殷家镇后，再达秣陵关，全路约长50里	路面以泥筑成，宽约2公尺。路之四围皆平原，无高低不平之处，路线亦直。惟因年久失修，行驶汽车甚为不便，雨时尤甚
通济门至上方镇	从南京城外东南行，计至句容共长90里	以石砌成，宽约2公尺，路线甚直。惟因年久失修，已呈破烂之象，高桥门一带，尤崎岖难行，故不适于汽车之行驶，即马车亦不易经行全路
光华门至牌楼	由城门外东行，长约8里	路面以石砌成。再由牌楼至大定林，则有长约十里之泥径，路线颇直，惟间有锐角之小弯曲，汽车马车，皆不宜于行驶

注：据《首都计划》第90~91页《市郊公路计划》整理。

[①] 《江宁乡土志》，1916年。

（9）开展农村救助工作。开办农场82处，民众茶园亦有所增加。1933年疏浚河流（南河）一段，挑土29.5万方。增置防汛机械。

由江苏省农民银行南京分行出资合办合作社133所，计有社员4730人，股金32172元。又与上海商业储蓄银行合办湖熟农民抵押贷款所，农民抵押仓库，由上海商业储蓄银行等分别垫款各20万元。贷款所的营业范围，"则以全县为最后之目的，不过先以湖熟为营业之基础而已"。抵押贷款所的设立，被视为一项"创举"[1]。又办耕牛会、青苗贷款，并与中央大学农学院等机构联合改良蚕种，推广新法种植稻、麦、棉花。

江宁自治实验县的设置以及所作出的县政措施，对加强国民政府统治起到了一定的作用。国民政府还要求，以江宁县为试点，总结经验，厘定一套行之有效的县政制度，此后国民党政府所推行的"新县制"，也真的脱胎于此。当时南京市区大部分与江宁县接壤，江宁县统治秩序如何，对首都南京的影响至为重大。从江宁自治实验县成立后的各项重要县政措施来看，不仅是做为橱窗宣传的需要，而更重要的则是从民政、公安两方面着手，进而使江宁县成为南京的可靠屏障。从成果来看，早期改善行政机构的工作较有成就，这段时间的工作"犹如春草初生，蓬蓬然、勃勃然，大有长足进展之希望"；但很快"转趋保守，几有老大之气象"[2]。"善政"的工作尚不彻底，离"善治"的目标当然非常遥远。

1937年抗日战争全面爆发，在日军进攻南京前夕，江宁自治实验县也便随着南京国民政府的迁都而告终，实验成果大多毁于战火。

（四）民国时期江宁县教育发展

1. 江宁县第一所实验小学——湖熟实验小学成立

1928年春，江宁县第一所实验小学——湖熟实验小学成立。民国初期，湖熟镇仅有一所初级小学，校址在水北巷程公祠，祠堂共两进，前进两间耳房、后进三间大殿就是校舍，条件极为简陋，学生不过三四十人。1928年春，经教育局批准，学校改为江宁县第二区湖熟实验小学，这是江宁县第一所实验小学。校长由原笆斗山小学校长蔡嘉禾担任，沈丽川改任教务主任，笆斗山小学教员刘松

---

① 江宁自治实验县县政府：《江宁县政概况》"建设"，第31~32页。
② 汪度编：《江宁自治实验县实习总报告》下册（手写本）第206页。

年任训育主任，另聘张舜华为专科教师。刘松年在《江宁春秋》上的回忆文章里记载了当时学校办学的情形。学校贯彻陶行知"改造社会"的教育理念，以移风易俗为己任。原来开学时，学生家长例送白糖礼包，还要提上放有青葱的灯笼（寓意聪明）。后校方向家长解释，教育学生是学校的责任，学生成绩也与讨彩无关，遂婉拒了礼包，革除了葱灯相送的旧俗。1928 年，南京国民政府发起废除旧历、推行新历的运动。1929 年春节，学校积极响应这一号召，坚持上课。虽然废除春节过于激进，但在当时体现了变革者变革社会的决心。学校还经常在课外举行文娱晚会、恳亲会等活动，让师生、家长与当地群众一起参加，以传播新知，开启民智。学校还组织学生举办储蓄小银行，自己管理零花钱，以培养学生节俭的习惯。学校师生又组成了卫生队，每日晨课前打扫进出学校必经的水北巷，使之成为湖熟闻名的卫生街巷。

仅两年时间，湖熟实验小学就已成功建设为一所相对完善的小学，获得省、县教育当局的嘉奖。1929 年春，县教育局还特地在学校召开全区教育会议。同年夏，乡村教育的模范学校——江宁县立师范学校也组织学生暑假来此学校实习。1937 年抗日战争开始，学校被迫停顿。1938 年又由沈丽川复校，改为镇办湖熟小学。除程公祠本校外，还在姚东及水北台民众教育馆设了分校，使弦歌复响，学生得以不致失学。1946～1949 年，沈丽川离校，先后由童亚东和蔡某相继充任校长，迨至 1954 年，在人民政府领导下，建立了江宁县湖熟中心小学，从此开始了新的一页①。

2. 自治实验县时期的江宁教育

在江宁实验县政府对小学教育进行改革前，该县教育不大发达②。据调查，

---

① 江宁县政协文史委员会、江宁县地方志办公室：《江宁春秋》第六辑。
② 据对江宁县淳化镇的抽样调查，新式小学不发达的原因，一是由于农民不太信任新式学校。他们认为"新式学校是洋学校，所读的书是洋书，多不适合他们的需要，与（于）他们小孩子没有什么好处"，所以许多人不愿送孩子进入新式学校读书，而宁愿把孩子送人私塾。二是交通不便。设立学校的村庄，孩子上学相对方便，而外村的学生因嫌路远，常不愿到学校读书。三是学校的经费太少。该镇有学校 5 所，共招收 229 名学生，每月的经费仅 126 元，这点经费只能勉强维持教员的薪水，而且"恐怕教员依靠这点收入，也未必能够养家"。实际上，就是这点经费，也经常欠支。据江宁县政府的报告，"时以经费欠发，教师终日坐城索薪，多数学校，皆徒有其名，社会上一般家庭，睹此状况，皆自愿出资设立私塾，以是学校多被私塾包围，学生人数少，表面上全县学生虽有三千余人，实则相差远甚"。参见乔启明：《江宁县淳化镇乡村社会之研究》，金陵大学农学院，1934 年；江宁自治实验县县政府：《江宁县政概况》"教育"第 2 页。

1932 年度第一学期，县立小学共有 95 所，其中实验小学 4 所，完全小学 14 所，初级小学 77 所，共 161 级，学生 3000 多人，教师 205 名。[①]

江宁自治实验县成立后，县政府大力整顿教育事业，主要措施如下：第一，定学生数额。规定每位教师以教儿童 50 人为足额，凡不足额者，必须在最短时期内招足，不遵守规定或虚报名额者，皆予以严厉处分。第二，充分利用校舍校具。第三，补充必要设备。第四，勤于视导。督令视导人员经常往来各学校，严防因循敷衍，荒怠课务。第五，撤换荒怠课业的教师。仅数月，县政府裁换教师 9 人，对各学校震动颇大。第六，变更假期。减少假期，以方便农村家长。第七，筹发经费：对于维持各学校必须的经费，皆按月发放，使全县教师安心工作。经过整顿，效果尚属明显。从前每位教师所教儿童数量，平均不足 20 人，整顿后每位教师平均所教学生数为 40 余人。全县入学儿童数很快翻了一番，达 6800 余人[②]。至 1934 年 10 月，小学学级由 161 级增至 353 级，学生数增至 13976 人。此外，民众学校由 33 级增至 103 级，学生由 965 人增至 4570 人。民众运动场由 7 所增至 102 所，民众阅书报处由 8 处增至 130 处，公园由 4 处增至 30 处，民众集会场由 3 所增至 20 所，民众茶园由 5 处增至 36 处，壁报由 8 处增至 55 处。并新设中学 1 所，学生 92 人；学校附属农场 82 处；民众问字处 112 处；甄别合格私塾 185 所，学生 5465 人。"此种数字上之增加，更加以教育经费之稳定与师资之严格选择，其实际进步，当在统计数字之上。"[③]

3. 1934 年江宁县立中学成立

1934 年 9 月 1 日，江宁县立中学开学。城乡分治后，江宁县因缺少公立中学，每年众多小学毕业生无法在本地升学，影响实验计划的进行，县政府遂决定创设县立中学。学校设在中华门外小市口的原江宁县立师范旧址。县立师范于 1931 年停办，虽有 1933 年在师范旧址开办的两期小学教员轮流讲习所，小学师资仍严重紧缺，且开展自治实验也需要大量受过中等教育的乡镇长。因此，学校除开设初中部外，另设招收初中生就读的师范部，两部学制均为三年。1934 年 9 月 1 日，学校首次开学，学生 92 人，其中初中部一年级 48 人、师范部一年级 44 人。学校侧重招收本地学生，以满足本县小学和自治实验的需要，故首批外县学

---

① 江宁自治实验县县政府：《江宁县政概况》"教育"第 2 页。
② 江宁自治实验县县政府：《江宁县政概况》"教育"第 2~4 页。
③ 江宁自治实验县县政府：《江宁县政概况》"民政"第 3 页。

生仅有"志愿终身服务教育，且能吃苦耐劳、成绩优异"的 33 人。学校师资力量极为齐整。首任校长为赵祥麟①，教务主任何灌梁、训育主任陈粤人②。任课教师有国文教员管雄、算术教员陈朱伦、英语教员朱锡柴、物理教员斯何晚、化学教员阮名成（女）、教学法教员徐霖庆、音乐教员管甲东、图画教员梁洽民、体育教员陈挺荣和时文杰等，还有事务员赵斌和图书管理员许震山，几乎清一色为大学本科生，都是对乡村教育"具有共同兴趣"的"有志青年"，许多人在此之后成长为了教授、校长、专家。课程设置，初中部基本依照全省先进的省立扬州中学，师范部基本参照晓庄师范，除国文、数学、理化、史地、音乐、图画、体育等基础课，还有教育概论、教育法、心理学、伦理学、参观实习等专业课。小市的校舍非常简陋，学生一律住校，仅有两排 10 余间旧砖瓦房，既作为教室又作为宿舍，非常拥挤，而且四周还有菜园、荒地，不利于教学。故建校之初，就开始在县治土山镇购土地百余亩，以建设新校舍。同时校方拟具计划，向江苏省教育厅申请成立江苏省江宁初级中学。

1935 年春，江宁县立中学开始迁往土山镇新校址，并被批准成立省立初级中学。江宁县立中学在土山镇的新校址"面对方山，背倚飞机场，左右都是丘陵沃野，一条由东山驰赴青龙山的大马路由校门前穿过，气势颇宏伟"。1935 年 6 月，新校区全部建成，有楼房 1 座、学生宿舍 1 所、教师宿舍 2 幢及运动场、厨房等。每到春季，校内桃花盛开，景色秀丽。从 1935 年春开始，学校即陆续迁往新校址，并更名为"江苏省立江宁初级中学"。8 月，学校继续兴建新校舍，包括楼房 1 座，自修室、宿舍 1 所，于 1936 年 7 月完成。同时经申请，省教育厅又批准成立江苏省立江宁中学。1937 年 8 月全校学生有初中 6 个班、高中 2 个班。当时办学方针为：

　　　一、注重基本训练，以语文为首要，初中、师范的国文科均为每周上 7 小时，每周作文 3 次，另加必读参考书 2 部，定期考试；书法要求每日写字一张；其他各科则注重平时考绩，由导师轮流指导自修，均衡发展。

---

　　① 赵祥麟（1906～2001 年），浙江乐清人。1933 年毕业于中央政治大学教育系。1945 年赴美国哥伦比亚大学师范学院学习，获教育硕士学位。曾任复旦大学教育系教授。建国后，任震旦大学女子文理学院教授兼教育系主任。1952 年院系调整后，任华东师范大学教育系教授，长期从事外国教育史教学与研究工作。
　　② 两人皆为中央政治大学毕业生，后皆赴台湾，均有专著出版。

二、例行师生共同生活，教师一律转任并兼任导师，在共同生活中"实现人格感化"，并期望此实践能为"全国中学教育训育制度，开辟一新途径"。

三、实施生活教育，"专从劳作与集团生活二端着手"。除每日分区洒扫及校容布置，凡"农事园圃，操场，行人道之建筑等"皆由学生利用课余时间为之，以培养其生产技能；集中生活则"以班会为活动中心"，由各导师分别指导，"务期于军事管理精神之下，养成自治能力，于纪律生活中，造就敦厚纯良之学风"。当时在初中部开展有童子军训练，师范生则要赴光华门的通光营房（战车教导营驻地）集中军训3个月。

四、辅助地方教育研究。1935年学校增设附属小学1所，以便师范生实习。附小内还设地方教育参考室，陈列教学仪器等，供本县各小学教师参考；又设研究部，以联络全县教育研究事宜。学校还组织了乡村教育研究会，分析讨论定县、邹平、晓庄等各地先进的乡村教育理论与实践，并办了多期《农村教育》，发表于《江宁农报》副刊。此外，两部均设农业课，教授普通作物学、果树林艺学、畜牧学等，校园内还辟有学生实验用的果林、苗圃和麦地。总体上，学校办学宗旨是贯彻"行知合一"、"五育并举"的教育理念。

1937年12月，因日军侵占南京，学校解散，建筑被毁。直至1948年始恢复。1948年9月，县立江宁初级中学开学。抗战胜利后，江宁县政府于原省立江宁中学校址重建江宁中学。校长仍由县参议会副议长蒋瑜兼任，教务主任为夏必祥，有教职员工26人。因省立江宁中学建筑毁于战火，办公和教学只能在原址上复建的简陋茅屋中开展。校长、教务主任和教师各1间，总务处及仓库3间，厨房4间，教室3间。1948年暑期招收了3个初一班和1个师范速成班，共有学生140人。高中部未能成立，故只能建为初级中学。江宁解放后，学校由人民政府接管，学校改名为江宁县初级中学。

（五）峥嵘岁月

1. 抗战烽火　遍燎江宁

江宁自古便是兵家必争之要地，民国时期，江宁更逐渐上升到军事中枢的地位，军事院校、炮垒要塞、机场车库等分布于此。

江宁能够成为军事要地的原因在于其西、北两面有长达95公里的长江天堑；东、南两隅群山拱卫，宁镇山脉西段尾闾摄山至洪幕山一线绵延230公里，跨江宁、句容、溧水、当涂、马鞍山4县1市，构成一道天然屏障；源于溧水、句容纵贯全县的秦淮河，与域内星罗棋布的山丘相互守望，互为犄角，控制两岸1710平方公里的谷原冈阜；宁杭（旧称京杭）、宁溧、宁芜（旧称京芜）等干支公路和沪宁（旧称京沪）、宁芜铁路在县境之内纵横网结，适宜步、骑、水、陆诸兵种协同作战，进可攻，退可守[①]。

八年抗战，江宁成为地处日伪心脏的沦陷区，日、伪、国、共四方势力在此展开了激烈的角逐。

1937年7月7日，卢沟桥事变爆发，日本帝国主义发动全面侵华战争，全民抗日战争开始。原定四年的实验期刚一结束，江宁便遭遇了日军侵华的巨大灾难，好不容易取得的一些实验成果大多又付之东流。

1937年8月，南京警备司令部开始拟定南京防守计划，并在江宁设立东南主阵地。11月，日军进攻南京，24日国民政府成立南京卫戍司令长官部，以县东、南两面为第一道防御阵地。12月初，参加南京保卫战的守军陆续进驻东南阵地。

12月4日，日军攻陷秣陵关，国民政府组织了极为惨烈的南京保卫战，国民党军队在湖熟、淳化、汤山、青龙山、牛首山等地与日军展开了激战，不惜以血肉之躯顽强阻击占据优势的侵略军，在江宁历史上留下了至为悲壮的一页。

但是，由于国民党的软弱性，以及其并没有把心思全部放在抗战上，东山镇、南京城相继失守后，国军无心恋战，12月9日夜里，国民党五十八师撤离牛首山，东南主阵地全线失守。守军大部渡江北撤西移，迁都重庆，其后直至日军投降前，国民政府军队未再进入江宁县境。12月10日，日军占领江宁后对南京发起全面进攻。

2. 日寇在江宁的暴行

1937年12月初，侵华日军第九师团从句容方向，先后入侵索墅、湖熟、淳化等地；第一一四师团、第六师团从溧水方向，先后入侵秣陵关、牛首山、将军山、江宁镇等地。

---

① 江宁县地方志编纂委员会，李荣潮，陈祖贻：《江宁县志》第651页，档案出版社，1989年。

侵华日军侵入江宁县，即实施其烧光、杀光、抢光的"三光"政策，在江宁制造了惨绝人寰的屠杀、强奸、劫掠、破坏等各种暴行，这是举世震惊的南京大屠杀中不可分割的一部分，江宁与南京其他地区一样成为受害深重的地区。

在向南京城进犯途中，日军早已在江宁犯下累累暴行。当年侵华的日本老兵还记得秣陵、淳化等地名，那儿的碉堡曾阻止他们前进，他们向道路两侧发射过炮弹，在那里也有扫荡，士兵去"征发"（就地抢劫物资）的时候曾经强奸女孩子[1]。

方山老人李明高曾于2004年向前来调查的南京航空航天大学学生回忆，"阴历十一月初六（12月8日），日军从上王墅败退到前西厢"，当时李明高的父亲李遵寿为了保护自己的大房子就留了下来。日本兵要放火烧房子，李遵寿求他们不要烧，日本兵就刺了他，他用手抓住刺刀，结果手割掉了。然后日本鬼子在李遵寿的脸上乱刺，直至把他刺死为止。同村83岁的老人李智荣证实了此事。

这当然只是冰山一角，日军还时常下乡抢掠财物、奸污妇女、滥杀村民。1937年12月16日，汤山许巷村100多名青壮年被日军集中刺杀于打稻场。1938年1~2月，日军在江宁陆郎神山头两次集体屠杀当地村民，被害者达130多人……

仅1937年12月到1938年2月期间，据南京外籍专家、记者、学者组织的"国际救济委员会"秘书、金陵大学的教授路易斯·史密斯及其助手的调查资料显示，南京市周围的6县中，江宁县受害最为惨重。据不完全统计，至1938年3月，江宁县被日军屠杀的有9160人，伤残致死者1590人，约11.1万人外迁。而"国际委员会"负责人贝茨认为这只是生命财产损失总数的1~2%罢了[2]。

日军的暴行不仅阻碍了江宁的发展，而且对农业生产能力和农民生活造成可怕的打击，并对民国改元后江宁短暂的发展与繁荣造成毁灭性的破坏。

3. 新四军进入江宁

抗日战争爆发后，根据国共两党谈判达成的协议，1937年10月，江西、福建、广东、湖南、湖北、河南、浙江、安徽等八省的红军和游击队整编为国民革命军陆军新编第四军，简称新四军，并规定在苏北、皖南地区担任游击。

---

[1] ［日］松冈环：《南京战·寻找被封闭的记忆》，上海辞书出版社，2002年。

[2] 《江宁县志》第659页。

　　1938 年 5 月 19 日，司令员粟裕等率新四军先遣支队进抵江宁铜山乡业家庄，并在铜山设立司令部，向周边展开侦查活动。

　　侦查支队撤出后，新四军第一、第二支队以茅山为中心开辟抗日游击根据地。其后，新四军和中共地方组织进入南京周边开展抗日斗争，在日伪统治中心开辟游击区，建立根据地，成为刺在南京日伪心脏上的一把尖刀。新四军曾以横山为中心，先后在江宁境内建有江宁、横山、上元等抗日政权，为抗战胜利作出了不可磨灭的贡献（图一○七）。

图一○七　横山县抗日民主政府旧址

　　新四军在进入江宁开辟抗日游击根据地的同时，也开始推动地方建党工作，大力发展党员。1938 年 10 月下旬，抗战时期江宁县第一个中共党支部在小丹阳镇成立，王绍杰任支部书记。1939 年 7 月，中共江当溧工作委员会成立，隶属苏皖特委。1941 年 6 月，在中共领导下，苏南各县相继召开各界人士代表会议，讨论施政纲领，宣布成立抗日民主政府。1941 年（民国 30 年）8 月 1 日，江宁县第一个县级抗日民主政府成立，夏定才任县长。

　　夏定才任县长后，在江宁各地积极活动，准备逐步组建政府架构。9 月 15 日，他到湖熟杜桂附近的李家巷，召集伪乡保长开会，争取其为抗日政府出力。汪伪特务侦知后，通知伪句容四区自卫团派兵包围了会场，将夏定才捕至句容县城的看守所。夏定才在严刑拷打下英勇不屈，最终就义。

　　新四军在小丹阳、横山、湖熟、淳化、东山等地开展了游击战争，多次成功击退了日伪的扫荡。

　　1939年2月26日，新四军一团一营（包括营部和两个连）近200名干部战士在执行任务的过程中，于江宁云台山遭到日伪500余人分6路的围攻，新四军浴血奋战，英勇突围，包括新四军二支队三团营长邱立生、政委政治教导员王荣春在内的65人牺牲，毙伤敌40多人。此战斗是三团进驻横山地区以来的唯一一次失利[①]。战斗结束后，当地群众将烈士的遗体掩埋在云台山脚下。

　　1964年5月，中共江宁县委员会、江宁县人民委员会决定在云台山兴建"云台山抗日战役"烈士墓。该墓在江宁区横溪街道西北的云台山东麓，占地面积1600平方米。建有纪念亭、立大理石纪念碑，并把分散埋葬的烈士遗骸移放到为烈士们建造的墓穴内（图一〇八）。

　　1979年8月，县委、县革委会重修云台山烈士墓，建有高达16米的纪念塔，上书"云台山抗日烈士永垂不朽"11个大字，在字的上端镶嵌有红色五角星塔徽。烈士墓有宽敞的平台，平台前有高5米、宽7米的三门牌坊。云台山烈士墓1992年被列为南京市文物保护单位，爱国主义教育基地。

图一〇八　云台山烈士墓

---

　　①　中共南京市委党史工作办公室，南京中共党史学会编：《南京革命事典》第174页，南京出版社，2004年。

　　1940年8月1日，顽固派勾结日伪，挑唆反动大刀会头目，制造震惊江南的"横山事变"。接着无理强令江南部队北渡长江去黄河，爆发了震惊中外的"皖南事变"，无端取消新四军番号。

　　中共中央军委命令重建新四军，于1941年4月将留在江南的新二支队改编为第六师十六旅，所辖四十六、四十七、四十八团东征西讨，恢复了一度受日、伪、顽勾结摧残的江宁、横山两县抗日根据地。仅1943年间，主力部队由地方武装和民兵配合，即作战300多次。在牵制日本侵略势力、打击投降势力、建立与巩固抗日民主政权方面，作出了重大的贡献，建树了卓越的功绩①。

　　在抗日战斗过程中，苏皖区党委副书记、著名共产党人邓仲铭不幸在江宁遇难。1943年7月，邓仲铭率新四军一个团赴江宁、当涂、溧水地区配合地方武装开展反"清乡"斗争。8月3日在江宁县冯潭庄夜渡秦淮河迎击"扫荡"之敌时，邓仲铭不幸船沉落水牺牲，年仅39岁。他的遗体原葬于江宁县周岗猴山，1958年迁葬于南京雨花台（图一〇九）。为了纪念邓仲铭烈士，江宁县于1981年8月3日在他牺牲处建了"重民桥"；1983年8月3日又在县城东山镇南竹山建立"仲铭亭"，并将其定为江宁县革命传统教育基地（图一一〇）。

图一〇九　邓仲铭　　　　　图一一〇　邓仲铭烈士碑亭

① 江宁县地方志编纂委员会，李荣潮，陈祖贻：《江宁县志》第661页，档案出版社，1989年。

4. 浴血八年 抗战胜利

经过了艰苦卓绝的战斗，胜利的曙光已经逐渐来临，为迎接战略大反攻，1945 年 5 月，新四军苏浙军区在反顽战斗胜利后，抽调第一纵队四十六、四十八团配合江宁、横山地区地方武装，扫除进军南京城的障碍，对日伪军分别采取打击和争取分化的政策。

至 8 月下旬，残存的小丹阳、博望、桑园铺、谢村、横溪、湖熟、秣陵等地日伪军 13 处据点和伪警察局所、伪自卫团先后被全部拔除，共歼伪军 1000 余人。谢村日军小队长柴庆基、南京日军空军一六六六八部队地勤人员和一些士兵纷纷归顺新四军，而伪军则是成连成营地投诚[1]。

1945 年 8 月 13 日，钟健魂率驻南京的汪伪警卫三师 3000 官兵渡江北上，宣布起义。8 月 15 日，日本宣布无条件投降。9 月，中共领导下的江宁县、横山县抗日民主政府开大会庆祝抗日战争取得胜利。国军精锐新六军、七十四军先后进驻江宁县境。而根据重庆谈判协定，新四军及县警卫团于 10 月初渡江北撤。7 年零 4 个月的抗日战争中，红军时代的战士近百名、新四军指战员和地方武装、民兵 1000 多名血洒江宁，献出生命。后人缅怀不已，将其作为学习继承的楷模[2]。

新中国成立后，人们为了纪念更多在抗日战争中为祖国献出生命的英雄，于 1977 年在战士们曾经挥洒热血的地方又修建了"土桥烈士墓"以及"龙都烈士墓"。

土桥烈士墓位于淳化街道土桥柏墅村，墓园占地 8950 平方米，8 座大墓，2 座小墓，阶梯型，砖混结构。纪念碑高 10 米，上刻"革命烈士永垂不朽"。这座墓埋葬的是江宁县青龙区区长邰贤聚、周建平，新四军龚排长，李延林班长、张班长、纪跃会等 8 人，他们在土桥打击侵华日军时英勇牺牲。

龙都烈士墓位于秣陵街道龙都集镇南，纪念的是在龙都一带打游击而牺牲的刘鹤亭等烈士。墓园占地面积 1150 平方米，共 7 墓，3 座大墓，4 座小墓，阶梯型，砖混结构。墓前立有纪念碑，高 7 米，上刻"革命烈士永垂不朽"（图一一一）。

---

① 《江宁县志》第 664 页。
② 江宁县地方志编纂委员会，李荣潮，陈祖贻：《江宁县志》第 664 页，档案出版社，1989 年。

图一一一　龙都烈士墓

5. 御林投诚　江宁解放

　　复员后的国民党县政府在江宁着手实施抗战时期形成的新县制，对基层政权作了重大改造和调整。在基础公共设施方面，也开展了许多恢复和重建工作。但是，随着内战的全面爆发和经济的迅速崩溃，这些巩固其统治的种种措施并不能挽救国民党失败的命运。

　　中共中央要求江南新四军主力北撤，但要保留相当一部分力量在原地开展斗争。1945 年 10 月，江宁地区的中共党组织先后成立江宁县、横山县武工队，坚持敌后战争，等待新四军回师江南。江宁县武工队的留守斗争于次年 7 月停止。横山县武工队坚持四载，在国民党白色恐怖之下于敌后艰苦斗争，直至解放军渡江南下。

　　解放战争进行到 1949 年时，国民党军队兵败如山倒，人民解放军即将渡过长江，解放全国。在此形势下，有"御林军"之称的国民党九十七师少将师长王晏清受中共南京地下党指示，作迎接解放军渡江、占领南京准备。

　　国民党九十七师的官兵大多为蒋介石浙江同乡或顾祝同旧部，主要负责卫戍首都南京，故有"御林军"之称。该师的司令部设在江宁镇，全师担负南京至当涂江防阵地的守备。

　　1949 年 3 月 24 日晚，王晏清下令师部和下辖部队由江宁镇和板桥镇渡江，发动起义。由于起义仓促，未与地下党和解放军取得联系，部队没能充分动员，又遭国民党飞机空投传单，部队溃散，王晏清仅率百余官兵投向解放军。

  1949 年 4 月 24 日，渡江的人民解放军三十五军进入汤山、湖熟等地。4 月 27 日，人民解放军第八兵团拨 1 个连随同中共南下干部工作团于 28 日进驻东山镇，接管江宁，成立江宁县人民政府，建立县大队。首任县委书记为胡宏，县长为宋波。人民政府下设秘书室、民政科、粮食局、教育科、税务局、建设科。同时，在主力部队、县武装连、本地商会自卫武装等配合下，成立了第一至第七区以及湖熟镇人民政府。5 月 2 日，中共江宁县委经中共华中工委批准正式成立，胡宏、张丹卿分任正副书记，委员还有阎启和、刘少林、宋波、王凤先 4 人。乡镇长则由所属各区的区委干部兼任。县委、县政府的当务之急就是组建区人民武装，以政治瓦解为主，辅以军事打击，以肃清溃兵散匪。至 5 月中下旬，已解决散股散匪 150 人，缴械顽警 30 余人，改编和解散各乡镇自卫武装各约 100 人。市军管会还派部队到江宁第三区改编国民党溃兵一个营。集中肃匪后，江宁县局势趋于稳定，复课复业，进入和平时代，新生的人民政权得以巩固。从此，江宁县进入一个新的历史发展阶段。

参考文献

1. 《陈书 · 高祖本纪》。

2. 《宋书 · 武帝纪》。

3. 《晋书 · 谢安传》。

4. 《至正金陵新志》。

5. 葛寅亮著：《金陵梵刹志》，天津人民出版社，2007 年。

6. 《六朝事迹编类》。

7. （宋）乐史撰：《太平寰宇记》，中华书局，2008 年。

8. （南朝宋）刘义庆撰：《世说新语》，中华书局影印本，1999 年。

9. （南宋）刘克庄：《贺新郎·送陈于华填真州》，《后村集》卷一百九十。

10. （唐）许嵩撰：《建康实录》卷五，中华书局，1986 年。

11. 朱偰：《金陵古迹图考》，中华书局，2006 年。

12. 《南京历代风华（远古－1984）》，南京出版社，2004 年。

13. 《南京百年风云》（1840－1949），南京出版社，2004 年。

14. （清）陈作霖：《上元江宁乡土合志》。

15. 江宁县政协文史委员会：《江宁春秋》（1－12 辑），1984－1992 年。

16. （明）盛时泰：《牛首山志》，上海书店，1991 年。

17. （明）陈沂：《献花岩志》，上海书店，1991 年。

18. （明）李登、周诗：《万历江宁县志》，江苏广陵古籍刻印社，1987 年。

19. 中国人民政治协商会议南京市江宁区委员会编：《江宁历史文化大观》，南京出版社，2008 年。

20. 江宁区文化局、江宁区博物馆：《江宁文物》，江苏美术出版社，2004 年。

21. 《江宁文化志》，南京出版社，2011 年。

22. （宋）周应合：《景定建康志》，南京出版社，2009 年。

23. 中国史学会：《太平天国》，上海书店出版社，2000 年。

24. 孙濬源、江庆沅辑：《江宁县乡土志》，中华书局，1916 年。

25. 徐秀丽主编：《中国农村治理的历史与现状：以定县、邹平和江宁为例》之第六章马俊亚《民国时期江宁的乡村治理》、第七章金太军《江宁农村治理现状》，社会科学文献出版社，2004 年。

26. 庞树根、卢培金：《江宁抗战》，江苏人民出版社，2006 年。

27. 《新四军与南京》，中共党史出版社，2005 年。

28. （民国）严伟：《南汤山志》，南汤山陶庐，1937 年。

29. （民国）江宁自治实验县县政府：《江宁县政概况》，1934 年。

30. 王志高：《六朝帝王陵寝述论》，《南京晓庄学院学报》，2004 年第 3 期。

31. 杨晓春：《南朝陵墓神道石刻渊源研究》，《考古》2006 年第 8 期。

32. 张学锋、傅江：《东晋文化》，南京出版社，2005 年。

33. 高华平：《评东晋的风流宰相——谢安》，《南京理工大学学报》2002 年第 1 期。

34. 刘谨胜：《秦桧墓初考》，《东南文化》1992 年第 2 期。

35. 南京市博物馆、江宁区博物馆：《江苏南京南宋周国太夫人墓》，《东南文化》2010 年第 4 期。

36. 许耀华、王志高、王泉：《六朝石刻话风流》，文物出版社，2004 年。

37. 邵磊：《对南朝陵墓神道石刻研究的回顾与反思》，《南京晓庄学院学报》，2010 年第 1 期。

肆 人文华彩 胜迹遍在

一 人杰遗踪 千古传声

悠久的历史，秀丽的山川和十朝京畿重地，既孕育无数江宁俊杰，又云集一代又一代显贵名流、高僧名士、才艺名伶、百工名家，诸多历史名人在江宁刻留履痕，遗存情缘，流传佳话。在江宁辈出的英才中，有南朝齐梁间著名道教思想家、被誉为"山中宰相"的陶弘景，南朝梁开国皇帝萧衍；南宋以身殉国，被封为义烈显节侯的抗金将领秦钜；明朝兵部尚书、戍边功臣王以旂；清朝女科学家王贞仪，著名爱国英雄邓廷桢，著名云锦挑花工艺家张长荣；民国时期的"国医泰斗"张栋梁，报业巨子史量才，方志大家陈作霖；新中国著名作家路翎、著名经济学家刘国光、中国工程院院士宫先仪、解放军空军原副司令员王良旺、海关总署署长盛光祖、原中国驻芬兰大使张直鉴、原国家工商局局长魏今非，还有今天的国家文物局长单霁翔等。与江宁结下不解之缘的，有帝王：秦始皇嬴政，东巡经丹阳为破金陵"王气"而废金陵邑设秣陵县；东汉开国皇帝刘秀，为报答插花村姑救命之恩而降圣旨修建插花庙；三国东吴开国皇帝孙权，发三万屯兵立方山埭；晋武帝司马炎，改临江县为江宁县；南朝宋武帝刘裕、陈武帝陈霸先、南唐二主李昪、李璟于江宁建陵葬身；清朝高宗乾隆，南巡驻跸江宁，兴游方山；民国时期蒋介石，享有汤山温泉别墅。有名将：三国时期东吴名将周瑜立马建桥，东晋宰辅谢安于东山运筹帷幄赢得"淝水大捷"，南宋时抗金民族英雄岳飞于清水亭和牛首山大败敌军，太平天国名将李秀成方山遗恨被俘；抗日战争期间，粟裕、傅秋涛、钟期光、邓仲铭在江宁建立抗日民主政权，领导和发动民众与南下新四军共同打击日伪顽敌。有名士：道教名士葛玄方山炼丹，南朝梁皇太子萧统于湖熟梁台读书著作，唐朝法融于牛首山创立牛头禅宗、韩滉将爱女嫁妆钱捐建圣汤延祥寺。有名流：明朝黔宁王沐英、七下西洋的郑和、清末民初著名教育家李瑞清分别葬于将军、牛首二山麓；历代文豪巨匠王羲之、谢灵运、鲍照、李白、王昌龄、刘禹锡、杜牧、颜真卿、苏轼、辛弃疾、王安石、袁枚、曹雪芹、汤显祖、吴敬梓等皆钟情江宁山水，留下千古不朽华章。

（一）谢安与东山

江宁东山，又名东土山、土山，因东晋谢安（公元 320～385 年）、谢玄（公元 343～388 年）在此筑有别墅，淝水之战时谢安坐镇于此，从而声名大振。明末清初时，东山被列入“金陵四十八景”之一，谓之“东山秋月”。

谢安字安石，陈郡阳夏人（今河南太康县）。晋室南渡，其祖随迁南来，寓居浙江会稽（今浙江绍兴）东山。青年时期，东晋朝廷闻其名，征召他入朝作官，他以病推托，拒招前往，在会稽东山与大书法家王羲之及沙门支遁等人往来交游，寓情山水之间。40 多岁时，始到朝廷供职，为东晋简文帝所器重。谢安十分怀念他的故居会稽东山，就在江宁土山上仿故居筑了一所别墅以居之，土山遂也改名为东山（图一一二）。成语“东山再起”即因谢安与江宁东山而得名。

图一一二　谢安闲游东山图

唐代大诗人李白十分推崇谢安，特地到江宁东山凭吊谢安遗迹，写有《东山吟》一诗。诗云："携妓东土山，怅然悲谢安。我妓今朝如花月，他妓古坟荒草寒。白鸡梦后三百岁，洒酒浇君同所欢。酣来自作青海舞，秋风吹落紫绮冠。彼亦一时，此亦一时，浩浩洪流之咏何必奇。"深深表达了对谢安的悼怀之情，从后世的文人诗词中，可以阅出谢安与东山已是密不可分的一体。

（二）"山中宰相"陶弘景

陶弘景，生于宋孝建三年（公元456年），卒于梁大同二年（公元536年）。字通明，《上江两县志》称其为"江宁陶吴人"，隶属秣陵县。他一生81年的光景，历经宋、齐、梁三朝，人生阅历丰富。因隐居华阳，后自封华阳隐居先生，卒后谥号曰贞白先生（图一一三）。

图一一三　陶弘景像

陶弘景出身下层士族家庭，天资聪颖，幼有异操。四五岁时就喜读书识字，用芦荻为笔，在灰盆中练字。17岁时便以才学出众而闻名，少年得志，曾任诸王的侍读。可是37岁时，却退出朝廷，隐居茅山，专心修道养身，完成了由入世到遁世的转折。陶弘景虽然隐退，但是盛名更甚从前，齐、梁两代君王都请他出山入仕。他拥有自己的信念和追求，曾作诗婉拒帝王的征召，诗云："山中何所有，岭上多白云。只可自怡悦，不堪持赠君。"寥寥20字，道出了他的仙风道骨、恬淡潇洒。陶弘景远离庙堂之上，但是他的济世才华仍备受帝王的重视，梁武帝多次与他书信来往，探讨国家大事。淡泊官场的名利之争，却也能为国家建言献策，因此陶弘景便有了"山中宰相"之称。

他的一生"读书万余卷"，博学多才，通晓五行八卦、阴阳术数、山川地理、医药本草、天文历算等，在道教思想的研习上是位集大成者，独创了茅山宗。同时还是化学家、文学家、医药学家和数学家，为我国的古代文明做出了不朽的贡献。在修道上，陶弘景十岁时就熟读葛洪的《神仙传》，"昼夜研寻，便有养生之志"。他的思想脱胎于老庄的哲学和葛洪的神仙道教，还杂有儒家和佛家的论点。着有《真灵位业图》、《真诰》等；在化学上，他在炼丹的过程中有诸多开创性的发现。如水银具有镀金、镀银的独特作用，利用"焰色反应"来区别硝石和硝碇；在医药上，他将《神农本草经》进行了归纳和整理，着有《本草经集注》一书。书中将药物种类增添到 730 种，并进行了科学的分类，还考订了古今药物的度量衡；在文学上，他对诗词歌赋无一不精通，其书法更是堪称一绝，得其真髓。陶弘景是中华文化历史中的一位奇才，梁武帝第六子邵陵王萧纶评论他说："张华之博物，马均之巧思，刘向之知微，葛洪之养性，兼此数贤，一人而已。"他的精神、才华和风度历来为人们所景仰，道士慕其道学造诣，文人羡其书法文采，隐士慕其淡泊名利，官僚羡其圆通练达。

　　陶弘景之所以能在各个领域取得不斐的成就，在于他善于动脑动手，观察入微，探寻事物的本质规律。这里有一个很有启发意义的故事。我国最早的诗歌总集《诗经》中有"螟蛉有子，蜾蠃负之，教诲尔子，式谷似之。"意思就是，蜾蠃有雄无雌。繁殖后代，是由雄虫把螟蛉的幼虫衔回窝里，叫那幼虫变成自己的样子，而成为后代。从《诗经》诞生到梁代，已传至千年，事实真的如此吗？陶弘景对此表示怀疑。于是他找到一窝蜾蠃，连续几天细心观察。终于发现，螟蛉幼虫并非是用来变成蜾蠃的，而是蜾蠃衔来放在自己的窝巢中，等待幼虫出生时，作为它们的食物。蜾蠃有雄有雌，并且有自己的后代。这样陶弘景揭开了古老传说中的谬误，发现了事情的本质。

　　陶弘景一生修身养心、著书立说，在独善其身的同时也能兼济天下，此等智慧和胸襟无不令后人瞻仰。他隐居茅山，死后葬在茅山玉晨观前的雷平池旁。至今那里还有陶村、陶井、陶碑以及陶墓，这是后人对他的推崇和纪念，他的人品和学识都超卓不凡，对中国文化科技史做出了巨大贡献，是江宁人民永远的骄傲！

（三）三桥宅里　武帝诞生

　　梁武帝萧衍，字叔达，小名练儿。生于刘宋孝武帝大明八年（公元 464 年），卒于梁武帝太清三年（公元 549 年）。关于他的出生地，《梁书·武帝纪》中载"宋孝武大明八年甲辰岁，生于秣陵县同夏里三桥宅"，也即现在江宁区上坊镇境内。

　　萧衍出生于一个普通的官僚家庭，自幼"博学多通，好筹略，有文武才干"，擅长文学、书法、音乐、佛学等。隆昌元年（公元494年）萧鸾把持朝政，起用萧衍为宁朔将军，镇守寿春。建武四年（公元497年）任雍州刺史。永元三年（公元501年）萧衍起兵助南康王萧宝融登上帝位。他见齐帝昏庸无能、朝廷混乱，遂暗中积蓄力量，笼络朝政，逼齐和帝宝融禅位。公元502年萧衍即皇帝位，改国号为梁，是为梁武帝。其在位48年，一生功过难以评说（图一一四）。

图一一四 梁武帝像

萧衍在位前期，政绩可观，国内政局暂时得到稳定。他关注民生，采取奖励农桑、减免赋税、弛山泽之禁等一系列的措施来发展经济。同时，积极选拔贤良人才，打破魏晋以来按门第高低选用人才的限制，从而扩大了地主阶级的参政机会，巩固了统治基础。虽贵为帝王，萧衍仍旧俭素自率。他吸取宋、齐骄奢亡国的教训，整顿吏治，推广廉洁之风，王公大臣"不饮酒，少嗜欲，虽时遇隆重，而居处俭素"。所以在梁初二十多年政风清廉，国势蒸蒸日上。

梁武帝作为一代开国之君，其政绩显赫。同时他还是一位博学多才的文学家。史载其"阴阳、卜筮、骑射、声律、草隶、围棋，无不精妙"，20岁时与沈约、谢朓等人合称"竟陵八友"。称帝后，仍雅兴不减，经常召集文人学士聚会赋诗，《梁书·武帝纪》赞其："天情睿敏，下笔成章，千赋百诗，直疏便就，皆文质彬彬，超迈今古。"他着述甚多，明朝人收集他的残作，辑成《梁武帝御制集》，流传至今。

历史上与佛教结下不解之缘的帝王不在少数，而梁武帝佞佛也是历史定论。萧衍少年学儒，中年学道，晚年则耽迷佛教。在他统治期间，佛教几乎被升至国教的地位。他亲自召集佛法人会讲经说法、翻译和撰写了大量佛教著作，而且不惜破费大量的财力，修建佛寺，雕塑佛像。佛教最兴盛时，全国佛寺多达2846所，僧尼82700余人，杜牧赋《江南春》叹道："南朝四百八十寺，多少楼台烟雨中。"在他狂热的笃信佛教时，曾经三次"舍身同泰寺"，大臣们前后用了3亿万将其赎回，加速了国库的衰竭，加重了人民的负担。上有所好，下必甚焉，在梁武帝的影响下，朝官权贵受戒者竟达5万人之多，大大提高了佛教的地位，但是也致使钱财耗费、国力下降，南朝政权发生危机。后来4年的"侯景之乱"给梁朝的政治、经济造成了极大的破坏，公元549年，萧衍被侯景软禁饿死，终年86岁，11月葬于修陵。梁武帝的一生，功过难评，早年励精图治，国泰民安。生活俭朴、安分守己。晚年耽迷佛教、不理政事，致使国力下降，最终断送国运。这位在江宁故土出生的帝王，其一生具有传奇色彩，给江宁这片土地添上了一笔重彩！

（四）李白、王安石吟咏江宁山水

李白（公元701~762年）从青年时代就开始周游天下，一生多次游览金陵，其诗尚存900余首，其中至少有80余首与金陵有关，留下诸如《长干行》、《金陵城西楼月下吟》、《金陵酒肆留别》、《夜下征虏亭》、《登金陵冶城西北谢安墩》、《登金陵凤凰台》等大量名篇（图一一五）。唐玄宗天宝十三年（公元754年）春，李白再游金陵，邀请同游的友人魏颢（原名魏万）代编文集《李翰林集》。期间，他与江宁县令杨利物过往酬唱，结下深厚友谊。杨利物亦称杨子云，为政清廉，美名在外，又好交友，常常高朋满座。李白对这位新识好友赞美有加，先后赠《春日陪杨江宁及诸公宴北湖感古作》、《宿白鹭州寄杨江宁》、《金陵阻风雪书怀寄杨江宁》和《江宁杨利物画赞》诸诗，其《送王屋山人魏万还王屋（并序）》诗云："吾友扬子云，弦歌播清芬。虽为江宁宰，好与山公群。乘兴但一行，且知我爱君。君来几何时，仙台应有期。东窗绿玉树，定长三五

图一一五　李白像

枝。至今天坛人，当笑尔归迟。我苦惜远别，茫然使心悲。黄河若不断，白首长相思。"可见两人友谊之深。在今存的李白作品中，如《三山望金陵寄殷淑》、《赠丹阳横山周处士惟长》、《东山吟》等是直接吟咏今江宁区境内山水风光的名篇，其中《东山吟》据考证是唐玄宗开元十四年（公元726年）李白第一次到金陵追慕谢安名士风采，携妓东山访胜后留下的一首古体诗。还有一些诗文中也有涉及江宁胜迹的内容，如《登金陵冶城西北谢安墩》一诗中"青龙见朝暾"一句则是描写他在谢安墩上所见青龙山日出的美丽景致；《金陵江上遇蓬池隐者》一诗中"绿水向雁门"所指之雁门山即汤山街道之孔山。

北宋神宗熙宁九年（公元 1076 年）十月，王安石罢相，退居金陵。他游览山水，游踪遍布江宁山水胜迹之间。

作为"唐宋八大家"之一，王安石的诗文俱佳。其中描写金陵山水的诗作就有 300 首左右，其中不少直接与江宁有关，是他足迹遍布江宁山水胜迹的明证。如关于东山，他有《游土山示蔡天启秘校》、《九日随家人游东山遂游东园》和《九日登东山寄昌叔》诸诗；又有《饭祈泽寺》一诗具体描绘了祈泽寺周围的风貌；又有《题汤泉壁示诸子有欲闲之意》、《南浦》、《秣陵道中口占二首》和《金陵怀古四首》等诗分别是他漫游汤山温泉、江宁河、秣陵关和牛首山等地的记游和心得。

（五）郑和与江宁

明代大航海家郑和（公元 1371～1435 年），本姓马，原名文和，小字三保，回族，出生于昆阳（今云南晋宁县）一个虔诚的穆斯林家庭。1382 年因为家乡发生战乱，被阉后进入燕王府，成为朱棣的一名侍卫。朱棣登基之后，郑和在公元 1405～1433 年间，率大小船舶 200 余艘，和众多水手（首次有 27800 余人），先后七下西洋，历时近 30 年，到访南亚、阿拉伯半岛和东非的 40 多个国家和地区，为促进中外文化交流和世界和平作出了杰出贡献。

郑和的光辉业绩，不仅在我国广大人民中间家喻户晓，在海外，尤其是东南亚一些国家中也影响深远，甚至被视若神明，建庙奉祀。郑和在最后一次航海途中不幸得病死于印度古里，宣德皇帝赐葬其衣冠于牛首山南麓。《上江两县志》载："牛首山有郑和墓。永乐中命下西洋，宣德初复命，卒于古里，赐葬山麓。"当地群众称郑和葬处的山为"回回山"，称郑和墓为"马回回墓"。

（六）史量才：江宁走出的中国报业巨子

史量才（公元 1880-1934 年），名家修，近代著名报人，光绪六年（公元 1880 年）出生于江宁县龙都乡杨板桥村。光绪二十五年（公元 1899 年）中秀才。戊戌变法后，受维新思想影响，放弃科举，于光绪二十七年（公元 1901 年）考入杭州蚕学馆学习。1912 年秋天，在社会急剧转型之际，32 岁的史量才得到张謇等实业家的支持，以 12 万元从席子佩手里买下了已有 40 年历史的《申报》，从此踏上办报之路，开创了一生的事业。《申报》在他的主持下发展成近代中国

图一一六　史量才

历时最长、影响最大的中文报纸之一，在百年报业史上放射出夺目的异彩（图一一六）。

史量才是民族资产阶级的代表人物，对军阀和蒋介石虽然不敢公然反对，但他又认为报纸终究是民众的口舌，总要为人民说话，才站得住脚。1931年"九一八"事变后，他更坚定了爱国、民主立场。他聘请爱国民主人士黄炎培担任《申报》的设计部部长，请李公朴主持《申报》流通图书馆和业余补习学校。他一改"自由谈"的面貌，聘请进步作家黎列文主持，专门发表新文艺作品，经常刊登如巴金的《沙丁》、茅盾的《林家铺子》等比较进步的"左"翼作家的作品；在《申报月刊》创刊上刊载胡愈之的《动荡中之世界政治》等进步文章。他自恃《申报》的机构在上海租界里，国民党政府奈何不了他，所以对于国民党政府有关重大政治经济的举措，常常旁敲侧击予以批评。在他的同意下，《申报》还先后刊登了鲁迅和陶行知化名"不除庭草斋夫"反对蒋介石政权的文章，并发表了几篇《剿匪评论》，反对蒋介石围攻红军。他以中南银行的名义，出席南京经济会议时，拒绝认购巨额债券，但在十九路军上海抗日时期却捐出了巨款。他的这些举动深为蒋介石所不满。

1932年6月，南京中央大学发生了殴打校长段锡朋事件。当时中央大学校长一职虚悬近半年，经费也积欠达半年之久，因此当行政院选派教育部次长段锡朋兼代校长后，早已不满的学生以段系官僚政客，不符合校长人选标准，向段当面质询，而段则扬言要捉拿为首喊打的学生，由此引起学潮。《申报》据实报道了此事的前因后果，并发表了评论文章，认为教育日益败坏，最大根源在官僚主义的侵入，并批评了国民党政府诸多政治和军事举措。时任教育部部长的朱家骅在盛怒之下，罗列了《申报》危害党国的罪状，向蒋介石举报。1932年8月，上海警备司令部受蒋介石指示，下令上海租界以外的国统区，一律禁止《申报》的邮递。后经过史量才多方求助，蒋介石才解除了禁令，但要求由国民党中宣部派专员指导《申报》的编辑和发行，遭史量才拒绝。

九一八事变以后，史量才对国民党当局的"不抵抗"政策颇为不满，他赞同宋庆龄的政治主张，在《申报》上全文刊载了宋庆龄的宣言，还发表社论，并且同情学生的抗日救亡运动。他说："人有人格，报有报格，国有国格，三格不存，人将非人，报将非报，国将不国！"他以自己坚定的爱国之心，顶住了国民党当局施加的种种压力。"一·二八"事变结束后，上海地方维持会改组为上海地方协会，史量才被推为会长。他支持宋庆龄、蔡元培、杨杏佛等所发起的"中国民权保障同盟"运动，反对国民党当局不顾民族危亡而进行的"剿匪"内战。1933年年底，宋庆龄以中国民权保障同盟的名义，起草了一份英文宣言，抗议蒋介石派人暗杀邓演达的行径，杨杏佛将它翻译成中文，要求史量才设法发表，史量才虽然没在《申报》上刊登，但通过关系，在某通讯社的刊物上发表了。蒋介石阅后批上6个红字"申报禁止邮寄"，于是《申报》出现了长达35天的停刊。为了拉拢史量才，国民党当局曾以中山文化教育馆常务理事、上海临时参议会会长等职进行笼络，但史量才并不为之所动。由于思想倾向进步，国民党当局威逼利诱均无效，史量才遂遭到国民党当局的忌恨。

1934年11月13日，当时全国发行量最大的报纸《申报》的总经理史量才与妻儿等人由杭州回沪，在行驶至海宁附近翁家埠时，遭拦道的国民党军统特务赵理君、惯匪李阿大等凶手枪杀，不幸遇难，时年54岁。

遗憾的是，作为中国新闻史上创办历史最长、影响最大的一份报纸，《申报》在出版了77年之际，不幸于1949年5月27日停刊，一共出版25600号。此后，历史上的史量才和《申报》几乎都被人淡忘了。

史量才生前关心家乡建设，给家乡人民很多支援。1907年他在南京发动全国务农联合会，被推为总干事。他还与江宁人士陶保晋等组织南汤山建业公司，集资购地造林，筑路凿泉。他成名后几乎每年都出资援助家乡修圩、造桥、救灾、办学，为家乡人民解难济困。

史量才故居为一座砖瓦房，墙上有2000年3月原江宁县人民政府所立的一块牌匾，上书"史量才故居"五字。故居内陈列有史量才的生平事迹及政界要人为史量才所题的字（图一一七）。

图一一七 史量才故居

表七　与江宁相关名人列表

序号	姓名	生平略记	与江宁关系
1	吴太伯	商末周部落首领周太王之子，太王欲选择孙姬昌（即周文王）作为继承人，所以传位于姬昌父季历然后传位给昌，于是作为季历兄弟的泰伯与仲雍同避江南，纹身断发，以示不可用，土著崇尚泰伯的道义，归附者千余家，奉立泰伯为当地的君主，自号句吴	从渭河流域来到江南，曾在今江宁境内的横山（衡山）落脚
2	秦始皇（前259～前210）	建立秦朝并成为中国首个皇帝，自称始皇帝，后世称秦始皇。嬴政是中国历史上的第一个皇权专制主义中央集权体制国家的创立者，对中国和世界的历史产生了深远的影响	一统天下后，第五次东巡时经过今日江宁地域，觉得此地扼江南交通咽喉，遂置"丹阳县"
3	孙策（175～200）	字伯符，浙江富阳人。孙坚之子，孙权长兄。东汉末年割据江东豪强，汉末群雄之一	孙策智取秣陵，从而打下后来称霸的基业
4	孙权（182～252）	字仲谋，浙江富阳人。三国时期吴国的开国皇帝，卓越的政治家	211年，孙权由京口（今镇江）徙治秣陵
5	周瑜（175～210）	字公瑾，安徽舒城人。三国时期著名军事家，东吴势力取得军事成功和割据地位的主要功臣之一	曾到过秣陵、湖熟一带
6	葛玄（164～244）	字孝先，人称太极葛仙翁，江苏句容人。三国吴道士，葛洪从祖父	晚年在江宁方山一带渡过并卒于此
7	王导（276～339）	字茂弘，山东临沂人。东晋初年权臣，在东晋历仕晋元帝、晋明帝和晋成帝三代，是东晋政权的奠基者之一	慧眼识牛首山的双峰为"天阙"，免去土木之兴
8	谢安（320～385）	字安石，号东山，浙江绍兴人。东晋政治家，军事家，在淝水之战中坐镇江宁东山，运筹帷幄，决胜于千里之外，打败前秦苻坚数十万大军	称江宁土山为东山，营建别墅，并在此指挥"淝水之战"
9	刘裕（363～422）	字德舆，小名寄奴，江苏铜山人。杰出的政治家、军事家，南朝宋的开国皇帝	死后葬于江宁
10	刘义恭（413～465）	江苏铜山人。南朝宋著名诗人，宋武帝刘裕第五子	为汤山温泉作《汤山铭》，是历史上以文学形式赞美汤山温泉的开篇之作
11	谢灵运（383～433）	浙江会稽人。南朝宋著名诗人，中国文学史上山水诗派的开创者	422年，谢灵运离开建康（今南京）赴永嘉（今温州）做太守，邻里送其至方山，灵运遂作诗一篇

序号	姓名	生平略记	与江宁关系
12	吴景帝 (235～264)	字子烈。孙权第六子，258年即位为吴景帝，在位期间，颁布良制，嘉惠百姓，促进了东吴的繁荣	258年，琅琊王孙休由会稽至建业继承帝位，在东山附近永昌亭接受百官跪拜
13	鲍照（约 415～470年）	字明远，江苏连云港人。南朝宋文学家，被认为是南北朝时期文人中成就最高的，与颜延之、谢灵运合称"元嘉三大家"	曾任秣陵县令，做有《过铜山掘黄精》一诗，这里的铜山就是今江宁铜山
14	谢朓 (464～499)	字玄晖，河南太康人。南朝永明体诗的代表作家，对近体诗的发展贡献巨大	曾到过江宁三山，写下《晚登三山还望京邑》
15	萧衍 (464～549)	字叔达，江苏常州人。南朝梁的建立者，他原来是南齐的官员，502年，齐和帝被迫"禅位"于萧衍，南梁建立	出生于秣陵县同夏里，约在今上坊一带
16	萧统 (501～531)	字德施，江苏常州人。南朝文学家，编有《文选》二十卷。其为梁武帝萧衍长子，被立为太子，未及即位而卒，谥昭明，世称昭明太子	在江宁湖熟镇秦淮河畔有昭明读书台，"台想昭明"曾是清代"金陵四十八景"之一，据说昭明太子曾在此读书
17	陶弘景 (456～536)	字通明，江宁人。南北朝时期的道教思想家、医药家、炼丹家、文学家，道教茅山派代表人物之一	是江宁陶吴一带人
18	陈霸先 (503～559)	字兴国，浙江长兴人。南北朝时期陈朝的开国皇帝，史称陈武帝	死后葬于江宁上坊镇附近的石马冲一带
19	法融 (594～657)	俗姓韦，江苏镇江人。唐代禅僧，牛头宗开创人，世称牛头法融。643年，在江宁牛头山幽栖寺北岩下别立禅室，开创牛头宗	曾在牛首山南面的祖堂山修行，得道并创立牛头宗
20	李白 (701～762)	字太白，号青莲居士。唐代著名诗人，有"诗仙"、"诗侠"之称	曾到过东山访胜，留下《东山吟》；到过三山，作有《三山望金陵寄殷淑》和"三山半落青天外"的佳句；此外，李白还可能去过江宁的横山、青龙山、雁门山等地，并留有诗作
21	刘禹锡 (772～842)	字梦得，河南洛阳人。唐代诗人，哲学家，有"诗豪"之称。政治上主张革新，是王叔文派政治革新活动的中心人物之一	为江宁牛首山弘觉寺塔做《牛头山新塔记》

序号	姓名	生平略记	与江宁关系
22	李昪 (888~943)	字正伦,江苏徐州人。五代时期南唐建立者,史称南唐烈祖。李昪登帝位后,勤于政事,兴利除弊,变更旧法;又与吴越和解,保境安民,与民休息	死后与皇后宋氏合葬于江宁祖堂山麓,称钦陵
23	李璟 (916~961)	字伯玉,江苏徐州人。南唐烈祖李昪的长子,943年继位,史称南唐中主。李璟在诗词方面造诣较高,是五代时期著名词人之一	死后与皇后仲氏合葬于江宁祖堂山麓,称顺陵
24	韩滉 (723~787)	字太冲,陕西西安人。唐代著名画家,擅画农村风俗景物,写牛、羊、驴等走兽神态生动,尤以画牛“曲尽其妙”,传世作品有《五牛图》	在汤山旁建圣汤延祥寺,对后来汤山一带的人口聚集具有深远意义
25	王安石 (1021~1086)	字介甫,号半山,江西抚州人。北宋杰出的政治家、思想家、文学家、改革家,唐宋八大家之一	曾到过江宁的很多地方,并有诗作传世;葬父于牛首山
26	苏东坡 (1037~1101)	字子瞻,号东坡居士,四川眉山人。北宋著名文学家、书画家、唐宋八大家之一,豪放派词人代表	途经金陵,专程登东山,并作《东山》诗一首
27	岳飞 (1103~1142)	字鹏举,河南安阳人。著名军事家、民族英雄、抗金名将,南宋中兴四将之一	在牛首山率岳家军抗击金兵,至今牛首山仍有抗金故垒
28	秦桧 (1090~1155)	字会之,江宁人。南宋主和派代表人物,两任宰相,前后执政十九年。秦桧还是著名书法家,宋体字的创始人	相传为江宁桦墅村人,当地有很多关于他的传说。2004年2月在江宁建中村发掘的大型宋墓,疑为秦桧墓
29	范成大 (1126~1193)	字致能,号石湖居士,江苏苏州人。南宋著名诗人	出任建康(今南京)知府期间,作诗《秦淮》歌咏江宁境内之秦淮河段
30	杨万里 (1127~1206)	字廷秀,号诚斋,江西吉水人。南宋杰出的诗人,一生力主抗金,与尤袤、范成大、陆游合称南宋“中兴四大诗人”	曾到过江宁牧牛亭(今牧龙村),写下《宿牧牛亭秦太师坟庵》一诗
31	文天祥 (1236~1283)	初名云孙,字天祥,江西吉安人。南宋著名词人,也是南宋末年抗元领袖之一,被元军俘获后宁死不屈,从容赴义,生平事迹被后世称许,与陆秀夫、张世杰被称为“宋末三杰”	文天祥被押北上路经江宁,作《金陵驿》,后人在麒麟镇附近建“文天祥诗碑亭”纪念

序号	姓名	生平略记	与江宁关系
32	高启 (1336～1374)	字季迪，江苏苏州人。明初十才子之一，因文章结怨于朱元璋，被其腰斩于南京，截为八段。高启是明初朱元璋为了巩固统治威吓文人的牺牲品	曾投宿于江宁土桥，并写下《早发土桥》诗作
33	沐英 (1345～1392)	字文英，安徽凤阳人。明代建国功臣之一，曾率三十万大军征讨云南。云南平定后，沐英留滇镇守，卒于任上，安葬于江宁将军山	死后葬于江宁将军山麓
34	汤显祖 (1550～1616)	字义仍，号海若、清远道人，江西临川人。明代著名戏曲剧作家、文学家。其作品以《牡丹亭》最为有名	曾游历祖堂山献花岩，并写下五绝《登献花岩芙蓉洞》
35	曹寅 (1658～1712)	字子清，号楝亭，原籍河北唐山。清代著名的藏书家、剧作家，曾任江宁织造、两淮巡盐御史等官职。后世曹寅则以《红楼梦》作者曹雪芹祖父闻名	曾与友人路经江宁上坊祈泽寺，并作诗《过祈泽寺与培山并舆行三十里》
36	吴敬梓 (1701～1754)	字敏轩，号秦淮寓客，安徽全椒人。清代现实主义作家，《儒林外史》作者	曾路经秣陵，并留下七绝《秣陵关》
37	袁枚 (1716～1798)	字子才，号简斋，别号随园老人，浙江杭州人。清代著名诗人，散文家。袁枚在乾嘉诗坛上与蒋士铨、赵翼并称"江右三大家"；其散文自成一家，与纪晓岚齐名，时称"南袁北纪"	多次造访江宁汤山，吟山咏水，留下许多文章，并葬妹于阳山碑材处
38	弘历 (1711～1799)	即乾隆皇帝。雍正皇帝第四子，雍正十三年(1735)即位，乾隆六十年(1795)禅位于嘉庆皇帝。弘历是中国历史上实际在位时间最长的皇帝(共计64年)，也是中国历史上最长寿的皇帝	南巡时游览江宁方山，留下七绝《方山》一首
39	邓廷桢 (1755～1846)	字维周，江宁人。清朝官员，善诗文，是著名的书法家。第一次鸦片战争时，邓为闽浙总督，在福建加强海防。清朝因战事失利与英国展开谈判，邓被革职。后又任陕西巡抚，1846年年病逝于西安，归葬于南京麒麟门外	死后葬于江宁麒麟镇附近灵山脚下
40	李瑞清 (1876～1920)	字仲麟，号梅庵，江西抚州人。中国近现代教育的重要奠基人和改革者，中国现代美术教育的先驱，中国现代高等师范教育的开拓者。去世后葬于江宁牛首山	死后葬于江宁牛首山东麓

序号	姓名	生平略记	与江宁关系
41	邓演达 (1895~1931)	字择生，广东惠阳人。中国国民党左派代表人物之一。1930年组建中国国民党临时行动委员会（中国农工民主党前身），进行反蒋活动。1931年8月17日被国民党当局逮捕，被秘密处决于南京麟麒门外	在麒麟门外沙子岗惨遭暗杀
42	史量才 (1880~1934)	原名家修，原籍江宁，出生于上海。中国近现代著名报业家，《申报》掌门人。因政治态度与蒋介石当局不和，1934年于返沪途中遭到暗杀	是江宁龙都杨板桥村人，对家乡的建设和公益事业十分关心，并作出了贡献
43	胡汉民 (1879~1936)	名衍鸿，字展堂，广东番禺人。中国国民党元老和早期主要领导人之一，也是国民党前期的右派代表人物之一	曾被蒋介石囚禁于江宁汤山军人俱乐部
44	徐绍桢 (1861~1936)	字固卿，广东番禺人。民国初年革命家，武昌起义爆发后，任新军第九镇统制的徐绍桢率部响应革命。辛亥革命后曾任南京卫戍总督	辛亥革命时驻守秣陵关（今秣陵镇）效仿武昌新军发动起义
45	戴季陶 (1890~1946)	字选堂，原籍浙江吴兴，出生于四川广汉。中国国民党元老之一。先后担任过国民党中央执行委员、中央宣传部长、中山大学校长、国民政府考试院长	1932年，在汤山东南麓建造别墅
46	蒋介石 (1887~1975)	名中正，浙江奉化人。中国国民党当政时期的党、政、军主要领导人	常携宋美龄到汤山沐浴、休闲
47	宋美龄 (1897~2003)	原籍海南文昌，出生于上海。宋美龄是蒋介石的第三任妻子，凭借孔宋家族的强力支援与美国留学背景，活跃于政治、外交等领域，对近代中国历史与中美关系都产生了深远的影响	常与蒋介石到汤山沐浴、休闲。为汤山小学的扩建倾注信心血
48	李济深 (1885~1959)	字任潮，原籍江苏，出生于广西苍梧。中国国民党元老之一，抗战胜利后脱离国民党，成立中国国民党革命委员会。1949年后任中央人民政府副主席，全国政协副主席，全国人大常委会副委员长等职	曾被蒋介石软禁于汤山军人俱乐部（今温泉路1号部队大院内）
49	于右任 (1879~1964)	原名伯循，字诱人，陕西三原人。中国国民党元老之一。历任南京临时政府交通部次长，国民联军驻陕总司令，审计院、监察院院长。于右任同时也是中国近代著名书法家	曾在汤山北麓购地造别墅，常来此小住

序号	姓名	生平略记	与江宁关系
50	粟裕 (1907~1984)	原名粟多珍，字裕人，湖南会同人，侗族。中国现代杰出军事家、革命家。中国人民解放军高级将领，1955年授予中国人民解放军大将军衔。曾担任中国人民解放军总参谋长、军事科学院第一政委、全国人大常委会副委员长等重要职务	1938年，身为新四军先遣队司令员的粟裕曾在江宁铜山开展抗日工作
51	张学良	字汉卿，号毅庵，辽宁海城人，张作霖之长子，"民国四公子"之一。1928年宣布"东北易帜"，实现当时中国形式上的统一。1936年12月12日，与杨虎城兵谏蒋介石联共抗日，造成震惊中外的"西安事变"，促成中国抗日统一战线的形成	曾多次到汤山洗浴

二　小镇风情　传古耀今

古镇是历史上形成的文化内涵丰富、地方特色鲜明的乡镇，它们历经朝代的更替，见证了历史的变迁，是研究地方文化的重要资源，也是中华文明的宝贵财富。当历史沉淀下来的时候，我们再次步入江宁，如果希望感受到悠久古老的气息，不得不提江宁的小镇。这些小镇建立在文化底蕴浓厚的沃土上，一草一石、一砖一瓦、悠远绵长的小巷、蜿蜒曲折的清流都是历史变迁、人文情怀的见证。

（一）汤山镇

汤山是江南古镇，中国历史文化名镇、著名的温泉之乡，地处江宁区东北端。汤山居宁镇山脉西段，境内低山起伏，主要山脉有汤山、孔山、射乌山、青龙山等。这里背依万里长江，面朝江南水乡，古镇风韵和现代文明相融合。其绮丽的风光、众多的胜迹、动人的传说，令历代游人流连忘返（图一—八）。

汤山镇历史悠久，在葫芦洞中发现的古人类化石将汤山的人文历史推到10余万年前，这里也是"湖熟文化"地带，在桦墅近西冈一带出土的大量石镞、石刀、石斧和陶器，证明了4000~5000年前江宁先民在此聚居生息，谱写文明篇章。在历史记载中，春秋战国时期，汤山地区先后为吴、越、楚三国所管辖，秦统一六国后推行郡县制，汤山隶属江乘县。晋人张勃在《吴录》中载："丹阳

图一一八　汤山老街

江乘县有汤山，出温泉三所。"据此推测，由温泉的得名的汤山名称在晋代甚至
是更早时期就已经出现了。

汤山原名汤水镇，1934年5月改名汤山镇。汤，即温泉，汤山镇因温泉而得
名。关于这里的温泉，民间曾流传着一个神话故事，远古时代，天上有十个太阳
灼烤着大地，人民苦不堪言，英雄后羿决心为民除害，他挽弓搭箭一连射下九个
太阳，只留下一个为人间滋生万物，九个太阳中有一个落在了汤山的泉洞里，从
此这里的流出的水都是热的。

南朝梁代时期，汤山温泉被封为御用温泉。唐代在温泉边建有圣汤延祥寺
（俗称汤王庙），逐渐形成集市。宋代汤山属神泉乡，集市也定名汤泉市。晚清
以前，汤泉已改市设镇，因汤涧水流贯镇中，更名为汤水镇，仍属神泉乡。清代
诗人袁枚在沐浴温泉之后，欣然命笔，留下了"方池有水是谁烧，暖气腾腾类涌
潮"的赞誉。

汤山有优美的自然风光，温泉水洁净透明，四季如汤，历代文人雅士喜爱到
此地游玩，留下无数吟咏温泉的诗篇。它与北京小汤山温泉、辽宁汤岗子温泉、
广东从化温泉并称为"全国闻名的四大温泉"。20世纪80年代，在"金陵新姿
揽胜评点征联"活动中，汤山温泉被评为"新金陵四十景"之一①。汤山是具有

---

①　江苏省政协文史委员会编：《百年风华——江苏老镇掠影》，江苏人民出版社，2008年。

多种地质的典型地区，人们称誉它为我国江南地区的一座地质天然博物馆。山中溶洞星罗棋布，各种石钟乳、石笋、溶岩交错，奇幻多姿，给汤山带来五彩斑斓、如梦如幻的洞天奇观。汤山更有众多名声古迹，东北面伏牛山古铜矿遗址、西面阳山上的碑材遗址、桦墅村明代佛窟群……汤山镇利用得天独厚的条件，开发成汤山风景区，供中外游人观光。

撤镇设街道后，辖区面积达 223 平方公里，人口 8.2 万。汤山，正向着新世纪"旅游重镇、经济强镇、文化名镇、中心城市的卫星城镇"这一战略建设目标迈进①。

（二）丹阳镇

丹阳地处苏皖交界处，位于江宁区西南端，东西南三面分别与安徽当涂、马鞍山市接壤。丹阳镇有着 2200 年的悠久历史，文化底蕴深厚，人文景观众多。

远在秦汉时期，这里就是古丹杨（阳）县的政治经济中心，"丹杨"一名的由来，据史籍记载，秦始皇三十七年（公元前 210 年）东巡至钱塘江曾经此，见山多赤杨，因名丹杨，直到隋代因避帝讳，将杨改为阳。隋炀帝时，县废，并入溧水县，后又并入当涂县。丹阳地处吴头楚尾，三面丘陵、一面临平原圩区，是江宁地区的"锁钥"，也是江宁通往当涂的重要驿道，历来为兵家必争之地。历史上吴楚相争，在这一带进行过多次战争，抗日战争时期，新四军二支队三团进驻此地，痛击敌人。丹阳是江南地区交通要地，是到达吴、楚腹地的必经之路，不少人在此告别亲友。唐代严维作有《丹阳送韦参军》诗："丹阳郭里送行舟，一别心知两地秋。日晚江南望江北，寒鸦飞尽水悠悠。"很清楚地写明他是在丹阳的长江边给友人送行的。

丹阳又名小丹阳，元朝《至正金陵新志》载："丹阳废而存丹阳镇，但镇江有丹阳县，故亦呼（江宁）丹阳为小丹阳，镇江（丹阳）为大丹阳。"当涂、江宁、溧水一市三县的交通咽喉，农贸市场特别繁荣，是周边乡镇农副产品的集散地。以丹阳为核心的苏皖周边的市场已经初具规模，新型的商业大街与古镇风韵交相辉映。

丹阳境内现存古迹有横山石门、古驿道、灵光禅寺、龙泉禅寺、灵墟遗址、

① 江苏省政协文史委员会编：《百年风华——江苏老镇掠影》，江苏人民出版社，2008 年。

"当涂第一桥"叶家桥等。董永与七仙女的传说也源于丹阳,今日丹阳董山村即是传说中董永的故乡。李白曾在此留下足迹和诗作,描述丹阳故城"周子横山陷,开门临城隅"。抗日战争时期,新四军名将粟裕、黄火青、彭冲曾在这里开辟根据地。历史上丹阳除了历史悠久,古迹众多之外,自古以来就还是一个"一脚踏两地,鸡鸣闻两省"的苏皖边界商贸重镇,素有"江东重镇""金陵门户"之美称。

撤镇设街道后,丹阳、陶吴二镇并入横溪街道,但是,丹阳古镇在历史上的地位永不磨灭。

(三) 湖熟镇

湖熟位于江宁区东南部,地处江宁、句容、溧阳三地交界处,素有"小南京"之称。总面积 145 平方公里,管辖 12 个行政村,10 个社区,人口 8.02万人。

湖熟镇历史文化久远,既是古老文明的集镇,也是江苏百家名镇之一。这里是长江中下游地区"湖熟文化"的发现地,距今已有四五千年的历史。西汉武帝元朔元年(公元前 128 年)设胡孰侯国;元封二年(公元前 109 年)改称胡孰县,治所在今湖熟镇。从明代起,湖熟就是上元县四大镇之一。据清同治《上江两县志》载,因在刘阳湖畔,物产丰饶得名湖熟(图一一九)。

图一一九　湖熟老街景

　　古代湖熟的佛教、道教、伊斯兰教和耶稣教等宗教比较盛行，因而寺、观、庵、堂也比较多，民间传有"三步两庙"之说。而今湖熟仍然是南京地区回民主要聚居地之一，伊斯兰文化浓厚，具有600多年历史的清真寺坐落于此（图一二○）。

图一二○　湖熟清真寺

　　此外，梁台遗址、船墩以及杨柳古建筑群等也各有特色，湖熟镇先后对梁台、神墩、老鼠墩等台形遗址进行保护管理，对明清时期的古建筑群进行修缮，并整理和记录民间的传统活动，列入非物质文化遗产名单。

　　湖熟镇地处秦淮河上游，除西北部为丘陵岗地外，其余都为平原圩田。秦淮河东源句容河穿镇而过，另有同进河、梁台河等秦淮支流，沟渠纵横，水域广阔，土地肥沃，是江南地区的鱼米之乡。良田和水地过万亩，盛产青虾、螃蟹、大米。湖熟大米米色晶莹、颗粒饱满，闻名遐迩。湖熟板鸭已经有600多年的历史，明清时期成为皇室贡品。板鸭食之酥、香、鲜、嫩，是南京人民钟爱的美食之一，成为南京市传统饮食文化的标签之一。现在，湖熟镇全年鸭饲养量为160多万只，加工销售300多万只。随着湖熟板鸭名气更甚，众多鸭系列产品也相继开发出来。湖熟镇建立起种禽、炕孵、饲料、包装、羽绒服装、羽毛球等企业，形成了养殖、加工、销售一条龙生产体系，产品远销国内外。

　　湖熟镇人材辈出，中国报业大王史量才、国医泰斗张栋梁、著名画家董伯、作家聂震宁都是湖熟人。

湖熟地处江宁、句容、溧阳三地交会要冲,交通优越性凸显,是江宁东南部的经济中心,农业、商业、手工业都很发达,是临近的周岗、白米、东阳等大圩区的农副产品集散地,尤其是粮食交易兴旺。近年来,湖熟镇抓住这一区位优势,开发建设青龙山省级森林公园。公园占地面积6平方公里,种植各类名贵树木3万多棵,其它各类树木30多万株。青龙山省级森林公园的开发为湖熟带来生态效应的机遇,配合古镇的文化优势,积极打造假日旅游经济。

（四）秣陵镇

秣陵镇在江苏省江宁县南。《三国志·吴书·张纯传》:"纯谓权曰:秣陵,楚武王所置,名为金陵。地势冈阜连石头,访问故老,云昔秦始皇东巡会稽经此县,望气者云:金陵地形有王者都邑之气。故掘断连冈,改名秣陵。"镇名源此。秣陵镇东部和中部为秦淮河平原,有万亩的圩田。西部为黄土岗地和丘陵,突起的山岭有静龙山、凤凰山。境内河流主要有云台河、秣陵新河等。秣陵镇是典型的江南古镇,20世纪80年代曾被评为全国闻名集镇之一。

秣陵地区历史悠久,早在湖熟文化时期就是江宁先民的一个聚居地。秦汉时期,秣陵是江南地区的政治、经济、和文化中心,其农业、手工业和商业都比较发达。秦始皇统一六国后曾置秣陵县,玄武湖当时就称作秣陵湖。汉武帝时将秣陵封为侯国,虽仅一县之域,却是江宁地区发展的一个重地。直至三国初年,东吴孙权才将秣陵县治所移至石头城,取名建业(今南京),因此素有"先有秣陵后有金陵"之称。南朝、隋、唐列代,秣陵一直是"宁邑东南要隘",是城南的重要门户和工商业基地。宋景德三年,秣陵建镇,元设巡司,明朝置关,清时被列为江宁三大重镇之一。民国至今均为镇。

秣陵镇境内有新石器时代的神墩古文化遗址,现为南京市文物保护单位。集镇有两座古戏台,称为桥北大戏台和桥南大戏台。旧时每年农历四月初二的东岳庙会,南北大戏台均要唱戏六天,《儒林外史》的作者吴敬梓曾以诗盛赞秣陵"一带江城新雨后,杏花深处秣陵关"。

秣陵地处秦淮河、溧水河、与云台河三大水系交汇中心,位于南京市和禄口国际机场之间,拥有高效、便捷的立体交通网。境内大部分属秦淮河圩区,沟渠纵横交错,素为鱼米之乡。西部是小块丘陵岗地,蕴藏着铁矿、砂石、红土、杉木、毛竹等丰富的物产资源。环境优美，凤凰山，将军山，秦淮河，九龙湖等山山水水相映成趣。八卦泉、跃马洞、定林寺、洗药池等名胜古迹风景怡人。

（五）东山镇

东山镇位于江宁区中部偏北，秦淮河东岸，南京中华门东南9公里处。东山镇是中共江宁县委、江宁县人民政府所在地，是全县政治、经济、文化中心，也是南京重要卫星城镇。

东山镇古名土山镇，因镇北面有土山而得名。东晋太傅谢安入仕，在距都城不远的土山营造别墅，"以拟会稽东山"，土山之名也就因此改为东山。此即《寰宇记》引《丹阳记》所说："晋太傅谢安旧隐会稽东山，筑此拟之……亦名小东山。"又说这里："有林木台观娱游之所，……旧有蔷薇，春来作花灿如云锦，故游迹胜矣！"。明代诗人黄姬水有首《土山》诗，中云："昔卧会稽客，因留东山名。宛然林泉趣，犹是谢公情，"说的也正是这段缘由①。东山还是著名战役淝水之战的决策地，谢安就是在东山别墅中运筹帷幄、大败前秦。东山风景秀丽，远可见秦淮清波，外港帆影，竹山凝翠，天印（方山）横云；近则是遍山松海，夹磴繁花，亭阁高下，石径曲盘，也难怪谢安时常"挟妓游山，流连终日"了。历代许多诗人到此游览，皆留下诗篇佳句，唐代大诗人李白留有咏东山的名句。古金陵四十八景就有"东山秋月"一景。民国二十三年（1934年），江宁县治由南京迁至土山，才正式改名东山镇。

解放前的东山，仅仅是300来人的小村镇，解放后，随着经济建设为中心的各项事业的发展，市镇建设也以较快的速度发展，建设至今，东山镇已经成为工厂林立、市场繁荣、公共设施较为完备的现代化城镇。

20世纪80年代，江宁县人民政府在东山上建造林园，亭台楼阁、水榭长廊、假山曲桥错落有序；绿荫掩映，花草芬芳，已成为人们游览休息的好场所。镇南竹山建成烈士陵园，内有抗日战争时期在本县牺牲的邓仲铭烈士纪念亭，供人凭吊。"竹山晨曦"、"外港垂钓"、"秦淮夕照"与"东山秋月"并列为东山四景，身临其境，当会领会大自然赋予的美的享受。

---

① 贺云翱：《汤山风情》，南京出版社，1998年。

2000 年，江宁撤县设区，东山也由镇变成为街道，所在地为区政府治所，人口达 50 万之多，一座现代化的新城，矗立于南京的南大门，为江宁的经济建设作出了巨大贡献。

（六）横溪镇

横溪镇位于江宁区西南部，距南京市区 32 公里，总人口 3.1 万。辖 8 个村民委员会和 1 个社区居民委员会。全镇耕地 4 万亩，林地 2.31 万亩（不包括国有山林），水域 1.79 万亩，自然资源十分丰富。

横溪历史悠久。远在春秋战国时期，南部横山就是吴楚争霸的战场，据史志记载，公元前 570 年，楚国派公子婴齐攻打吴国，占领今安徽芜湖附近，并进军横山，横山是南京地区在史书上最早出现的地名。老街上的"横水桥"曾出现在施耐庵着《水浒传》中，横溪镇由此得名，古称横水桥镇。

横溪是革命老区。抗日战争时期，粟裕、傅秋涛、江渭江、彭冲、钟期光等老一辈革命家先后在这一带浴血战斗过，现姜家祠堂、上庄等地均有遗存，原横山县抗日民主政府旧址、云台山抗日烈士墓、新四军先遣支队指挥部旧址、横山桥均为南京市文物保护单位。

横溪的山美、水美。境内有横山、云台山两大山脉。蟠龙湖更是南京近郊最大的淡水湖泊，湖区面积 3800 亩，蓄水量超过 1000 万平方米，三面环山、山峦重叠、青松翠绿、青山倒映、绿水拥翠、清风徐来，气柔涧静，湖中肥鱼，肉美、味美、舀一勺清甜湖水煮来，齿唇留鲜，意犹未尽。境内有山有水，有丘有岗，平原与丘陵相间，光、热水资源丰富，分配协调，物产极丰。即适宜水稻、西瓜、花卉等喜温植物生长需要，并能使多种畜禽、鱼类繁衍生息和林、木、果种植。

江宁区横溪镇也是闻名遐迩的西瓜之乡，特别是"大自然"牌甜西瓜已形成区域特色，横溪西瓜甜、脆、皮薄、多汁、口感好、营养丰富，已被中国绿色食品发展中心认定为绿色食品，被江苏省无公害农产品认定委员会认定为"江苏省首批无公害农产品"，被省认定为绿色食品生产基地。

撤镇设街道后，横溪将丹阳、陶吴二古镇纳入版图，现在土地总面积 215 平方公里，人口 8 万，整合后的横溪，更是有强大的竞争力。

表八 江宁古今文献记载的集镇名称

年代	史料来源	镇名	备注
宋代以前	《史记》、《南史》、《新唐书》	秣陵	秦始皇二十六年（前221）起，至东汉建安十六年（221）为秣陵县治
		小丹阳	秦始皇二十六年起，至唐贞观元年（627），为丹阳县治
		湖熟	汉武帝元朔元年（前128）为胡孰侯都，元封二年（前199）至隋大业二年（606）为湖熟县治
		江宁	西晋太康二年（281）至隋大业二年为江宁县治
宋元时期	宋景定建康志、元至正《金陵新志》	淳化镇	北宋淳化五年（994）置，隶属上元县
		金陵镇	本陶吴镇，宋景德二年（1004）置，改为镇，隶属江宁县
		土桥镇	宋置，与句容两界，隶属上元县
		秣陵镇	宋景德二年置镇，元有税务、巡检。隶属江宁县
		江宁镇	宋景德置镇，元有巡检
		汤泉市	在上元县神泉汤山延祥院之前
		索墅市	市有索墅坊，在上元县清化乡，去城50里。泉都市在上元县泉水乡，亦名龙都，去城50五里
		东流市	市有桥曰东流，以水流自东，因名之。在上元县宣义乡，去城40里
		湖熟市	在上元县丹阳乡，去城60里。丹阳，古以其地在赤山之阳，因乡名
		麒麟市	在上元县开城乡，去城30里，"开城"，元改为开宁
		石井市	在上元县长宁乡，去城25里
		五城市	在上元县崇礼乡，去城25里
		铜井市	在城西南80里
		朱门市	在朱门南
		水桥市	在江宁县归善乡
		路口市	在城南70里
		杜桥市	在江宁县万善乡，去城40里

续表

年代	史料来源	镇名	备注
明代	明万历《上元县志》、《江宁县志》	淳化镇	在县东45里，淳化五年立
		金陵镇	旧志一名金陵市，本陶吴铺，宋景德二年改为镇，元设税务，今革
		秣陵镇	旧志一名秣陵市，宋景德二年置镇，今有巡检司
		湖熟镇	在丹阳乡
		索墅镇	在清化乡，去县50里
		土桥镇	在县东60里，与句容两界
		江宁镇	在县西南60里，旧志一名江宁市，有巡检，今为水马驿
		泉都市	在泉水乡，亦名龙都，去县55里
		汤泉市	在神泉乡之汤山，去县60里
		东流市	在桥曰东流，以水流自东，故名之。在宣义乡，去城40里
		石井市	在高桥门外，去县25里
		麒麟市	在开宁乡，去县30里
		五城市	在崇礼乡，去县25里
		铜井市	在县西南80里，隶铜山乡
		朱门市	在县西南80里，隶朱门南
		水桥市	在县西南60里，隶归善乡
		杜桥市	在县南70里。《戚氏志》作路桥市
清	《上江志》	淳化镇	《建康志》淳化五年立，有巡检司
		土桥镇	《建康志》城南60里，与句容两界
		湖熟镇	
		陶吴镇	旧名金陵镇。《建康志》本陶吴铺，景德二年改为镇
		秣陵镇	县东南50里，有故治，秦旧县也，今设巡检司宁邑东南之钜镇，必为秣陵
		龙都镇	旧名泉都市，去城55里，见《建康志》
		江宁镇	旧志一名江宁市，有巡检，今为水马驿
	清《上元江宁乡土志》	索墅镇	
		汤水镇	在神泉乡
		上坊镇	
		殷巷镇	明万历《江宁县志》称殷巷铺

年代	史料来源	镇名	备注
清	清《上元江宁乡土志》	土山镇	在崇礼乡
		铜井镇	在处真乡
		六塘桥镇	六塘桥或陆郎,以陆绩得名。旧有陆郎古迹小碣。在万善乡
		殷巷镇	在随东乡
		谢村镇	在道德乡
		牧龙镇	在处真乡
		朱门镇	在朱门乡
		元山镇	在泰南乡
		横溪桥镇	在山北乡
		解溪镇	在崇礼乡
		曹村镇	在道德乡
		秦村镇	在道德乡
		禄口镇	在马仙乡
		白果市	在归善乡
		小丹阳市	在山南善乡
		西阳市	
		东流市	在宣义乡
		湖熟镇	在江苏省江宁县东南
		淳化镇	在江苏省江宁县东南。其地遮蔽句容,应接京口,形势冲要,明清皆设巡司于此
		陶吴镇	在江苏省江宁县东南,东北近秣陵关
		秣陵关	在江苏省江宁县南50里,道通溧水县,为县南要隘。元置巡司及税务。明置关,今有镇
		江宁镇	在江苏省江宁县西南60里,即江宁故城。《九域志》:"县有江宁镇,即故县也。"宋景德中置,当长江南岸,为往来要冲,元时设税务于此,清置巡司
		土桥镇	在江苏省句容县西20里,接江宁县界

续表

年代	史料来源	镇名	备注
民国时期	1931 年《中国古今地名大辞典》	汤水镇	在江苏省江宁县东，接句容县界，南汤山在其附近
		麒麟镇	在江苏江宁县东，为洪武时所建之外郭门，东南依青龙山，道通句容县
		索墅镇	在江苏省江宁县东南，道通句容县
		解溪镇	在江苏省江宁县东南
		陆郎桥镇	在江苏省江宁县西南，接安徽当涂县界
		定林镇	在江苏省江宁县东，西距孝陵卫 15 里
		铜井镇	在江苏省江宁县西南，北濒大江，南接安徽当涂界，为往来冲途
		东善桥镇	在江苏省江宁县南，南接秣陵关，道通溧水县
		东流镇	在江苏省江宁县东
		禄口镇	在江苏省江宁县南，东接溧水县界，为二县交通冲途
		上坊镇	在江苏省江宁县东南，为句容溧水二县入首都之孔道。亦作上方镇
		桥头镇	在江苏江宁县东南，道通溧水县
		朱门镇	在江苏江宁县西南，接安徽当涂县界
		元山镇	在江苏省江宁县南 40 里吉山下
		牧龙亭镇	在江苏省江宁县西南，路通安徽当涂县
		龙都镇	在江苏省江宁县南。当江宁、句容、溧水三县交界之冲
	1933 年《江宁县政概况》	岔路镇 谷里镇 土山镇	横溪镇　高桥镇　秦淮镇 铜山镇　殷巷镇　曹村镇 丹桂镇

三　梵钟刹影　佛教圣境

　　江宁的佛教文化是一支非常重要的文化，在江宁、佛教的历史上都留下了浓墨重彩的一笔。江宁山丘林立，与南京城的距离不远不近，这就使得山上的寺庙既清幽，又香火旺盛。一千多年来，这里繁荣的佛学足以让我们将其作为江宁的特色文化专门呈现给大家。

（一）牛首山弘觉寺

弘觉寺位于南京南郊牛首山上。弘觉寺塔东 100 余米处，保存有刻于明代的摩崖石刻，石刻上共有大小佛像 129 个。此外，牛首山上下，还遍布辟支洞、安初洞、感应泉、锡杖泉、太虚泉、昭明太子饮马池、白云梯等名胜。如今的牛首山森林公园，将牛首山，祖堂山，东、西天幕岭，隐龙山等诸多大小山全部囊括其中，总面积达 1.4 万亩。南唐二陵、郑和墓、岳飞抗金故垒、观音洞、观音阁、弘觉寺等古迹散落在山中各处。

牛首山自六朝起就已成为佛教中心，弘觉寺始建于南朝梁天监二年（公元503 年），初名"佛窟寺"，明英宗正统年间（公元 1436～1449 年）改称"弘觉寺"。唐贞观年间（公元 627～649 年），法融禅师在此传教，建立了佛教"牛头宗"一派，相传他在山中岩上入定时，有百鸟献花，因而便有"献花岩"一景。

清代为避乾隆帝弘历名讳，改称"宏觉寺"。几次毁于战火，今仅留弘觉寺塔一座。弘觉寺塔位于牛首山东峰南坡，始建于唐代宗大历九年（公元 774 年），相传是唐代宗李豫为感梦而修，后毁，现塔身为明代正德年间（公元 1506～1521 年）所重建。塔七级八面，用砖砌成。每面有壶门一座，小窗两扇，雕木飞檐，造型典雅，风格古朴。1956 年曾在塔底层盖石下发现鎏金喇嘛佛塔、金卧佛及青花瓷罐等物。如今，塔内木结构皆毁于雷击之火，但砖结构仍完好，是南京地区尚存的最为雄伟、古老的砖制仿木结构楼阁式古塔，登临塔上，南郊风光一览无余。1956 年 7 月 14 日，游人在弘觉寺塔底层发现地宫，地宫上圆下方，藏有文物，经南京博物院派人发掘，清理出鎏金喇嘛塔一座，塔高 0.35 米，须弥座高 0.16 米，塔底刻有"金陵牛首山弘觉禅寺永充供养"和"佛弟子御用监太监李福善奉施"题记。塔身有四个门，佛龛有释迦、韦陀佛像。塔刹上置相轮十三天、宝盖和葫芦宝顶。同时出土的还有佛像、玉瓶等文物。后来又发现了70 余条明清两代游人题记。这些题记保存完好，它们都是用刀或瓷片在门券洞壁的石灰粉刷层上刻画的，分布在 3～7 层，年代从明武宗正德五年（公元 1510年）到清高宗乾隆三十二年（公元 1767 年），最多为明嘉靖、万历与清康熙年间。说明这段时间寺庙香火最盛，游人最多。还说明，弘觉寺重修或重建是在明武宗正德五年（公元 1510 年）前，最后遭破坏是在清乾隆年间（公元 1736～1795 年）。

每年的农历正月十三日是牛头宗的开山祖师法融禅师的纪念日。在唐太宗贞观十年（公元636年）他到南京牛头山幽栖寺北岩下构筑一所茅茨禅室，日夕参究。这时牛头山的佛窟寺藏有佛经、道书、佛经史、俗经史和医方图符等七藏。法融得到佛窟寺管理藏经的法师的允许，在那里阅读了八年，摘抄各书的精要，然后回到幽栖寺，闭门从事研究。法融因在佛窟寺精读"七藏经书"，是一位精研"般若"而又博涉"道书"的通家；他成为了成功地把道家思想和佛教禅宗思想融合的第一人，同时还成为了禅宗内最早形成的宗

图一二一　法融像

派——牛头宗的开山祖师（图一二一）。法融后传了六代：初祖法融，后传智岩，智岩传慧方，慧方传法持，法持传智威，智威传慧忠，至慧忠为止，合称"牛头六祖"。

牛头宗自法融在唐贞观年间（公元627～649年）创宗开始，到唐大历（公元766～779年）中不见记载为止，在中国佛教史上存在130余年，前期只在牛头山附近地区传播，后期向皖南、浙江等地发展，并由天台传入日本。为恢复牛首、祖堂两山的佛教传统，近年在南京市区有关部门的支持下，积极重建弘觉寺。因感此寺原址多已破坏，新寺址就选在祖堂山原幽栖寺遗址旁，寺名仍为弘觉。现已初具规模，并已开光，成为金陵南郊的一大寺庙。

1993年，南京市政府出资350万元对弘觉寺塔进行了维修，江宁区政府对古塔进行管理和保护，使它重现昔日风采。距弘觉寺塔约百米处有明代的摩崖石刻，内容包括佛像和题刻。佛像共计129尊，分别雕在5座佛龛内。正中佛龛内仅雕一尊释迦牟尼佛。室外左右两壁上刻有牛首山敕赐及弘觉寺所属寺界范围的文字。距该龛东西两侧约3米处各有一龛，东龛上下九层共75尊佛像，最下层为环立武僧，上面皆有盘膝打坐的僧人形象；西龛下部

图一二二　维修后的弘觉寺塔

小龛内雕弥勒佛一尊，旁刻"大明成化元年岁次乙酉五月五日，真定成造弥勒像一尊，永远供养"的题记，佛龛两侧尚刻有 4 处梵文，还另刻有《题感应泉诗》一首等，为景泰元年（公元 1450 年）所刻（图一二二）。2002 年，牛首山摩崖石刻被列为江苏省文物保护单位。

一千多年来，牛首山的弘觉寺和祖堂山的幽栖寺作为牛头禅宗的开教处与发祥地，一直是国内外佛教徒心目中的圣地。

（二）方山定林寺塔

方山定林寺塔位于江宁区科学园（原方山乡）境内的方山西北山麓，距光华门约 10 公里。

定林寺塔因寺得名，定林寺作为金陵名刹"四十八景"之一的南京定林寺，在佛教界有"南定林、北少林"之美誉。定林寺于南朝刘宋元嘉十六年（公元 439 年）由一名克什米尔高僧竺法秀始建，位置在钟山上，称上定林寺，之后上定林寺毁于战火。到了南宋乾道九年（公元 1173 年），高僧善鉴和尚"请其额"，在今天的江宁区方山之西北麓重建上定林寺，同时建定林寺塔。现在寺毁塔存，距今已有 800 余年的历史了。

宋《景定建康志》"祠祀志"记载："定林寺有二：'上定林寺'旧在蒋山

图一二三　今定林寺大雄宝殿

（钟山）应潮井后，宋元嘉十六年，禅僧竺法秀造，在下定林寺之西；乾道间，僧善鉴请其额于方山重建；'下定林寺（即钟山定林寺，废于萧齐，公元 497～502 年）'在蒋山宝公塔西北，宋元嘉元年置，后废。"据清同治《上江两县志》称："宋乾道间，善鉴和尚因钟山定林寺废，便募资建寺于此，沿袭寺名。"《上元县志》记载："定林寺一在钟山，一在方山。其在方山者，宋乾道中僧善鉴造，因钟山定林寺废，遂请其额徙此。"据《金陵梵刹志》记载："宋乾道末年，高僧善鉴创。上定林寺在钟山，寺废，因请额于此，遂名定林。元至正间重修，国朝弘治五年重建。"重建后的定林寺有金刚殿、天王殿、左钟楼、右禅堂、正佛殿、砖塔等，占地 5 亩，山田河塘 81 亩（图一二三）。

图一二四　方山定林寺塔

定林寺塔塔高约 14.50 米，为七级八面仿木结构楼阁式砖塔。底层较高，边长 1.46 米，直径 3.45 米。底层和二层内部为方形，三层以上则为圆筒形。在第五层设木架以承刹杆。底层仅南面开门，中央有石雕须弥座，东、西、北三面有佛龛，佛龛有窗，其余四面开有假窗。此塔专供佛像，不能上人。塔身各面均用砖砌成仿木结构的柱枋、斗拱，二层以上每层围有叠涩砖出挑的短檐、平座。檐角就地采用火山石（玄武岩）做角梁。

上定林寺塔，据碑记载：为南宋始建，元、明二代均曾大修过，并换了不少建筑构件。清代也曾经维修，20 世纪 50 年代至"文革"前部分寺庙建筑尚存。塔因年久失修，腰檐、塔顶及塔刹已毁，塔身向北倾斜 7 度 30 分，偏心距 1.67 米，2003 年，省、市、两级政府出资 100 余万元，委托南京市文物局和江宁区文化局对塔体进行纠偏，现在倾斜度为 5 度 30 分，仍为斜塔之前列（图一二四）。方山定林寺塔 1982 年被列为江苏省文物保护单位。

表九　江宁历代古刹名录

序号	名称	时代	地点	备注
1	幽栖寺	刘宋大明三年（57）	谷里街道祖堂山	《建康志》云：唐贞观初，法融禅师得道于此山，为南宋第一祖师，曾更名祖堂寺，光启中废，五代南唐复建，称延寿院，宋夏称原名，今为南京市文物保护单位
2	云居寺	南朝	淳化街道青龙山林场	南朝古刹，本在钟山，明代移旧额于此并重建，今为南京市文区保护单位
3	净居寺	南朝	江宁镇	
4	本业寺	建于梁天监九年（51）	在蒋里山（今其林门）	据《建康实录》云：本释静玉舍宅，保大间重修，明废
5	光宅寺	南朝	上坊	
6	慧眼寺	南朝	上坊或秣陵街道	
7	幽岩寺	梁太清元年（547）建	在秣陵县南40里（今东善桥青山）	据《建康实录》云：梁太清元年永康公主造。《陈志》引大毗传师云，承圣二年，法师入秣陵青山始创名幽岩，不云永康造也
8	永泰寺	梁天监间	吉山	据《上江志》云，南唐净果弹师，改名净果院，后复旧名，明代称永泰讲诗
9	祈泽寺	建于刘宋景平元年（423）	高桥门外祈泽山麓，今上坊乡上坊水泥厂	刘宋建寺，宋治平改祈泽治平寺，清复称原名。今存遗址
10	弘觉寺	唐代	谷里街道牛首山，现存塔	江苏省文物保护单位
11	圣汤延祥寺	唐代	汤山，1970年代末拆毁	
12	广严寺（仪成寺）	建于唐天复三年	周岗社区长干行政村广严寺自然村	原名仪成寺，宋治平三年更名广严寺
13	上官寺	南唐	上公山，2002年重建	

序号	名称	时代	地点	备注
14	上定林寺	宋乾道间建	秣陵街道方山	僧善监造，因钟山定林既废，建寺于此，名日定林寺。为江苏省文物保护单位
15	移忠寺	南宋	江宁街道新和村宁芜铁路以东，1959年拆毁，现存少量遗迹	
16	广惠寺	元代建	在上坊门外	
17	三山寺	明洪武十三年建	光泽乡三山，已毁	据《上江志》载：洪武十三年敕建，冈峦数重，中隐古寺，疏钟度云，怒涛春石，境极幽冥
18	静明寺	明正德间建	在安德乡（今岔路乡境）	
19	花岩寺	明成化间建	在皈善乡献花岩（今东善桥乡境）	据《上江志》称：自唐迄元为僧舍，明成化开始建寺，曰花岩寺
20	普济寺	宋政和间建	在黄龙山	
21	清真寺		湖熟镇	
22	天宁寺	宋治平二年建	在高桥门外（祈泽山北5里）	据《上江志》云：宋治平年间建，明正统中重修，山林幽回，人迹罕至，正德中邑人顾玉璘游此有记，今废
23	崇真观（洞玄观）	建于东吴赤乌二年	方山乡方山南	据《上江志》称：吴大帝为仙葛玄也，有洗药池、炼丹井，并玄旧迹，民国废
24	东霞寺	建于宋代	在上方门外崇礼乡（今方山）	《上江志》称：方山，旁有东霞寺，石林清翠，杳然深沉，是山之佳处
25	白马庙	南朝	殷巷乡	
26	吉山寺	梁天监间建，明代废	在泰北乡（今东善乡）	
27	高台寺	刘宋景平元年（423）立	丹阳镇高台村	
28	福兴寺	梁大同二年建	在秣陵西南百里塘埔东银湖上（今铜井乡境）	唐上元二年，天竺僧秋旧额于天竺山下

序号	名称	时代	地点	备注
29	法清寺	梁天监中立	湖熟镇梁台	宋称昭文精舍，元谓昭文书院，明、清称法清院
30	龙泉寺	元至正初建	汤山镇龙泉村	
31	石佛庵	唐	汤山镇桦墅村	
32	禅居寺		陆郎镇陆郎村	
33	彭城寺	东晋升平五年（357），废于齐	秣陵县东南，今淳化镇大连山	为王纯之所建
34	永丰寺	刘宋元嘉四年（427）	周岗乡尚义山	刘宋谢方明造，元末废弃
35	解脱寺	梁	麒麟镇建新村	
36	杜桂寺	梁天监间造	在杜桂村（今湖熟境）	宋代移至赤山西，更名为香林寺
37	资圣寺	梁武帝置	江宁镇白都山前	元代称白都院
38	净相院	建于唐天祐中	在铜山乡（今陆郎乡境）	五代改称泗洲塔院，宋复改净相院，后又改为后黎寺
39	西林寺	建于宋绍定间	在山北乡（今陆郎乡境）	据《上江志》云：朱门山，有西林寺，浙江副使顾国辅墓在焉
40	仙窟寺	梁天监二年（503）建	在牛首山	据《建康志》引六朝记云：山西峰中有石窟，不测深浅，梁武帝于下建寺，曰仙窟寺
41	佛窟寺	梁天监间	在牛首山	徐度造，据《上江志》云：本名佛窟寺，唐曰长乐寺，亦曰资善院，又曰福昌院。南唐后主改称今额。末太平兴国改崇教寺，明初仍名佛窟，正统仍名宏觉寺
42	虎窟寺	梁天监间造，梁末废	在牛首山	
43	常乐寺	梁天监间造，梁末废	在牛首山	
44	灵岩寺	梁	在方山	据《上江志》云：梁诸葛颖有奉和方山灵岩寺应教诗
45	资福院	梁天监间	在土山	宋代更名为净名院，明清称翼善寺

序号	名称	时代	地点	备注
46	圣汤寺	梁	在神泉乡（今汤山）	《寰宇记》中载有圣汤寺
47	永明寺	建于梁普通元年（520），唐废	在秣凌县东南50里	
48	猛信尼寺	梁普通三年（582）建，唐上元二年重建	在秣陵东南50里铺山西北	
49	圆居尼寺	梁大通元年（527）建，梁末废	在秣陵县45里	
50	法苑寺	梁大通五年（531）建，梁末废	在秣陵县南50里	
51	广化寺	梁大通五年（531）建，梁末废	在秣陵县南50里	
52	化成寺	梁大同二年（536）建，梁末废	在秣陵县西南60里	
53	善业尼寺	梁大同二年建，梁末废	在秣陵县西南50里	
54	寒林寺	梁大同二年建，梁末废	在秣陵东南35里	
55	金口寺	梁大同二年建	在秣陵东南85里金口里	五代称灵鹫院，宋改名隆教院
56	仪香尼寺	梁太清元年建，梁末废	在秣陵县东南50里	
57	灵隐寺	梁太清二年建	在秣陵县东南50里	
58	国胜寺	陈天嘉元年造	在横山北	元代时徙至南门外落洞
59	多福寺	唐天宝元年玉境园师首建	在神泉乡（今上峰乡境）	
60	后阳寺	宋开宝八年建	在祁门乡后阳（在陆郎乡境）	
61	清修寺	建于宋治平间	在饭善乡（今江宁乡境）	
62	光相院	宋政和间建	在高桥门外	

序号	名称	时代	地点	备注
63	江心护国寺	建于宋宝祐间	在烈山	据《上江志》云，烈山，宝祐初有僧披荆棘，建庵其上
64	建昌寺	建于宋政和间，明改建	在江宁南乡	
65	秀峰院	宋	在凤凰山西（今秣陵乡）	
66	桂阳寺	明初建	在沧波门外神泉乡	
67	栖隐寺	明洪武间建	在泰南乡（今东善乡境）	
68	真如寺	明洪武间建	在葛仙乡（今禄口乡境）	
69	衲头庵	建于明代	在聚宝门外山南乡（今丹阳乡）	
70	葛塘寺	建于明代	在聚宝门外泰南乡（今秣陵乡境）	
71	东山寺	建于清代	在崇礼乡（今东山）	据《上江志》云：梁资福院也
72	外永福寺	建于明代	在上方门外泉水乡（今其林乡境）	
73	天隆寺	建于明代	在高桥门外丹阳乡（今湖熟镇境）	
74	淳化镇积善庵	建于明代	在高桥门外清风乡	
75	登台寺	建于明代	在城外尽节乡（今铜山乡）	
76	吴读庵	建于明代	在高桥门外土桥（今上桥乡境）	
77	德胜寺	建于明代	在聚宝门外安德乡	
78	懋德庵	建于明代	在聚宝门外左墅村	
79	妙明寺	明代建	在聚宝门外葛仙乡（今禄口乡境）	
80	明性寺	明代建	在聚宝门外山南乡（今丹阳乡境）	

序号	名称	时代	地点	备注
81	玉虚观	南唐保大间建，民国废	在方山麓	
82	宝华宫	建于南唐升元二年	在凤凰门外西京村（今陶吴乡境）	据《上江志》称：南唐耿先生遗迹，也见陆游《南唐书》宋淳熙七年移今南京南门外
83	敬思庵	建于宋代，废于清	在凤凰门外西京村（今陶吴乡境）	
84	杨塘庵	建于宋代，废于清	在凤凰门外西井村（今铜井乡境）	
85	园林庵	建于元至正元年，清废	在小丹阳	
86	朝真观	明正统年间建，民国废	在淳化镇	
87	龙都东岳庙	明正统十二年建	在上坊门外	
88	灵济道院	明正德初建	在高桥门外土桥	
89	梁塘庵	明隆庆元年建	在牛首山	
90	移忠观	建于明万历间	在今铜井乡牧龙	
91	黄鹿观	明万历间建	在通济门外15里（今上坊乡境）	
92	建吕院	建于宋政和间	在南乡	明改建昌寺

注：据徐兴钊：《江宁古代名刹》修订完成，载《江宁春秋》第七、八、九辑。

四　"非遗"览胜　传承创新

　　江宁历史悠久、人文荟萃，不仅拥有辉煌灿烂的物质文化遗产，其非物质文化遗产也是丰富多彩、盛誉在外。熠熠光华的金箔、欢腾雀跃的麻雀蹦，让人垂涎的湖熟板鸭，唇齿留香的雨花茶，此外还有董永与七仙女的传说、方山裱画技艺、殷巷石锁、窑村石刻技艺等，这些各具风情、别有特色的民间文化遗产，是江宁先民智慧的结晶，更是他们热爱生活、善于创造生活的表现（图一二五）。

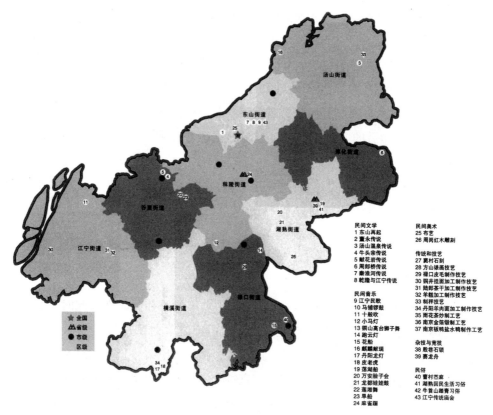

图一二五　江宁区非物质文化遗产分布图（取自《江宁区文化志》）

地图内文字：
汤山街道
东山街道
7 8 9 43
淳化街道
秣陵街道
谷里街道
江宁街道
湖熟街道
横溪街道
禄口街道

图例：
★ 全国
▲▲ 省级
● 市级
区级

民间文学
1 东山再起
2 董永传说
3 汤山温泉传说
4 牛头宗传说
5 献花岩传说
6 周郎桥传说
7 秦淮河传说
8 乾隆与江宁传说

民间音乐
9 江宁民歌
10 马铺锣鼓
11 十般吹
12 小马灯
13 铜山高台狮子舞
14 跑云灯
15 花船
16 麒麟献瑞
17 丹阳龙灯
18 皮老虎
19 落湖船
20 万安脸子会
21 龙都娃娃鼓
22 莲湘舞
23 旱船
24 麻雀蹦

民间美术
25 布艺
26 周岗红木雕刻

传统和技艺
27 窦村石刻
28 方山裱画技艺
29 禄口皮毛制作技艺
30 铜井挂面加工制作技艺
31 陆郎茶干加工制作技艺
32 羊糕干加工制作技艺
33 制秤技艺
34 丹阳羊肉面加工制作技艺
35 雨花茶炒制工艺
36 南京金箔锻制工艺
37 南京板鸭盐水鸭制作技艺

杂技与竞技
38 殷巷石锁
39 赛龙舟

民俗
40 曹村兰庵
41 湖熟回民生活习俗
42 牛首山踏青习俗
43 江宁传统庙会

（一）湖熟板鸭

各色鸭馔是南京最著名的风味饮食，其中板鸭是最早的腌制类特产之一，因熟板鸭发源地在江宁湖熟，因其肉质细嫩紧密，板结似板，故又称"湖熟板鸭"。湖熟板鸭历史悠久，已经成为南京的重要传统饮食文化标签之一。

"湖熟板鸭"始于明初，当时来自苏北的野鸭在水网密布的湖熟驯化成家鸭，通过特殊而复杂的工艺制成板鸭，行销南京城内。明清时期，湖熟板鸭是著名的官场礼品，故称"官礼板鸭"；其佳者又常被选作进献皇家的贡品，故又称"贡鸭"。明代南京流传着一首民谣："古书院，琉璃塔，玄色缎子，咸板鸭"，板鸭与云锦、大报恩寺和书院并列为南京四大名产。明清时，南京板鸭有"干、板、酥、烂、香"之美誉。

湖熟板鸭的特点是皮白、肉红、骨呈浅绿色，食之酥、香、鲜、嫩。每年春夏之际，鸭子不可圈养，要在河塘池沼放养，任其捕食鱼虾，并饲以稻谷，方得肥瘦适宜的佳品。冬春时节，鸭子宰净，脱毛后在腋下开寸把长的小口，掏去内脏，保持体形完整，然后腌于由盐和各类香料蒸制成的百年陈卤中，复卤时间根据口味从3日至月余均可，再悬于阴凉处风干。成品鸭颈直不弯，肉质板硬，全身呈椭圆形，故名板鸭。板鸭分为腊板鸭与春板鸭两种，大雪到冬至节气腌制的称"腊板鸭"，稍后的立春至清明时腌制的称"春板鸭"，贮藏时间略短。质量以前者为佳。

1910年南京举办的南洋劝业会上，清真板鸭大受青睐，在百万产品中脱颖而出，获得金奖。从此，湖熟板鸭更加声名远播，成为南京土特产的经典品种。

（二）金箔工艺

南京金箔的历史，最早可以追溯到1700多年前的孙吴时期。此时，金箔即被用于佛像、神像贴金以及建筑业。南朝宋山谦之《丹阳记》等文献中已有在南京生产金银箔及设置锦署的记载。此后，金箔的工艺技术代有总结和提高。至明代，因南京先后作为京师和留都，南京特殊的地位，更大大刺激了江宁金箔业的发展，无论制作工艺或产量都达到了一个高峰。

明初金箔的生产，虽由政府严格管理，但其加工却由匠人分散进行，其产品可以入市买卖。关于明代金箔的制作工艺，成书于崇祯七年（公元1634年）的宋应星《天工开物》卷下有非常详细的记载："凡色至于金，为人间华美贵重，故人工成箔而后施之。凡金箔每金造方寸金一千片，粘铺物面，可盖纵横三尺。凡造金箔，既成薄片后，包入乌金纸内，竭力挥椎打成。打金椎，短柄，约重八斤。凡乌金纸由苏杭造成，每纸一张，打金箔五十度然后弃去，为药铺包朱用，尚未破损，盖人巧造成异物也。凡纸内打成箔后，先用硝熟猫皮绷急为小方板，又铺线香灰撒墁皮上，取出乌金纸内箔，覆于其上，钝刀界画成方寸。口中屏息，手执轻杖，唾湿而挑起，夹于小纸之中。"明清时期，江宁金箔多以家庭为单位，其技艺父子相传，兄弟传授，故出现了许多以金箔为业的世家。旧时江宁县花园乡及南京东北郊栖霞区龙潭镇曾是著名的金箔生产基地，农户世代相传，多有"打箔"（图一二六）、"制线"等手艺。清末，金陵金箔已行销全国。

　　由于历史原因，从民国末期至1980年代以前，江宁金箔业一度江河日下，甚至面临人亡艺绝的困境。

　　改革开放后，在各级政府的重视、支持下，经过努力奋斗，江宁金箔业真正获得了新生。如今，江宁金箔年产量已占全国金箔年产量的70%左右，是国内最大的金箔生产基地，其中70%以上的产品销往世界40多个国家和地区，已成为世界最大的金箔生产中心之一（图一二七）。中国金箔的国家标准，就是根据江宁金箔的实际生产水平制定的。2006年，"南京金箔锻制技艺"被列入第一批国家级非物质文化遗产名录。

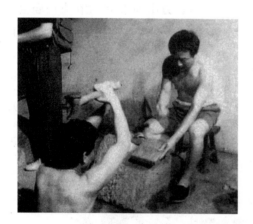

图一二六　打金箔　　　　　　　　　图一二七　金箔工艺品

（三）麻雀蹦

　　"麻雀蹦"是流传在江宁秣陵、淳化、湖熟一带的民间舞蹈，因模拟秋收后麻雀在稻场上欢蹦啄食的情态，边击鼓边舞蹈而得名。因该舞发源于秣陵方山一带，故又名"方山大鼓"，又因全舞共由五个主要部分构成，表演时轮番击打两遍，故又称"十番锣鼓"。

　　江宁方山陶家庄原本有民间流传的鼓乐"麻雀蹦"，边打锣鼓边跳舞，其乐受"十番锣鼓"的影响，如都有"七五三"的鼓点，其舞蹈动作则类似麻雀在稻场上欢蹦啄食的情景。传说陶家庄是由明末的河南逃难农民定居后繁衍而成，麻雀蹦就是为迎接不纳粮的李闯王而创。太平天国时期，据传说方山农民都要在秋收后跳"麻雀蹦"以庆丰收，一些舞蹈形式也受到太平军的影响，如"梅花阵"即酷似太平军著名阵法"螃蟹阵"。忠王李秀成在方山涧东村西北角山上的

图一二八　麻雀蹦示意图

庙中被捕后，就义于天京。据陶家庄"麻雀蹦"传人陶义海所述，同治四年春方山举行庙会，曾经参加过太平军的陶家庄人陶正昌与同情太平军的百姓一起摆鼓敲锣，以迎神的名义跳起"麻雀蹦"祭奠太平军和李秀成。此后，"麻雀蹦"的表演由秋收后改为春季进行，舞蹈服饰也改成白色，锣鼓点及舞蹈动作均经过整理，更加程式化（图一二八）。

据《南京民间舞蹈集成》载，每年3月10日至19日，以陶家庄为首，方山周边48社在方山庙会上轮番打鼓献舞。麻雀蹦表演时一般用10面打鼓、10面大锣，辅之以伞、旗、幡。表演者边鼓边舞，欢蹦雀跃，反映了农民渴望社会安宁、丰衣足食的美好愿望。整个舞蹈以"七五三"为贯穿全舞的基本动作和鼓点，共由展翅、啄稻、亮翅、抱窝等部分。鼓点明快朴实，动作舒展大方（图一二九）。

图一二九　方山大鼓表演

1980年，江苏省歌舞团将其加工改编，以"方山大鼓"名称参加全国歌舞调演，故"麻雀蹦"现在又名"方山打鼓"。麻雀蹦近年来日渐兴盛，据陶义海说，现在陶家庄60%以上的人都会跳，每年演出四五十场。2007年，麻雀蹦被列入首批江苏省非物质文化遗产名录。

（四）方山裱画

裱画是我国具有民族传统的一门特殊艺术，其目的是为书画配上衬纸、卷轴，以便张贴、欣赏、把玩、收藏。

在明清两朝，南京的裱画就十分闻名。太平天国时期，南京江宁方山周围大大小小分布了陶家庄、乐村、解溪等数个裱画村。由于村子位于方山脚下，"方山裱画"由此而得名（图一三〇）。尤其是陶家庄，村里几乎人人会做装裱，家家有裱画的小作坊，来此裱画的文人墨客络绎不绝，陶家庄也成了远近闻名的裱画村。当时方山裱画行生意十分红火，做装裱生意的能工巧匠多集中在城内三山街一带，兴盛时多达几十家字号。

图一三〇 方山裱画

方山裱画分"红货"、"白货"两种。喜庆匾额、中堂楹联称之为"红货"，又叫"红帮"，一般用红腊光纸裱成；名人字画、书题警句，精装细裱，裱工考究，称之为"白货"。从事方山裱画的艺人往往红、白两货都做。红货产品除当地广为销售外，还远销江西、安徽、苏北等地。

　　方山裱画技艺流传至今，已有一百多年历史。它传承和发扬了南裱的技艺特点，独具特色。不仅体现了方山裱画独特的技艺特点和艺术魅力，也蕴含了丰富的文化、历史内涵。目前，方山的裱画业虽然仍有一定的规模和传人，但由于裱画技艺细致，技术要求高，难度较大，周期长，经济效益不高，因此，很多年轻人都不愿再从事这一行而另谋出路，使这种传统的技艺受到很大冲击。因此必须采取相应措施，加强保护，使其得以传承并发扬光大。

（五）秦淮渔音

　　"秦淮渔音"也有称之为"秦淮余韵"或"采茶灯"，是流传龙都、湖熟一带的民间艺术，曲调诸多，但流传至今的只有十四五首。相传很久以前，一位愤于朝廷昏聩的朝官弃官后隐居秦淮河畔。喜爱上水的他时常一竿烟月垂钓于河边柳下，常灵犀所至，出口吟诗，并朗声吟咏。当地人被他抑扬动听的咏叹音调所吸引，便拜学求记，自己编上歌词吟唱，演唱自己的生活、劳动和爱情。几经相传，赋以灵性血肉，渐与舞蹈相契，形成了一种载歌载舞、具有地方特色的民间艺术。

　　"秦淮渔音"音调明快婉转，歌词既质朴、敦厚、开朗清新、又不乏缠绵悱恻，常上演的曲目有：采桑、数灯、数桥、花神、梳妆、大采茶、小采茶、四季歌、卖杂货、四季大麦黄、十二月花神、一条手巾红线挑灯曲目。表演队伍身着彩衣，手执彩扇，少则四人，多则一二十人不等，男女各半。舞蹈高潮时，彩灯、羽扇组成的"天下太平"四字久久定格，展示了人民渴求幸福太平的美好心愿。由于"秦淮渔音"的演唱一直沿守"三不唱"规矩，即"天下不太平不唱，年景不好不唱，人不和睦不唱"。所以，尽管曲调诸多，但流传至今的甚少。

（六）铜山高台狮子舞

　　铜山高台狮子舞主要流传在江宁区禄口街道铜山社区及周边地区。由于许多舞蹈动作是在由六张桌子叠起的、三层桌子高的台子上完成的，因此被称为高台狮子舞。

　　铜山高台狮子舞历史悠久。根据曹村曹家家谱记载，南宋年间铜山一带即有舞狮的习俗。太平天国战争结束后很久，江宁县铜山乡人烟稀少，经济凋敝。据

《南京民间舞蹈集成》载，光绪年间，铜山乡间常有疾疫，当地百姓请出过去在庙会上舞狮用的"狮大王"，走村串户，"烧香祈祷，以保人口平安，六畜兴旺"。狮大王每到一户，就根据户主情况，唱些"狮子大王进了门，家里人口都太平"、"狮子在家转一转，家有良田外有店"等吉利词。铜山的曹村、沈庄一带原本就盛行舞狮，沈狮就是当地著名的世代舞狮的家族，不传外姓。后来由于战乱不停，人民生活更加贫困，狮子舞日益受冷落，濒于失传。建国后，铜山曹村、彭福村、沈庄等地群众自发组成了舞狮队。20世纪60年代，沈庆喜、沈庆年、王化根等舞狮艺人经过不断挖掘、改进，将高台由一张桌子增加到六张桌子，由下往上按三张、两张、一张顺序叠成三层，创新出"海底捞月"等精彩、惊险、与众不同的动作和场面，形成了今天的独具特色的铜山高台狮子舞。每逢年节，舞狮队便走村串户表演，烘托了强烈的节日气氛，成为当地群众最喜爱的民间传统舞蹈（图一三一）。

图一三一　铜山高台狮子舞

铜山高台狮子舞动作细腻、惊险，难度大；狮子造型逼真，活泼有趣，憨态可掬。整套狮舞分为地滚、高台两部分。动作以"武"为主，"文""武"兼有。"文"的有：搔痒、理毛、张望、打招；"武"的有跳越、跌打、翻滚、登高等。表演时腾、闪、跃、扑、滚，特别是能在叠起的三层桌子高的台子上，一气呵成，把兽王威猛矫健、咆哮嘶鸣的雄姿与喜怒哀乐、逗乐打趣的情态，活灵活现地表现出来（图一三二）。

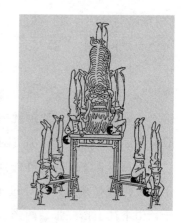

图一三二　狮子舞示意图

作为江苏优秀的民间传统表演艺术，铜山高台狮子舞已被载入《中国民族民间舞蹈集成·江苏卷》，该舞蹈曾多次参加省市的赛事、活动。1993年获得"南京金陵文化庙会"优秀表演奖，2002年获得"金陵舞韵"南京市广场民间特色表演团队汇演金奖。

（七）殷巷石锁赛力竞技

石锁是南京地区民间一种传统的习武健身器具，玩石锁是南京地区民间一种传统的健身运动。

殷巷人玩石锁，有着悠久的历史传统，男女老少都积极参与此项运动。据老艺人介绍，始于唐代，盛于清末民国初，传承至今。茶余饭后，无论是农闲还是农忙季节，村民们都有着浓厚的玩石锁的兴趣。有的是单人玩耍，有的是群体逗乐，有的则是在村头比武过招。数十公斤的石锁，在石锁艺人手中时而双锁齐发，时而单锁绕身，时而飞抛头顶，使力量与技艺得到完美的演绎。

殷巷石锁汇百家之长，一枝独秀。它既保留了大石锁以练力量的玩法，又有小石锁的花色动作。现有石锁多种，重量大小不一，从20多公斤到60多公斤的均有。套路有"霸王举鼎"、"观音托掌"、"二郎担山"、"猴儿戴帽"、"仙人背纤"、"怀中抱月"、"大开四门"等几十种，目前仅存十余种。在各级政府部门的关心下，在殷巷石锁艺人的努力下，2004年江宁区成立了江宁石锁协会，现有会员100余人。

近几年来，殷巷石锁协会在会长王道泉的带领下，对外活动越来越多，与南京、上海、苏州等地的频繁交流，不仅增加了友谊，提高了技艺，而且还吸引了更多的年轻人和外国人的加入，使得石锁这一古老的传统健身运动得以很好的传承。

（八）董永和七仙女的爱情故事

明宣德八年（公元1433年），丹阳境内开始流传董永和七仙女美丽动人的爱情故事。传说中的董永家住董塘村，家境贫寒，自幼丧母，父子相依为命，以种菜为生，董父积劳成疾，不幸病亡，董永无钱葬父，只得卖身到傅员外家为奴三年贷钱殡葬亡父。人间孝道感动天宫七仙女，遂下凡乔扮民女，在老槐树下与董永相遇，以老槐树为媒结为夫妻。七仙女为董永赎身，吃尽千辛万苦，傅员外万般刁难，天宫众仙女帮助，董永才获得自由，从此夫妻二人过着"你浇园来我织布"的幸福生活。

清朝时期，丹阳人在七仙山修了一座七仙庙，正殿中间是七仙女塑像，董永的塑像放在北边。离七仙庙不远的大傅村外，建了"孝子坊"和"贞节坊"两个牌坊。据成运东（73岁）老人回忆，小时候常听家人谈起董永和七仙女的故事，并亲眼见过老槐树桩，还见过传说中七仙女下凡坐过的石靠椅和脚印。

后人为了缅怀七仙女和董永，便在丹阳镇中心立了一座七仙女送子给董永的汉白玉雕像，上题"人间天堂"四个大字，旁边栽了一棵老槐树，作为永久性标志（图一三三）。

图一三三　董永、七仙女像

董永和七仙女的传说在江宁地区丹阳镇民间广泛流传，经久不衰。该传说所表达的尚美爱情及传统道德，对研究当地民俗民风具有历史和现实意义。近年来，江宁区横溪镇政府加大对董永和七仙女传说原始资料的搜集整理，对董永家族宗谱予以重点保护，并将其作为一种民俗文化与地方旅游文化结合，对七仙山及周围的一些公共设施冠名，以求扩大其社会影响力。

2007年，董永传说被南京市人民政府列入首批南京市非物质文化遗产名录。

表一○　江宁地区非物质文化遗产一览表

序号	项目名称	类别	保护单位	备注
1	东山再起历史故事	民间文学	东山街道文体服务中心	
2	董永传说	民间文学	江宁区文化馆	已列入市级
3	汤山温泉传说	民间文学	汤山街道文体服务中心	
4	牛头宗传说	民间文学	谷里街道文体服务中心	
5	献花岩传说	民间文学	谷里街道文体服务中心	
6	周廊桥传说	民间文学	淳化街道文体服务中心	
7	秦淮河历史故事	民间文学	江宁区文化馆	
8	乾隆与江宁的历史故事	民间文学	江宁区文化馆	
9	江宁民歌	民间音乐	江宁区文化馆	
10	马铺锣鼓	民间音乐	江宁区文化馆	已列入市级
11	十般吹	民间音乐	江宁街道文体服务中心	
12	小马灯	民间音乐	秣陵街道文体服务中心	
13	铜山高台狮子舞	民间音乐	江宁区文化馆	已列入市级
14	跑云灯	民间音乐	禄口街道文体服务中心	
15	花船	民间音乐	禄口街道文体服务中心	
16	麒麟献瑞	民间音乐	汤山街道文体服务中心	
17	丹阳龙灯	民间音乐	横溪街道文体服务中心	
18	皮老虎	民间音乐	横溪街道文体服务中心	
19	荡湖船	民间音乐	湖熟街道文体服务中心	
20	万安脸子会	民间音乐	湖熟街道文体服务中心	
21	龙都娃娃鼓	民间音乐	湖熟街道文体服务中心	
22	莲湘舞	民间音乐	谷里街道文体服务中心	
23	旱船	民间音乐	谷里街道文体服务中心	
24	麻雀蹦	民间音乐	江宁区文化馆	已列入省级
25	布艺	民间美术	东山街道文体服务中心	
26	周岗红木雕刻	民间美术	湖熟街道文体服务中心	已列入市级
27	窦村石刻技艺	传统手工艺	江宁区文化馆	已列入市级

序号	项目名称	类别	保护单位	备注
28	方山裱画技艺	传统手工技艺	江宁区文化馆	已列入市级
29	禄口皮毛制作技艺	传统手工技艺	禄口街道文体服务中心	
30	铜井挂面加工制作技艺	传统手工技艺	江宁街道文体服务中心	
31	陆郎茶干加工制作技艺	传统手工技艺	江宁街道文体服务中心	
32	羊糕加工制作技艺	传统手工技艺	江宁街道文体服务中心	
33	制秤技艺	传统手工技艺	汤山街道文体服务中心	
34	丹阳羊肉面加工制作技艺	传统手工技艺	横溪街道文体服务中心	
35	雨花茶炒制工艺	传统手工技艺	江宁区文化馆	已列入市级
36	南京金箔锻制技艺	传统手工技艺	南京金箔集团有限责任公司	已列入国家级
37	南京板鸭、盐水鸭制作工艺	传统手工技艺	江宁湖熟鸭业协会	已列入省级
38	殷巷石锁	杂技、竞技	江宁区文化馆	已列入市级
39	赛龙舟	杂技、竞技	湖熟街道文体服务中心	
40	曹村苎麻	民俗	禄口街道文体服务中心	
41	湖熟回民生活习俗	民俗	湖熟街道文体服务中心	
42	牛首山踏青习俗	民俗	江宁区文化馆	已列入市级
43	江宁传统庙会	民俗	江宁区文化馆	

参考文献

1. 《梁书·武帝纪》。

2. 江苏省政协文史委员会编：《百年风华——江苏老镇掠影》，江苏人民出版社，2008年。

3. 贺云翱：《汤山风情》，南京出版社，1998年。

4. 章忠民：《南京弘觉寺塔及其修复设计》，《古建园林技术》2000年第1期。

5. 释慧皎著，汤用彤校注：《高僧传》，中华书局，1992年。

6. 张正祥：《湖熟文化与湖熟镇》，《东南文化》1990年第5期。

7. 刘诗、庞树根：《江宁名人》，江苏人民出版社，2006年。

8. 南京市江宁区文化局：《江苏省非物质文化遗产普查南京市江宁区资料汇编》。

9. 江宁县政协文史委员会：《江宁春秋》（1－12辑），1984－1992年。

伍　从乡村到都市
——当代江宁的现代化发展之路

　　新中国建立之初，江宁这块曾是鱼米之乡的土地，已是千疮百孔，各业凋敝，旱涝交替，民不聊生。1949年农业总产值只有6300多万元，更谈不上工业建设和社会事业的发展。六十多年来，江宁人民兴修水利，发展生产，各项事业蒸蒸日上。特别是1978年改革开放以来，江宁的地方工业蓬勃兴起，开发园区欣欣向荣，千行百业日新月异，人民生活水平不断提高，全面步入小康阶段，形成新型和谐社会，江宁焕发出青春的亮丽光彩。2000年12月，江宁"撤县设区"后，正式成为南京主城的一部分，江宁迎来新的发展机遇。经过新世纪十年的高速发展，江宁的经济发展、城市化建设、社会、人文等方面均取得了显著的发展成就，为未来江宁全面实现现代化并迈向都市化进程奠定了基础（图一三四）。

图一三四　翠屏山俯瞰江宁

一 江宁县域经济的发展（1949～2000年）

（一）社队工业的初步发展（1949～1978年）

1949年4月28日，江宁县人民政府成立。此后很长一段时间内，江宁县一直属于镇江专区管辖，直到1971年，才划归南京市管辖至今。江宁地处苏南，是传统商品经济发展较快的地区，建国后产生了"社队工业"，并在"文革"时期城市工厂停产革命导致城乡物资紧缺的时期，通过发展"五小"工业，江宁的工业化取得一定进展。总体来说，改革开放前，江宁经济产业结构还是以农业为主，工业在国民比重中较低。

1. 农业发展

解放后，江宁人民农业生产上大力推行科学种田，推广良种，使用合理密植、籼改粳、中改晚、旱改水、扩大复种指数、增施化学肥料、科学防治病虫害等多种增产措施，粮食产量节节上升。1955年合作化时期，全县粮食总产达2亿公斤。1956年后，江宁地区的农业生产条件得到改善，粮食产量、社会商品零售额增长较快，文教卫生、交通邮电以及科学技术等方面也取得较大发展。但是也产生过严重的失误和深刻的教训，特别是急于求成的"大跃进"和人民公社化运动、反右派斗争的扩大化等"左"的错误以及后来的"四清"运动，使经济社会的发展遭受严重挫折。

2. 工业建设

解放前，江宁县工业基础极其微薄，历经战乱，迭遭摧残。1949年解放前夕，工业产值仅占工农业总产值的8.3%。解放后，江宁县利用本地资源办工业，自力更生，艰苦创业，从无到有。解放初，通过银行贷款、加工定货，扶持私营企业恢复生产，活跃城乡经济，同时，有区别、有步骤地进行了生产资料私有制社会主义改造。1957年全县工业总产值已达906.89万元，是1952年的3.11倍，平均每年递增25.2%。主要工业产品的年产量是：铁、锰矿石12万吨，砖895万块，瓦47.8万块，石灰956吨。日用陶器2万件，铁、木、竹小型农（家）具34.1万件。在工业创建过程中，还积累了一套建设和管理地方工业的经验。1958年底兴起的大办钢铁，大办煤矿，大办化工，耗费了大量人力、财力、物力。由于"一平二调"和浮夸风的影响，正常生产秩序和经营管理秩序被打乱，加之原材料不足，职工生活困难，劳动生产率低落，经济效益极差。1961年下半年后，根据中央提出的"调整、巩固、充实、提高"的方针，对"大跃进"中新建的工矿企业，按照关停并转的原则，分别进行了整顿。调整后的工业规模和发展速度逐步趋向适度。

江宁的社队工业是在20世纪50年代后期起步的。"文化大革命"初期，城市大厂停产闹"革命"，生产任务无法完成，城市工业发展出现停滞，社会上工业产品出现紧缺的现象，江宁农村地区的各个公社和生产队抓住机遇，埋头发展社队工业，办起了一批加工企业。

这一时期，江宁的采矿工业的取得了发展。1952年，成立"青龙山石矿办事处"，组织原四区部分灾民和社会闲散人员，在青龙山桃园村一带，开采建筑石料。1956年，精简机构，公司划分为"江宁县采矿厂"、"江宁县采石厂"、"江宁县炼灰厂"。采石、炼灰解决了部分群众的生活困难，并为南京城市建设提供了大量建筑原料。1972年，南京九华山铜矿建成，是由伏牛山、安基山两个矿区组成，位于江宁县汤山镇东偏北3.5公里处的银孔山麓，地处江宁、句容两县交界处，是南京地区最大的产铜基地。

"文革"开始后，江宁地区开展"农业学大寨"、"工业学大庆"运动①。江宁县在"工业学大庆"运动中，通过筹集资金，改进和更新设备，新建扩建了一批"五小工业"（小矿山、小钢铁、小农机、小化肥、小水泥），这对经受"文化大革命"破坏的工业经济恢复和发展起到了强劲的推动作用。另外，在这次运动中，全县集体企业也得到发展，1968年1月27日，县筹建年生产能力30~60吨的缫丝厂，1970年建成投产。截止1976年末，恢复为县属集体经济性质的有：江宁金箔锦线厂、纺织厂、服装厂、鞋帽厂；新建的县属集体经济性质的有：江宁县采矿小组（后上升为全民企业）、炼灰厂、水泥制品厂等，还有由合作经济转为集体经济性质的，如湖熟塑料厂、湖熟五金工具厂等。

---

① 这是中国在20世纪60年代开展的一场全国性运动，依据的是毛泽东于1963年发布的一项指示"工业学大庆，农业学大寨，全国学人民解放军"。大寨是山西省昔阳县大寨公社的一个大队，当地支部书记带领农民从山下担土到石山上造田，在山顶上开辟蓄水池，改变了当地的生活状况。毛泽东认为这很符合"艰苦奋斗，自力更生"的原则，因此号召全国农村向大寨学习。

（二）县域经济的腾飞（1978～2000 年）

1978 年，十一届三中全会以后，江宁县抓住改革开放的时代机遇，大力发展工业基础，引进外资。特别是从 90 年代初开始，江宁通过建设工业开发园区以及各乡镇工业集中区，提升工业化水平，提升工业的产业支撑作用，并以开发区带动区域城市化进程。在南京市快速都市化发展过程中，抓住主城产业转移的机遇，积极融入南京城市发展，吸纳主城"退二进三"政策下转移的第二产业，增强自身产业支撑。随着工业的快速增长，工农两业此消彼长的结构变化尤为明显。2000 年，江宁的第一、第二、第三产业占国内生产总值的比重分别为 12.6：60.7：26.7，说明江宁县已在实现工业现代化的道路上迈出了坚实的一步，产业结构进一步调整优化。通过多年的经济社会全面发展，江宁县曾多次获得"全国经济百强县"的荣誉。

1. 江宁县域经济发展的区位优势

在改革开放的新时期，江宁的区位优势逐渐显现，认识到这一点对今天江宁的发展也有借鉴意义。

（1）享受南京都市化发展进程中的强大辐射。江宁县从东西南三面围绕江苏省省会城市、国家历史文化名城南京，在南京都市化发展过程中，需要在周边区县形成新的经济功能区，江宁地区依托中心城市发展，既要为大城市服务，又要积极接受大城市的强大辐射，发挥南京市的政策优势、科技优势、人才优势，通过招徕科技人才，引进新技术、新工艺，加快经济建设的步伐。

（2）江宁是华东地区重要的区域交通物流枢纽。空中交通有禄口机场。水上交通有长江、秦淮河航运之利，东至上海，西达武汉等埠。宁沪、宁芜铁路，分经县境东北及西部，随着南京铁路南站坐落于江宁境内，江宁的交通枢纽地位已然形成。

（3）江宁还有占重要经济比重的农业基础，城市化发展潜力和空间巨大，劳动力资源充裕。农林牧副渔等农业的发展，对于建设"绿色江宁"，发挥江宁生态城市的优势也是重要的资源。

（4）江宁境内矿藏资源丰富。金属矿种有铁、铜、锰、钴、金，非金属矿有硫、磷、含钾岩石、陶土、白泥、耐火泥、高岭土、方解石、重晶石、红砂和石灰石等 10 多个品种，其中石灰石储量丰富，仅青龙山水泥厂矿区就达 1 亿吨以上。当然，在发展生态城市文明的背景下，采矿事业的发展也要注意环境的保护，注意保护山体的整体风貌。

（5）旅游资源丰富多彩，是南京外围旅游目的地，发展都市休闲旅游也是江宁未来发展的一大优势。江宁山川形胜，地理的历史的条件留下了众多的文物古迹和风景名胜，有丰富的旅游资源。

2. 江宁县工业的迅速发展

中共十一届三中全会以后，在改革开放春风吹拂下，江宁大地生机勃发，满怀壮志豪情的江宁人民，信心百倍的走进改革开放的新时期。

1985 年，全县工农业总产值达到 100520 万元，其中工业产值 70627 元，比1949 年的 325 万元增长 216 倍，在工农业总产值中的比重上升为 70.3%。在经济体制改革的推动下，江宁注重发展横向经济联合，接受城市辐射，引进新技术、新工艺，逐步形成城市经济和农村经济交融互惠的新局面，为振兴江宁经济注入了新的活力，逐步建立起一个以轻工、纺织、机械、化工、建材、冶金为主轴，综合配套的工业体系，名、优、特、新产品的生产能力逐步增强，金箔、电扇、烟用丝束、金拉线等重点产品在国内有较强的竞争力。

至 2000 年，江宁县的机械、建材、化工等行业获得较快发展。建材工业企业达到三家，其中以南京天宝水泥集团有限公司为主。机械工业总量快速增加，2000 年，4 家机械企业共完成工业总产值（2000 年价）84598 万元，实现工业增加值（2000 年价）17666 万元。县属化工工业达 3 家，即南京长山化工有限责任公司、南京兰叶集团、南京新蕾化工公司。其主要产品包括炸药系列、瓶装溶解乙炔气、化肥系列产品等。轻工工业（含金箔系列产品、工艺鞋、玩具、服装、缫丝等）也取得了很大发展。

此外，乡镇工业、私营工业逐步发展，特别是私营工业的发展体现了江宁经济发展活跃。尤其是"南京民营科技园"的建立，促进了全县私营企业的发展，数量、规模和质量都有了明显的提高。截止 2000 年底，全县私营企业已发展到1471 家，实现销售收入 64.7 亿元，增幅达 61.8%。由于政策优惠，扶持得力，全县私营经济已由过去的缓慢增长期进入快速发展阶段，无论是速度、质量还是对社会的贡献，都有了显著的提高。

此一时期，江宁接受南京市的城市经济技术的辐射是通过实行联合联营的方式，全县新兴的乡村企业如虎添翼，不少单位开始起飞。如秣陵乡办偶联剂化工厂，与南京厂校挂钩联营，搞出了 10 多个品种质量好、有竞争能力的硅烷系列偶联剂。县缝纫机厂与南京长江机器制造厂的联营、南京东山发动机厂与南京汽车制造厂联营。县橡胶七厂与省工艺品进出口公司和港商联营的江南制鞋有限公司，发展硫化布鞋生产。县金箔总厂于台商办的香港福捷实业公司以合作形式联营的长江纸业有限公司，专产湿纸毛巾，填补了本县工业产品的空白。南京第三钢铁厂、南京第八毛纺织厂、电风扇厂等皆进行了联合联营，取得了很好的效益。

3. 农业发展

党的十一届三中全会以来，农村经济政策放宽，农副产品价格提高，特别是实行联产承包责任制以后，农村商品生产发展迅速，专业户大量涌现，农民收入以较大的幅度连年增长。农田基本建设得到加强；山水资源综合开发方兴未艾，蚕桑、茶叶等传统项目得到回复，副业基地建设有了新突破，产品的商品率达90% 以上。

（1）开发立体种植技术、粮食大县

1986 年，农业种植结构实行了稳步调整，在稳定粮食面积的基础上，努力提高土地综合生产能力，推广粮经多熟制"麦—瓜—稻"、"麦—瓜（菜）—稻"和"麦—瓜（玉米）—稻"等"两旱（三旱）一水"新三熟制。1990 年，江宁县被国家农业部定为商品粮生产基地县。1994 年 6 月，江宁县被国务院确立为全国重点扶持粮食大县，每年将得到中国农业银行的 1000 万元中央财政贴息贷款，着重开发建设多种经营和农副产品加工龙头企业，以带动农副产业基地的成片建设，开辟一条强县富民的新路子。

（2）实施"百人百村"建设工程

为全面加快全县奔小康步伐，1995 年 5 月开始，江宁县实施了"百人百村"建设工程。从全县 343 个行政村中选出 100 个行政村作为建设对象，其中有小康示范村 8 个、"二高一优"（高产、高效、优质）农业试验村 8 个、农业结构调整特色村 20 个和经济发展滞后村 64 个（内含 20 个帮扶村），并从县直机关、企业 76 个单位中抽调了 100 名年轻干部下派到这 100 个村中担任实职，帮助开展工作。

"百人百村"建设工程于 1997 年 5 月期满，有 88 个村达到了建设目标，其中 8 个小康示范村和 8 个"二高一优"农业实验村不仅全面达小康，而且已启动建设农村现代化；20 个特色村也全面达小康，正在准备启动现代化；64 个滞后村也有 52 个村甩掉了滞后帽子，实现了基本达小康。

（3）建立农业高新技术开发区

经国家计划委员会批准，1995 年江宁建立了"江宁农业高新技术综合开发区"。该区涉及方山、上坊、秣陵、禄口等 7 个乡镇的 58 个行政村，总面积 9000 公顷；分生产、加工、科学实验、教学培训、生活服务和旅游观光 6 个功能区，中心区设在方山乡高山、横岭村。区内有乡、村林场 15 个，渔场 8 个，花卉培植基地 1 个。1995 年至 2000 年，江宁农业高新技术综合开发区投入 1500 万元建成五大示范基地，并向规模化发展，先后创建了特种蔬菜种植基地、特禽养殖基地、花卉草坪基地、香猪繁育基地、食用菌基地等。

2001 年 10 月，江宁农业开发区"雪茸"牌食用菌系列珍品获省农业综合开发产品展示暨项目招商会金奖，为南京市唯一获此殊荣单位；2002 年 10 月获市农林局在扬州举办的农产品展示会一等奖；2002 年 11 月在中国绿色食品 2002 福州博览会上获得江苏展团突出贡献奖。

4. 开发区建设

从 20 世纪 90 年代初开始，江宁区重点开展工业开发园区建设，总体目标是要建设一个以工业为主体，科工贸相结合，设施配套，功能齐全的新城区，主要引进高技术、高附加值、高创汇、高效益、无污染的支柱性企业。带动江宁县经济发展迈出更大的步伐，并以开发园区为支撑，提升县域城市化水平。

至 2000 年，江宁开发园区建设取得了巨大业绩，拥有国家级开发园区 3 个（南京江宁经济技术开发区、南京民营科技园、江宁农业高新技术综合开发区），省、市级开发园区 5 个（江宁商场、禄口机场经济圈、南京牛首山文化风景区、汤山文化风景旅游区、南京富民经济园）。开发园区已经成为江宁开放开发最重要的前沿阵地、招商载体和发展空间，也是城市建设、体制创新、对外形象的一面旗帜，为江宁在新世纪实现跨越发展提供了基础和条件。

（1）江宁县经济技术开发区的成立及发展

邓小平南方讲话发表以后，江宁县实施全方位开放战略的主攻发展重点项目，建设江宁经济技术开发区，并形成以开发促开放的发展新格局。江宁经济技术开发区设立在东山镇附近、河定桥以南地区，总面积 6.8 平方公里，中期规划 15 平方公里。1992 年 6 月 18 日，南京江宁经济技术开发区隆重举行开工典礼。

1993 年 11 月 4 日，江苏省政府正式批准江宁县经济技术开发区为省级开发区。1997 年 2 月 2 日开发区被国家科委批准为国家级高新技术产业开发区。

1996～2000 年，开发区加大基础设施建设力度，全面完成了首期 25 平方公里的土地开发，初步呈现出园林式新区形象。1996 年以来，开发区始终以招商引资为中心，采取各种有效措施，加强宣传攻势，加大渗透力度，拓展招商层面。到 2000 年底，已吸引来自美国、日本、瑞典、德国、英国、意大利、新加坡、韩国、台湾、香港等 21 个国家和地区的 622 个项目进区落户，投资总额超过 22 亿美元，到位外资 5 亿多美元。随着一大批项目和高科技项目的竣工投产，形成了以科技为先导的五大支柱产业。到 2000 年底，开发区已步入收获期，成为江宁新的经济增长点。

（2）江宁商城的兴建

在改革开放大潮推动下，江宁商城于 1992 年 10 月开始兴建。江宁商城位于县城东山镇与江宁经济技术开发区中间的黄金地带，区位优势得天独厚。江宁商城为增强经济活力，在招商引资的同时，积极进行自身企业开发。为使商城真正姓"商"，总公司始终把开发重点放在专业市场建设上。

至 1995 年底，累计引进企业 27 家，个体私营 92 户。固定资产总额 2100 万元，累计完成经济总额 2.1 亿元，实现利税 350 万元。一座集商业、娱乐、住宅为一体的现代化商贸新城区框架已经形成，为全新第三产业蓬勃发展，发挥了重要的作用和龙头效应。

（3）南京金箔集团组建

南京金箔集团是中国最大真金箔生产基地，也是世界五大金箔生产中心之一。企业创建于 1955 年，拥有职工 6000 余人。1993 年 4 月下旬，南京金箔集团正式组建，该集团以县金箔总厂所属的 6 个公司为核心，以荣获国家金奖的"金陵金箔"为龙头，是一个跨行业、跨地区的集团公司。2000 年 8 月被国家科技部命名为高新技术企业。

集团公司生产的"金陵牌"金箔获免检产品，被誉为"世界级品牌"而远销东南亚和欧美 30 多个国家和地区。产品 70% 以上对外出口，国际市场占有率 40% 以上，国内市场占有率 70% 以上，曾获国家金奖（1987、1990 年）。金箔集团在江苏省开创企业办大学的先河，创办的"金箔学院"，至 2004 年，共为企业和社会培养经济管理人才 200 多名。

由于江宁有 2500 年的金箔生产历史，拥有全国 70%、世界 60% 的金箔生产量，从事金箔行业的企业 180 余家 6000 多人，年创产值 15.6 亿元，利润 1.2 亿元。2006 年 4 月 6 日，经国务院授权，中国黄金协会定名江宁为"中国金箔城"。这是继山东招远定名"中国金都"、河南灵宝定名"中国金城"、贵州黔西南定名"中国金都"后的又一城市殊荣。江宁是中共最大的金箔生产基地、世界五大金箔生产中心之一。

（4）南京江宁高新集团成立

1997 年 12 月 18 日，南京江宁高新集团成立。它是以南京江宁高新经济区有限公司为核心，联合 31 家企业，根据强强联合、聚合优势的原则，以资产联结和生产经营为纽带组建而成的经济联合体。主要承担江宁开发区的开发建设任务。

（5）南京民营科技园的成立和发展

1994 年 6 月 2 日，南京民营科技园在江宁成立，为江宁三大开发园区之一，1997 年被国家科委批准为"高新技术产业开发区"，是专门扶持民营科技型企业、高科技型企业发展的园区。与江宁开发区仅一河之隔。

南京民营科技园坚持在规划上科学定位，以创建第一流民营科技园为目的，充分体现园区特色，按照"一次规划，按规划用地，滚动开发"的原则，分期开发。同时坚持以民营为特色，以高新技术产业为主体，实行"自负盈亏"的运行机制，坚持以"一流的投资环境，一流的服务"吸引广大投资者前来投资创业，取得了令人瞩目的成绩。

随着进园企业的竣工投产，科技园已步入收获期，区域经济迅速增长。从 1996 年到 2000 年，已投产运营的 78 家企业技工贸总收入由 2.5 亿元增加到 14.5 亿元，增长 4.8 倍；工业产品销售收入由 1.2 亿元增加到 5.6 亿元。1997 年 6 月 2 日，在南京民营科技园成立三周年之际，全国民营科技园发展经验交流会在科技园召开。

5. 外向型经济的发展

1988 年 3 月 18 日，国务院正式批准南京市及所属江宁、江浦、六合 3 个县列入沿海经济开放区，享受中央规定的各项政策优惠。1988 年 7 月 28 日，江苏省人民政府同意南京市属县的 27 个镇为新开放县（市）第一批对外开放的重点工业卫星镇。其中，江宁县的秣陵、岔路、禄口、淳化、湖熟、周岗、丹阳、江宁、汤山、殷巷、方山、上访、龙都、土桥、东善、陶吴、横溪、铜山、铜井、其林，列为对外开放的重点工业卫星镇。1989 年 1 月 4 日，省人民政府批准南京市属县的 25 个镇为第二批对外开放的重点工业卫星镇。其中，江宁县的上峰、谷里、陆郎列为第二批对外开放的重点工业卫星镇。

江宁经济技术开发区成功创建，不仅带动了全县外向型经济的发展，同时把全县经济的外向度推向更高层次，大项目、大公司、大财团、高科技项目在江宁落户逐步增多，以新技术产业为主的民营科技园和以商贸为主的江宁商城，也都相继发挥出较好的经济效益。1991 年 11 月下旬，江宁县在海南省海口市成立海宁经济开发有限公司，在海南特区向外推销地方产品，并引进高精尖技术项目，以加快外向型经济发展。到 1995 年全县已有 5 个乡镇和部门分别在泰国、俄罗斯、白俄罗斯、菲律宾和美国兴办 5 家企业或机构。

在发展外向型经济过程中，江宁发挥禄口机场在境内的优势，全县上下举空港"旗"，打"南京"牌，突出区位优势，争创新的业绩。1996 ~ 2000 年，全县新批三资企业 640 家，合同利用外资 112389 万美元，利用外资的成绩在全省（市）的位次达第 6 位。江宁县在利用外资上着重采取了一下措施：

一是利用区位优势加大招商引资的力度，推动全县外向型经济的发展。在招商引资中，一手抓扩大引进项目总量，一手抓外资规模性投入，积极合理地利用外资，突出香港、台湾地区，重点放在欧美国家。期间，从港台和欧美引进外资项目 508 个，占引进项目总数的 79.94%。其中，香港和台湾地区引进的项目就有 372 个。

二是狠抓大项目的引进。期间，引进 500 ~ 1000 万美元的大项目 90 个，其中 1000 万美元以上的项目 52 个。这些项目中，属于世界前 500 百强企业有 15 家。

三是调整投资产业和投资形式，使之趋向合理。在招商引资中充分利用全县工业基础雄厚的特点，吸引外商向能源、机械、建材、电子、通信、制衣、生化制药、玩具工艺品等行业投资。期内，全县共兴办第二产业项目 521 个，占外商投资产业项目总数的 81.41%。同时也注重对养殖业、房地产、仓储、信息咨询、休闲娱乐等第一、三产业项目的引进。全县第一、三产业比重比过去提高了 10%，占外商投资产业的五分之一。至此，全县外资项目第一、二、三产业结构比较合理。

四是集中精力，加快外向型经济发展的步伐。在县委、县政府的领导下，积极主动组织和参加每年一度的南京金秋经贸洽谈会，动员一切力量，广邀客商，召开投资说明会，努力完成既定目标。

五是加快乡镇外向型经济的发展，形成镇镇利用外资的局面。期间，乡镇新批三资企业334家，占全县新批三资企业总数的52.19%；实际到位外资30368万美元，占全县实际到位外资总额的45.46%。外向型经济在乡镇所占比重越来越大，有的已达乡镇经济总量的一半。

六是发挥县经济技术开发区的龙头作用，有力地推动全县外向型经济的发展。县经济技术开发区1996～2000年实现了从投入期步入产出期的战略转变，发展势头强劲。新批223个项目，合同利用外资46631万美元，实际利用外资35254万美元，分别占全县总量的34.84%、41.49%、46.61%。期间，重点抓投入、抓产出、抓规模、抓质量，在全县产生了重大影响。科技创业中心已成为南京地区科技创新的亮点，已有43家企业进中心研发孵化。

1997年，全县实际利用外资首次突破1亿美元，按年增长24.1%的速度发展，到2000年突破2亿美元，达20818万美元。

二　新世纪十年的飞速发展（2000～2010年）

2001年1月15日，南京市委市政府代表来到江宁召开撤县设区情况通报会，标志着南京市江宁区正式诞生。2月28日，江宁区委、区政府提出建设新江宁三大定位：南京新市区、高新技术产业密集区、都市农业集中区。

2000～2010年的新世纪十年间，江宁在经济社会发展、城市化建设、文化建设等方面均取得跨越式发展，超出了历史上的任何时期。江宁的地区生产总值从2000年的不足百亿，跃升至600亿，地方财政总收入增长17.6倍，主要经济指标稳居南京市第一、江苏省十强。25所高校入驻江宁大学城，江宁开发区也从一个县办自费开发区升级为国家级开发区。城市建成区面积从45平方公里扩大到180平方公里。此外，江宁的新型合作医疗、城乡低保标准均为南京市区县最高。

2011 年，是江宁区"十二五"的开局之年，在新的历史起点上，江宁区紧紧围绕"率先实现基本现代化，全面进入苏南第一方阵"目标，围绕"南京生态乐居现代化品质新城、江苏战略性新兴产业基地、长三角大学科教创新园区"的发展定位，大力实施创新驱动、产业推动、新城带动、园街联动四大行动战略，着力发展战略性新兴产业，推动产业能级显著提升；着力增强自主创新能力，推动核心竞争力显著提升；着力加快全域统筹，推动城市现代化和城乡一体化水平显著提升；着力保障和改善民生，推动人民生活水平显著提升。

（一）经济发展

2000 年以来，江宁人坚持以经济建设为中心，争先创优，区域综合实力得到了显著提升。全区地区生产总值十年内以每 3～4 年翻一番的速度增长，2010年跃升至 600 亿元，是 2000 年的 6.4 倍。人均 GDP 达 6.5 万，达到了中上等收入国家和地区水平，较 10 年前增加 5.2 万。地方财政总收入从 2000 年的 8.18 亿元增加到 2010 年的 152 亿元，增长 17.6 倍，其中地方一般预算收入从 4.8 亿元增长到 88 亿元，增长 17.3 倍。固定资产投资，十年累计完成 2814.5 亿元，其中工业投入 1707.3 亿元，近四年连续全省领先（表一一、表一二）。国际金融危机期间，江宁主要经济指标增幅逆势攀升，2009 年 1 月，温家宝总理视察江宁时，称赞江宁："风景这边独好。"

表一一　2002～2010 年江宁区城乡居民生活水平不断提高

年份	农民人均纯收入	人均生活消费支出	城镇居民人均可支配收入	人均生活消费支出
2002 年	4649 元	——	10775 元	——
2003 年	5001 元	——	12619 元	——
2004 年	5620 元	——	15308 元	——
2005 年	6320 元	3877 元	1.69 万元	——
2006 年	7160 元	4835 元	16801 元	9980 元
2007 年	8140 元	6038 元	19580 元	11803 元
2008 年	9081 元	7099 元	22604 元	14209 元
2010 年	11289 元	8720 元	27349 元	17840 元

表一二 2002～2010 年江宁区经济发展情况一览表

年份	国内生产总值（亿元）	财政收入（亿元）	人均 GDP（元）	一、二、三产业之比
2002 年	135.7	22	18117	10.5：58.1：31.4
2003 年	168.3	35	——	8.9：59.2：31.9
2004 年	202.3	40	——	7.8：58.6：33.6
2005 年	230.5	50	28925	6.8：58.2：35
2006 年	278.0	65.06	33567	6.3：61.1：32.6
2007 年	336.8	109	——	5.6：62.3：32.1
2008 年	411.1	130.89	42 581	4.9：63.9：31.2
2010 年	620.2	157	64640	5.2：62.8：32.0

新世纪十年间，江宁区坚持优化经济结构，加快产业转型，使三次产业比例由十年前的 12.7：60.8：26.5 调整为 5.1：61.9：33，产业结构日趋合理。在产业结构调整中，江宁区先后实施了园区带镇、组团发展、先进制造业和现代服务业"双轮驱动"战略，重点打造了江宁开发区、滨江开发区、禄口新城三大先进制造业板块，东山副城、汤山新城两大服务业集聚区。培育了电子信息、汽车制造两大支柱产业，智能电网与电力自动化、新能源、航空三大新兴产业，软件及服务外包、现代物流、旅游、高端商贸和文化创意五大现代服务业。2010 年实现规模以上工业总产值 1280 亿元，是十年前的 6.6 倍，社会消费品零售总月 196 亿元，是十年前的 11 倍。2009 年，在台湾电机电子同业公会对大陆 93 个城市进行的投资环境与风险调查中，江宁位居第二，被列为向台商极力推荐的最理想投资地区。2010 年，又被评为"中国产业竞争力十强区"和"中国战略性新兴产业最具竞争力二十强区"。

新世纪十年，江宁坚持把创新驱动、外向带动作为发展之重、强区之基、率先之要，改革创新活力倍增。2002 年，江宁区规划自建江宁大学城，目前已引进 25 所高校、拥有国家级重点学科 25 个、国家级重点实验室 6 个。以国家级创业服务中心为主体，以中国无线谷、启迪科技园、吉山软件园、归国博士创业园等十大创新载体为支撑的高新技术创业服务平台不断完善。建有企业博士后工作站及分站 24 家、院士工作站 10 家，累计实施产学研合作项目 625 项。高新技术产业产值由十年前的 111.5 亿元增长到 810 亿元，占规模以上工作总产值比重达

59%。十年累计新批外资企业 1458 家，注册合同外资 96 亿美元，实际使用外资 45.4 亿美元，引进世界 500 强企业 40 家。江宁开发区由一个县办自费开发区，正式升级为国家级开发区。滨江开发区经过 7 年艰苦创业，如今已形成中心产业区、港口物流区和滨江新城区联动开发格局，并跻身省级开发区行列。

1. 农业发展

江宁区成立后，提出建设"都市农业集中区"的目标，2001～2002 年，全区农业和农村工作以富民强区、率先基本实现现代化总揽全局，以"绿色江宁"工程为龙头，加快农业结构调整步伐，大力推进农业产业化经营和科教兴农步伐，努力提高农业综合经济效益，促进全区农业经济保持健康快速发展。2003年，以生态农业重点基地建设，重点建设五个生态农业基地：一是苗木花卉基地。二是稻田养殖基地。三是中药材基地。四是果茶基地，五是都市农业休闲基地。

目前，江宁区初步实现了都市农业集中区建设的目标，种植业内部结构继续调整，经济作物种植面积 6.6 万公顷（表一三）。南京副食品批发中心搬迁至江宁后，进一步促进了江宁都市农业的发展。

表一三　2002～2010 年江宁区农业发展情况一览表

年份	农业总产值（亿元）	农业增加值（亿元）
2002 年	276566	14.11
2003 年	30.2	14.61
2004 年	34.86	15.76
2005 年	35.24	16.6
2006 年	37.44	17.98
2007 年	40	——
2008 年	43.4	——
2010 年	55.2	——

2. 工业发展

作为江宁城市发展的产业支撑基础，工业一直占据核心地位。新世纪十年来，江宁工业生产快速发展，特别是私营工业增长更快。2006 年全区新增高新技术企业 20 家，高新技术企业累计 170 家，全年实现工业增加值 60 亿元，同比增长 28%，占全区工业经济总量 43.2%；实现利税 58 亿元（表一四）。近年来，江宁区通过创建特色产业来优化工业结构，推进产业升级使全区工业生产提速增效，工业经济效益增速大幅度上升。

表一四　2002～2010年江宁区工业发展情况

年份	工业总产值（亿元）	工业增加值（亿元）	利税（亿元）	工业销售收入（亿元）
2002年	347.1	70.2	——	——
2003年	390	87.11	41	346.9
2004年	427.95	102.85	46.5	391.97
2005年	532	127.5	47.8	——
2006年	631	158.8	66.8	624
2007年	856.8	204.8	76.4	822
2008年	1007.8	228.5	94.7	945.3
2010年	1276.2	302.8	136.3	1217.0

3. 对外经济迅速发展

开放型经济保持快速发展势头。2006年，突出引进汽车制造、电子信息等主导产业项目，引进超千万美元项目82个，新引进日本住友、德国汉莎等世界500强企业11家（表一五）。

表一五　2001～2010年江宁开放型经济发展情况表

年份	新批"三资"企业（家）	实际出口创汇（亿美元）	对外承包工程和劳务合作营业额	实际利用外资（亿美元）	合同利用外资（亿美元）
2001～2002年	289	2.72		6.5	8.7
2003年	220	3.7		6	10.8
2004年	230	8.6	650万美元	6.2	13.51
2005年	175	18.5	610万美元	5.5	14.83
2006年	180	28	1.85亿美元	4.36	9.3
2007年	129	27.24	3.35亿美元	5.98	11.49
2008年	65	28.2	4.5亿美元	6.12	11.9
2010年	97	35.5	8.5亿美元	7.2	17.2

4. 开发园区经济的转型发展

经过近十年来的高速发展，江宁开发园区综合实力显著增强。2008年，江

宁开发区、科学园、滨江开发区实现地区生产总值达到 281.92 亿元、财政收入
95.84 亿元、工业投入 225.62 亿元。2010 年，江宁区开发园区经济占全区经济
比重继续上升。开发园区的地区生产总值、地方财政总收入、工业投入分别占全
区总量的 47%、54.5%、65.4%。在全球化、信息化的背景下，江宁开发区的发
展着重人才高地、科技优势的建设，实现新时期的跨越式转型发展。

（1）南京江宁经济技术开发区

南京江宁经济技术开发区已发展成为全省对外开放的示范区、利用外资的集
聚区和高新技术产业密集区，成为南京地区最主要的对外开放窗口和经济增
长极。

2001 年 6 月 15 日，由南京市政府批准在江宁开发区内设立"南京 IT 产业
园"，这是南京地区惟一的一家电子信息产业园。至 2002 年底，已完成园区的规
划设计，并完成水、点、路、绿化等基础设施建设，引进了统宝光电（南京）
有限公司、摩托罗拉（南京）软件中心等高科技企业（图一三五）。

图一三五 江宁经济技术开发区

2005 年，在南京重大项目洽谈会上，江宁开发区共签订投资协议书、发证
照的重大项目有 10 个，总投资 6.24 亿美元，占全市的 22%。在南京金秋经贸洽
谈会上，开发区共有精博电子、华元半导体、中材国际等 74 个内外资项目签约、
领照和领证，总投资 7.22 亿美元，占全市的 31%，在全市四大开发区中位列
第一。

　　2008 年 9 月 28 日，南京·中国无线谷暨南京通信技术实验室项目在江宁开发区正式启动建设。"无线谷"项目由东南大学和江宁开发区共同建设，重点建设三个圈层：第一圈层以南京通信技术实验室为核心，主要建设 6 个研究中心和 1 个移动通信综合测试场。中间圈层主要建设通信技术国家工程研究中心，相关企业和高校、科研院所研发机构等。第三圈层是以通信技术为特征的高科技企业集群。"无线谷"项目的核心南京通信技术实验室占地 30 公顷，是中国无线通信领域唯一的技术创新与研发平台，主要从事第三代、第四代移动通信领域（3G、4G）关键技术的开发和研究，被《国家中长期科学与技术发展规划》列为 16 个重大专项之一。2008 年，南京江宁经济技术开发区全年完成地区生产总值达 233 亿元、财政收入 78 亿元。

　　（2）南京江宁科学园

　　2002 年 4 月 9 日，南京江宁科学园成立，其区域包括民营科技园、江宁大学城和方山旅游度假区，面积 58 平方公里。2002 年 12 月 13 日将上坊镇、淳化镇永宁、解溪、新华村、湖熟镇新林村、龙都办事处及汤山林场划归科学园管辖。2002 年，全园实现国内生产总值 7.6 亿元，工农业总产值 22.8 亿元，三产增加值 1.4 亿元，财政收入 15180 万元。

　　2008 年，引进 30 个投资规模大、科技含量高、关联度强项目。完成合同外资 2.8 亿美元，实际利用外资 1.7 亿美元。全年实现地区生产总值 35.9 亿元；财政收入 16.18 亿元；全社会固定资产投入 80 亿元，其中工业投入 45.6 亿元；工业总产值 86 亿元。

　　（3）江宁滨江经济技术开发区

　　2004 年滨江经济技术开发区正式启动。2006 年经国家发改委审核批准，滨江开发区升格为省级开发区。建区五年中，园区地区生产总值平均递增 83%，财政收入年均增长 113%。截至 2008 年末，园区实际开发面积 5.53 平方公里，形成产业、港口、新城三区联动发展新格局。2008 年，全年完成地区生产总值 13.02 亿元；财政收入 1.66 亿元；全社会固定资产投资 52.8 亿元，其中工业投资 48.02 亿元。

　　（二）城市化建设成就

　　江宁区的城市化加速期起始于 20 世纪 90 年代初创建江宁经济技术开发区，

其后江宁城市化不断发展，特别是 2000 年撤县设区后，城市化迅猛发展，基本路径是创建开发园区——提升工业化水平——带动城市化发展。新世纪，江宁城市化多了一条路径，那就是充分利用区位优势，发展水陆空立体交通建设，并以此为依托，建设交通物流枢纽城，带动城市化发展。

新世纪十年来，江宁编制了各类规划 180 项，实现了区域总规和重点地区控规全覆盖，形成了以东山副城为核心，禄口新城、滨江新城、汤山新城为支撑的"一核三元"城市总体空间体系（图一三六）。

图一三六　江宁区城市新貌

江宁区城市建成区面积，十年前只有 45 平方公里，现已扩大到 180 平方公里，综合城镇化率达 75%，较 2000 年提高了 36 个百分点。交通枢纽地位更加凸显，沪宁高速、宁杭高速等 8 条国省干道穿境而过，与禄口航空港、滨江内河港、南站铁路港共同构成了现代化、立体式的对外交通网络。地铁一号线南延线、绕越高速、双龙大道高架等重点工程建建成通车，加速了与南京主城无缝对接。十年累计建成农村水泥路 3000 多公里，改造农路危桥 210 座，农村公交通达率 100%。先后实施了"川"气引入工程、长江引水工程，燃气管网达 800 多公里，长江水基本实现村村通。投入 95 亿元，全面推进 20 个集镇出新改造，打造出了彭福、锁石等一批新农村建设明星村。投入近百亿元，建成空港、科学园、城北等污水处理厂18座，污水日处理能力已达33.25吨。

城市化水平的一个重要标志就是人口的数量。伴随江宁城市化的加快，到2010年，户籍人口突破100万，达到115万人，流动人口规模进一步加大（表一六）。

表一六　江宁人口发展情况

项目	1949年	1953年	1964年	1982年	1985年	1990年	2000年	2010年
总户数（户）	91 958	131 123	126 423	180 811	188 875	200 907		327013
总人数（人）	437 120	534 979	505 826	725 688	743 166	783 757	79.6万	1145628
人口密度人／平方公里	255.5	312.8	295.7	424.2	434.5	459		580.1

注：建国以后，根据国家统一部署，于1953、1964、1982、1990、2000、2010年进行了6次人口普查。

1. 新市区的发展

东山副城为核心，禄口新城、滨江新城、汤山新城为支撑的"一核三元"城市总体空间体系，江宁新市区的建设依托各自的产业支撑和与主城对接的区位优势，逐渐取得发展。

（1）东山副城

东山新市区是南京"一城三区"的城市副中心之一，东山副城北抵秦淮新河和外秦淮河，东至上坊地区，南至绕越高速，西至宁丹路及江宁区行政界线，面积108.9平方公里。东山副城目前总人口约70万。东山副城依托亚洲最大的铁路枢纽——南京铁路南站，成为南京城市面向国际的门户和窗口区（图一三七）。

图一三七　东山新城区

（2）禄口空港新城

坐落于江宁禄口镇的禄口机场于 1997 年 7 月 1 日香港回归之日正式通航。1999 年 7 月 1 日投入使用。禄口机场是中国重要的干线机场，是华东地区的主要货运机场，与上海虹桥机场、浦东机场互为备降机场（图一三八）。

图一三八　禄口机场

　　得天独厚的区位优势、坚持发展的科学理念，推动着禄口街道的步步前行。首个邻里中心、首批新型社保、亚洲首位的邮航速递中心，江宁三大新城之一的禄口正朝着功能复合、充满活力的临空新城快速演变。《南京禄口空港地区规划》，更是将这片土地定位为"泛长三角面向国际的空港产业集聚区，南京中心城南部次区域的服务中心，绿色宜居的空港新城"。对接机场，服务机场，依托机场——这是禄口街道实现宏伟蓝图的坚定战略。

　　空港新城的空港工业园将大力引进空港物流产业项目和包括小型航空发动机产业在内的大项目"落户"，并规划设计 12 平方公里的空港小镇，为在这里生活工作的市民提供良好的居住环境。

（3）滨江新城

　　作为江苏年轻的滨江开发区所在地，江宁滨江经济开发区即将打造成"南京西南部最宜居的生态智慧新城"。经过六年多来的科学开发和有序建设，南京江宁滨江开发区初步形成了中心产业区、港口物流区、滨江新城区三大主体功能区，形成了以机械装备制造、电子信息、新能源制造、物联网技术、钢铁物流业等主导产业，成为江苏省和南京市沿江开发的重要窗口（图一三九）。按照南京市政府批准的《南京江宁滨江新城总体规划》，滨江新城包含滨江开发区和江宁街道两个行政单元，确定 2010 年人口规模控制在 13 万人左右，2020 年人口规模控制在 30 万人左右，远景规划人口在 50 万人左右。

图一三九　滨江港

（4）汤山新城

2008 年 4 月 3 日，江宁区政府成立汤山新城建设指挥部，启动汤山新城建设。汤山新城规划建设面积 51.6 平方公里，具体范围：北至沪宁高速公路，西至汤泉北路，东至汤水西路，南至宁杭公路。

2010 年 5 月，南京江宁区汤山老街街道两侧的旧房屋近日出新改造，立面贴上青砖，屋顶、窗户等装修中融入了民国建筑元素，道路也铺装一新，变成了一座民国风情浓郁的小镇。

2. 交通物流枢纽城

江宁是区域性的交通枢纽中心的形成，其一，江宁集水陆空交通于一体的立体交通枢纽，在国内并不多见。水路有通江达海的滨江港，陆路既有宁沪、宁杭高速公路，又有京沪高速铁路枢纽——南京铁路南站，空路有禄口机场。其二，江宁区是重要的物流周转基地，相当数量的货物是以江宁为起讫点，仅江宁开发园区和南京农副产品交易中心的年货运量就达到数百万吨，江宁的交通枢纽地位是与其物流枢纽相辅相成的。其三，伴随着南京铁路南站的建成，江宁成为长三角铁路运输中心，禄口机场也是国内十大机场之一，江宁的滨江港口正处于两种不同航道水深（10.5米、9米）的拐点上，是具有跨省影响的水运中转港（图一四〇）。

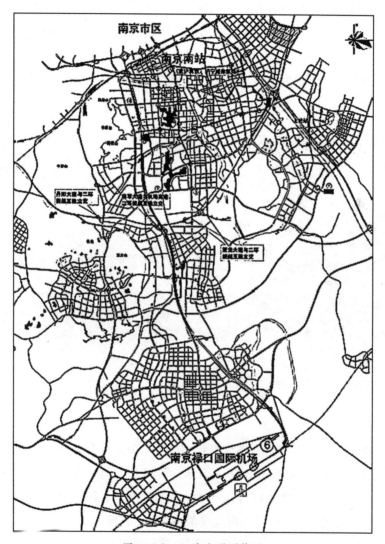

图一四〇　江宁交通形势图

江宁交通枢纽地位的形成，工业化发展得到支撑，配套设施逐步建设，城市基础设施随之发展，带动工业、物流、商业、娱乐、餐饮等行业发展，推动滨江新城、汤山新城、空港新城、铁路南站等新兴城区的兴起，这些新城区将分别汇聚10万以上人口，这些都推动江宁城市化发展，进而带动城乡一体化进程。交通枢纽建设促进江宁成为全国性的交通枢纽城市，改变了江宁区一直作为南京发展屏障区的历史，一跃成为展示南京风采的窗口和走廊，担当了下关区在民国时期的地位和作用，成为展现南京城市品牌的重要地区。通过交通枢纽地位的确立，江宁成为南京接轨上海和向南京都市圈及西部辐射的桥头堡地位。

众彩物流已发展成为华东地区最大、最具影响力的农副产品物流集散中心（图一四一）。

图一四一　南京众彩物流展示中心

2007 年末，江宁区境内公路总里程 1651.66 公里，公路密度为 105.4 公里/百平方公里。有桥梁 392 座、1836.2 延米，涵洞 1467 座。航道总里程 147.41 公里。有码头 4 座，共有泊位 11 个，码头总延长 550 米。2010 年 5 月 28 日，地铁一号线南延线正式通车，一号线南延线覆盖宁南、江宁东山两大板块，与地铁一号线构成穿越南京南北向的轨道交通主要骨架。南延线起自一号线安德门站，由北向南，止于江宁大学城药科大学东南侧。全程 24.2 公里，其中地下 12.3 公里，地面线 0.6 公里，高架线 11.3 公里。

（三）社会发展

2000 年以来，江宁区先后在全市率先实现了城乡社会保险、被征地农民保障、老年居民生活补助全覆盖。城乡无医保居民全部纳入新型合作医疗范畴，人均筹资标准达 350 元，个人大病救助最高限月达 20 万元，为全市最高。城乡低保标准分别为每月 400 元和 300 元，为南京市郊县最高。2010 年城乡居民收入分别达 27500 元和 11100 元，十年分别增长 335.1% 和 269.4%。

2010 年，约 70 亿元地方可用财力中，教育投入 10 亿元，居民社保 6 亿元，医疗卫生 5 亿元，三农投入 5 亿元，城市建设 1 到 10 月份 20 亿元，总计约 50 多亿元用于民生投入，占可支配财力的 7 成。

新世纪十年，江宁紧紧围绕"两个率先"的总目标，把保障和改善民生作为经济社会发展的主旋律，先后被评为全国教育、文化、体育等工作先进区，社会民得到显著改善。特别是江宁大学城的发展，奠定了江宁区"人才高地"、"人才强区"建设的基础。

江宁的大学城建设起步于开发区大学城。1996 年 4 月 28 日，江宁开发区"大学城"开工建设，开辟了"大学城"在开发区创建之初就列入总体规划之中，是积极探索"科、教、研、生产"一体化发展思路重大举措。"大学城"位于开发区西南部，占地 6000 亩，依山傍水，环境优美，是建设"大学城"的理想境地（图一四二）。

图一四二　江宁大学城

1996 年 3 月 28 日，南京航空航天大学签订了进区协议，成为率先进"城"的学校。随后，河海大学、正德学院也相继进区。1997 年 6 月，南航大江宁校区正式开工建设，1999 年 9 月正式招生。2000 年 9 月，正德学院建成开学。1999 年 6 月，河海大学江宁校区正式开工建设，计划 2001 年 9 月开始招生。到 2000 年底，共有 8000 名大学生在开发区"大学城"内就读。

2002 年 4 月 8 日，江宁自办的大学城开工。江宁大学城坐落在科学园东部，东临宁杭高速和湖熟镇，南临禄口机场和周岗，西连方山和秣陵，北与南京二环路和麒麟接壤。江宁大学城占地面积 27 平方公里，控制区面积 23.84 平方公里。它主要由大学集中区、资源共享区两大功能区组成。目前，在总体规模和平均档次上已经跃居全国 50 多座大学城的前列。

大学集中区分布在大学城的四周，目前江宁大学城已有 15 所高校签约入驻。其中部属院校 5 所：东南大学、南京航空航天大学、河海大学、中国药科大学、金陵协和神学院；省属院校 8 所：南京医科大学、南京工程学院、江苏经贸职业技术学院、中国传媒大学南广学院、江苏海事职业技术学院、南京交通职业技术学院、南京旅游职业学院、正德职业技术学院，还有 2 所重点市属高校：南京晓庄学院、金陵科技学院。江宁大学城入驻的高校具有以下三个特点：1. 各高校的办学历史悠久，师资队伍、教育科研、管理制度、校舍建设、校风学风、人才培育等方面均具有绝对优势。2. 都是本部搬迁，而不是作分校。各所高校均规划了行政中心、教学中心和科研中心，真正把办学的重点放到江宁大学城内。3. 充分注重学科互补。这些高校的特色分别有工程、医学、经济、交通、师范、药学、航空、水利、宗教、艺术等，学科非常齐全，为今后大学城内实现师资交流、学分互认和教育资源共享打下良好的基础。目前，江宁大学城 15 所高校总建筑面积超过 500 万平方米，汇聚师生近 20 万。拥有国家重点学科 35 个，国家重点学科培育点 5 个，省重点学科 43 个，国防科工委重点学科 8 个，水利部重点学科 7 个，长江学者奖励计划特聘教授设岗学科 4 个，省级优秀学科梯队 4 个，省特色、示范专业 30 个。

江宁大学城配套的资源共享区规划面积达 100 万平方米，位于大学城的核心地带，包括投资 10 亿元兴建的体育中心，其中有 26000 人的体育馆、6000 人体育馆及 15000 平方米综合训练馆，整个工程已于 2005 年"十运会"前建成并投入使用，承办了女子足球、摔跤等重要赛事。江宁大学城商贸中心、江宁大学城文鼎广场、乐活时尚街区等一批商业娱乐网点陆续开街营业，奥特莱斯商场、五星级国际影城、已成为大学城内师生和居民购物、休闲、娱乐的好去处。此外，为解决教师往返新老校区的奔波之苦，使得教师安心在江宁大学城教书育人，我们还为各高校规划配套了6所教师公寓片区，总占地面积1500多亩。

江宁大学城以其便捷的、较为发达的交通，优美的自然风光，超前的规划设计，吸引了众多国内外各界的关注，在不久的将来，江宁大学城必将成为在国际上有一定影响，国内一流的现代化教育名城。

（四）文化建设

江宁区的国民经济持续、快速、健康发展。经济的迅速崛起，也带动了文化事业的长足发展。江宁区先后建立、健全了文化行政和事业机构，成立了专业和业余的表演团体，逐步普及了电影放映和图书发行网络。如今，县有文化馆、图书馆、剧团、电影院、乡镇有文化站、文化中心等，组织和辅导群众文艺活动的开展。民间传统的文艺活动得到了扶持，新的创作队伍正在形成，各类文化艺术活动日趋活跃，呈现出文化繁荣的景象。

江宁区建成了三级公共文化设施，打造了"江宁之春"、"和谐江宁大舞台"、汤山街道群众文艺汇演等一批群众文化品牌，各项工作进入省、市先进行列。2003年获得"江苏省文化示范区"（全省仅有7家验收），2004年通过了全国文化先进县（区）复查。2008年，被省委宣传部、省文化厅表彰为"服务基层、服务农民"先进集体，被省新闻出版局授予2008年度农家书屋建设先进单位。

江宁开发区、江宁区有着丰富的旅游资源，全区拥有国家等级景区13处，全国工农业旅游示范点8处。围绕"两山一廊"总体布局，初步形成以山水生态、田园乡趣、温泉养生、文化修知为主题的牛首山谷里文化休闲游、横溪谷里生态旅游精品游、汤山温泉体验游、滨江福地休闲度假游、休闲渔业体验游等一批特色旅游线路。

1. 物质文化遗产

江宁乃历史文化大区，历史遗存丰厚。遗址遗迹数百处，其中著名的有距今50万年"南京人"遗址、6000年的昝缪遗址、5000年的点将台遗址、4000多年的"湖熟文化"遗址以及昭明太子读书的梁台遗址、南朝神道石刻、方山定林寺塔、唐朝弘觉寺塔、南唐二陵、岳飞抗金故垒、南宋墓、秦桧家族墓、沐英家族墓、阳山碑材、牛首山摩崖石刻、杨柳村古民居、潘氏祠堂等；文物保护单位有72处，出土文物万余件，区博物馆珍藏文物近3000件套，绝品文物有绘有"萧何月下追韩信"图案的青花梅瓶、渔翁嬉荷琥珀杯、绘有"岁寒三友"图案的釉里红梅瓶等（图一四三）。江宁丰厚的历史文化遗存成为传承文化、教育后代、开展文化旅游的重要文化资源，通过对文化遗产的保护与利用，历史文物、革命文物的见证和教育功能得到了进一步发挥。

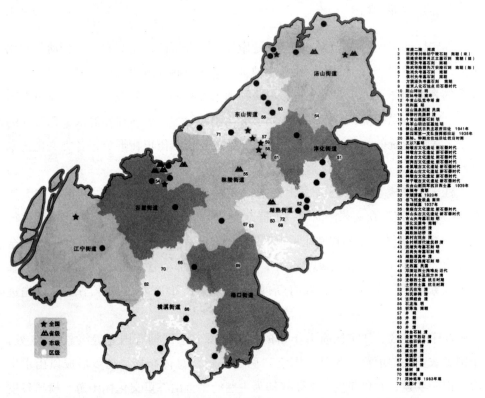

图一四三　江宁区文物保护单位分布图（取自《江宁区文化志》）

表一七　江宁区各级文物保护单位一览表

序号	名称	时代	级别	所在地	公布时间
1	南唐二陵	南唐	全国	谷里街道祖堂山	1988 年 1 月 13 日
2	宋武帝刘裕初宁陵石刻	南朝（宋）	全国	汤山街道麒麟铺村	1988 年 1 月 13 日
3	梁建安敏侯肖正立墓石刻	南朝（梁）	全国	秣陵街道宋墅社区	1988 年 1 月 13 日

续表

序号	名称	时代	级别	所在地	公布时间
4	宋墅失考墓石刻	南朝	全国	秣陵街道宋墅社区	1988 年 1 月 13 日
5	陈武帝陈霸先万安陵石刻	南朝陈	全国	东山街道天云社区	1988 年 1 月 13 日
6	耿岗失考墓石刻	南朝	全国	东山街道中下社区	1988 年 1 月 13 日
7	侯村失考墓石刻	南朝	全国	秣陵街道陵里社区	1988 年 1 月 13 日
8	方旗庙失考墓石刻	南朝	全国	江宁街道建中社区	1988 年 1 月 13 日
9	南京人化石地点	旧石器时代	全国	汤山街道汤山	2006 年 5 月 25 日
10	阳山碑材	明	省级	汤山街道坟头村	1982 年 7 月 26 日
11	定林寺塔	南宋	省级	秣陵街道方山	1982 年 3 月
12	牛首山弘觉寺塔	唐	省级	谷里街道牛首山	2002 年 10 月 22 日
13	郑和墓	明	省级	谷里街道周村	2002 年 10 月 22 日
14	汤山温泉别墅	民国	省级	汤山街道汤山	2002 年 10 月 22 日
15	杨柳村民居群	清	省级	湖熟镇杨柳村	2002 年 10 月 22 日
16	牛首山摩崖石刻	明	省级	谷里街道牛首山	2002 年 10 月 22 日
17	将军山明功臣墓地	明	省级	秣陵街道牛首社区	2002 年 10 月 22 日
18	横山县抗日民主政府旧址	1941 年	市级	横溪镇呈村	1982 年 8 月 13 日
19	新四军第一支队指挥部	1938 年	市级	横溪镇上庄村	1982 年 8 月 13 日
20	粟裕、钟期光住地旧址	抗日时期	市级	横溪镇姜林村	1982 年 8 月 13 日
21	王以旂墓	明	市级	谷里街道王家坟	1982 年 8 月 13 日
22	船墩古文化遗址	新石器时代	市级	湖熟镇赵家边	1982 年 8 月 13 日
23	神墩古文化遗址	新石器时代	市级	湖熟镇新墩村	1982 年 8 月 13 日
24	梁台古文化遗址	新石器时代	市级	湖熟镇	1982 年 8 月 13 日
25	前岗古文化遗址	新石器时代	市级	湖熟镇耀华村	1982 年 8 月 13 日
26	老鼠墩古文化遗址	新石器时代	市级	湖熟镇曹家边	1982 年 8 月 13 日
27	磨盘山古文化遗址	新石器时代	市级	秣陵街道南捍村	1982 年 8 月 13 日
28	神墩古文化遗址	新石器时代	市级	秣陵街道秣陵中学	1982 年 8 月 13 日
29	橙子墩古文化遗址	新石器时代	市级	东山街道岔路口	1982 年 8 月 13 日
30	云台山新四军抗日烈士墓	1939 年	市级	横溪镇云台山	1992 年 3 月 17 日
31	幽栖寺	南朝	市级	谷里街道祖堂山	1992 年 3 月 17 日
32	李瑞清墓	1920 年	市级	谷里街道，牛首林场	1992 年 3 月 17 日
33	岳飞抗金故垒	南宋	市级	谷里街道牛首林场	1992 年 3 月 17 日
34	徐绍桢墓	1937 年	市级	汤山街道小白龙山	1992 年 3 月 17 日
35	咎庙古文化遗址	新石器时代	市级	禄口街道咎庙	1992 年 3 月 17 日

序号	名称	时代	级别	所在地	公布时间
36	神山头古文化遗址	新石器时代	市级	江宁街道陆郎	2006 年 6 月 10 日
37	吉山失考墓石刻	明	市级	谷里街道吉山	2006 年 6 月 10 日
38	淳化云居寺	南朝	市级	淳化街道青龙山林场	2006 年 6 月 10 日
39	建南和尚桥	清	市级	东山街道建南村	2006 年 6 月 10 日
40	踊跃油坊桥	清	市级	横溪镇踊跃村	2006 年 6 月 10 日
41	窦村古戏台	清	市级	东山街道窦村	2006 年 6 月 10 日
42	佘村明清代建筑群	清	市级	东山街道佘村	2006 年 6 月 10 日
43	泥塘失考墓石刻	明	市级	东山街道湖西村	2006 年 6 月 10 日
44	后岗失考墓石刻	明	市级	湖熟镇后山岗村	2006 年 6 月 10 日
45	湖熟清真寺	清	市级	湖熟镇	2006 年 6 月 10 日
46	桦墅石佛庵石刻	明	市级	汤山街道桦墅村	2006 年 6 月 10 日
47	尤列墓	民国	市级	汤山街道小白龙山	2006 年 6 月 10 日
48	邓演达烈士殉难处	近代	市级	汤山街道晨光村沙石岗	2006 年 6 月 10 日
49	窦村水系及四方井	清	市级	东山街道窦村	2006 年 6 月 10 日
50	龙都烈士墓	抗日时期	区级	湖熟镇龙都	1983 年 6 月 3 日
51	土桥烈士墓	抗日时期	区级	淳化街道柏墅村	1983 年 6 月 3 日
52	林氏住宅	清	区级	湖熟镇	1983 年 6 月 3 日
53	刘氏宗祠	清	区级	湖熟镇南窑村	1983 年 6 月 3 日
54	古拜经台	清	区级	谷里街道祖堂山	1983 年 6 月 3 日
55	石龙池	明	区级	秣陵街道方山	1983 年 6 月 3 日
56	祈泽池	南朝	区级	东山街道祈泽山	1983 年 6 月 3 日
57	井	明	区级	东山街道中下社区	1983 年 6 月 3 日
58	井	明	区级	东山街道中下社区	1983 年 6 月 3 日
59	井	明	区级	东山街道中下社区	1983 年 6 月 3 日
60	井	清	区级	东山街道佘村	1983 年 6 月 3 日
61	神台石刻	清	区级	淳化街道双岗村	1983 年 6 月 3 日
62	圣旨节烈坊	清	区级	横溪镇大王村	1983 年 6 月 3 日
63	杜桂石拱桥	清	区级	湖熟镇桂村村	1983 年 6 月 3 日
64	藏龙桥	清	区级	汤山街道插花庙	1983 年 6 月 3 日
65	疏云桥	清	区级	横溪镇陶吴	1983 年 6 月 3 日
66	横溪桥	清	区级	横溪镇	1983 年 6 月 3 日

序号	名称	时代	级别	所在地	公布时间
67	香圆树	清	区级	湖熟镇南窑村	1983 年 6 月 3 日
68	黄杨树	清	区级	湖熟镇东阳村	1983 年 6 月 3 日
69	榆树	清	区级	禄口街道禄口	1983 年 6 月 3 日
70	银杏树	清	区级	横溪镇上官村	1983 年 6 月 3 日
71	邓钟铭亭	1983 年建	区级	东山街道竹山	1984 年 11 月 1 日
72	史量才	清	区级	湖熟镇东阳村	2000 年 3 月 30 日
总计：各级文物保护单位共 72 处。其中国保级 9 处、省级 8 处、市级 32 处、区级 23 处。					

2. "文化景观"风景宜人

百家湖（图一四四）、南山湖、白鹭湖、银杏湖等一批旅游景区正在加紧规划建设。风景区总面积已达 56 平方公里，占全县总面积的 3.5%，且呈不断扩张趋势。2000 年，共接待各地游客 40 万人次，旅游总收入 9000 万元人民币。于同年 12 月开通"江宁一日游"专线以来，共接待游客 4000 人次，实现销售收入 18 万元，取得了良好的社会效益和经济效益，旅游业正逐步成为全县新的经济增长点之一。

图一四四　百家湖

（1）明文化村开园

汤山明文化村于 2 月 22 日隆重开园，并成为一年一度"南京国际梅花节"的分会场。该景点以明文化为特色，集文化休闲、主题娱乐及生活服务功能于一体，熔历史探索、民俗风情于一炉，成为该景区旅游主打产品，推出的以明代历史体裁为主要内容的文艺表演节目，吸引了众多游客。其新颖的经营理念和促销手段，使 500 多年前的"阳山碑材"大放异彩，较好地实现了文化"活化"，经营优化，景区美化。

（2）五景点入选"新金陵四十八景"

2005 年 4 月 12 日，由金陵晚报社发起的"新金陵四十八景"评选活动揭晓。江宁区的阳山碑材、汤山温泉、汤山古猿人洞、南唐二陵、方山斜塔等五处景点入选，成为 21 世纪"新金陵四十八景"景点。

（3）汤山文化风景旅游区

汤山文化风景区是南京东郊风景区的重要组成部分，区内旅游资源极为丰富，山峦叠翠，碑洞奇伟，温泉喷涌，湖水荡漾，自然风光与名胜古迹相映成趣。全国四大疗养温泉之一的汤山温泉闻名遐迩（图一四五）；蒋氏温泉别墅引人注目；阳山碑材堪称世界之最；南京猿人头骨化石被尊为"中华国宝"；安基湖被誉为"小九寨沟"；宝华山隆昌寺为佛教神帝，律宗第一名山。碑、洞、泉、湖、寺五位一体，构成汤山风景区独特景观。

图一四五　汤山颐然温泉

3. 公共文化服务设施

近年来，江宁区坚持"文化事业重在建设"的方针，大力加强文化设施基础建设，不断扩大文化阵地，9个街道全部建有综合性的文化服务中心，占均面积达2500平方米，且都拥有万册图书馆、健身房、阅览室、棋牌室、培训室、老年活动室等10个以上功能活动场所。全区202个村（社区）也均建有文化活动室，初步构建起以区文化艺术中心、图书馆、博物馆等文化设施为中心，街道文体服务中心为枢纽，村（社区）文化活动室为前沿的三级文化网络。创建以来，区文化局更是强抓各级文化阵地"提档升级"工作，完善文化阵地管理，全区三级公共文化服务网络得到巩固、提高和发展。

其中，区文化馆已通过了国家一级馆验收，该馆建筑面积5000平方米，集小剧场、舞厅、展览厅、活动室、培训室等多功能为一体，为广大市民提供了一个极好的学习、娱乐和休闲的活动场所。区图书馆是江苏省文明图书馆，建筑面积3300平方米，藏书33.7万册，发放借书证8000个，每年接待读者10万人次。区博物馆2001年被市委、市政府命名为南京市爱国主义教育基地、区青少年思想教育基地，建筑面积1200平方米，馆藏文物近3000件。区影剧院两座，每年为广大市民放映1000场电影。区农村少儿文化园一座，建筑面积1500平方米，该园为少儿开展文化活动提供了阵地。全区各镇、街道都建有文化中心，总面积2.1万平方米。每个文化中心都拥有藏万册书的图书馆、健身房、阅览室、棋牌室、乒乓室、培训室、老年活动室。全区各镇、街道拥有16座三级影剧院。

（1）中国金箔艺术馆

2001年10月16日，中国金箔艺术馆在江宁正式开馆，省政协副主席吴冬华、副市长奚永明和区领导王建华、杨海宁、吕界超、詹双定等及来自全国各地的数百位嘉宾到场祝贺。

江宁是中国的金箔之乡，迄今已有2000多年生产真金箔的历史。中国最大的金箔生产基地——江宁县金箔总厂经多年筹划，于1990年建成了"中国金箔陈列馆"，并正式对外开放，以供中外游人观览（图一四六）。纪念馆位于金箔总厂厂区的一幢迎街大楼下，大门上的馆名由原中顾委委员杜平同志题写。进入陈列厅，迎面是一尊身着金装、满脸堆笑、袒胸露腹的大肚弥勒佛。绕过金佛，后有一扇雕龙凤花鸟的金饰屏风，两侧壁柱上贴金画彩，金碧辉煌，分外艳丽。

图一四六　中国金箔艺术馆

中国金箔艺术馆占地 4000 多平方米，设有金箔生产工艺、金箔艺术品、古今中外金箔应用经典等 8 个展区，共展出金箔艺术精品 3000 多件。陈列馆四壁展柜里的丰富展品，充分展示了江宁金箔的种种用途。

这里有南京云锦工艺织品研究所提供的云锦和龙袍；在另一个展柜里有上海墨厂提供的书画墨；在与之毗邻的展柜里，陈列着苏州扇厂提供的采用江宁金箔贴金的各种摺扇、挂扇；具有 300 多年历史的北京同仁堂药店和天津达仁堂制药厂生产的"安宫牛黄丸"、"大活络丹"等名贵中成药丸，在这里也有专柜陈列。

除了展出大量实物外，金箔陈列馆内还配有大量资料、图片和文字说明，使参观者既能知道江宁金箔的现在，还能了解它的过去和未来。作为企业办博物馆，"金箔陈列馆"还是一种尝试，今后将进一步扩充展品，全方位展示我国古老的贴金工艺及其相关的艺术成就，为江宁县的物质文明和精神文明建设作出更大贡献。

（2）江宁区博物馆

1993 年 8 月底，江宁县博物馆竣工并对外开馆试展。该博物馆坐落在江宁区东山镇竹山公园秦淮河畔，建筑面积为 1200 百平方米，主楼为仿古建筑，是一所以搜集整理、保管研究并陈列有关该区历史文物为主要任务的地方综合性历史博物馆。2008 年 2 月 1 日，区博物馆实行对外免费开放，成为全省第一批对外免费开放博物馆。全年接待参观者 2.5 万人次。

2007 年 12 月 18 日，区文化部门举行江宁博物馆新馆开工奠基典礼。新馆选址在江宁东山镇中心区，面朝地势条件优越的竹山东麓。工程设计邀请国家一级建筑设计师、东南大学教授王建国担任总设计师。新馆采用"天圆地方"的平面布局，主体部分依山临水，届时将创造出山、水、建筑环境和谐共生的场景（图一四七）。据悉，新馆内部将分3个展厅，新馆库房将采用先进的防火防潮设施，硬件设施上处于全省区（县）级前茅。周维林表示，除硬件上名列前茅，新馆建成后还将举办展览，普及文物知识。"馆藏东晋、东吴、南唐文物及汤山新旧石器文物将对观众展出，我们还会邀请专家学者进行不定期讲座，软件上也力争上游"（图一四八）。2011年10月，江宁博物馆新馆将正式对公众开放。

图一四七　江宁区博物馆新馆效果图

图一四八　江宁区博物馆六朝艺术展区效果图

（3）百家湖博物馆

南京百家湖博物馆由利源集团于 2005 年创立，收集了数百件名人字画，将集团历年所藏的名家字画等物品向社会公开展览。该馆位于江宁经济开发区利源中路 99 号，在中国住宅第一门之称的凯旋门之上的百家湖博物馆，是让众人再次惊叹的地方。百家湖博物馆是当前惟一的国家认定的民企博物馆，馆内收藏的作品，涵盖几乎所有的近现代名家。而一幅慈禧太后的《百鸟朝凤》，被定为镇馆之宝。

（4）南唐二陵陈列馆

南唐二陵陈列馆地处江宁区东善桥镇祖堂村，占地面积 87 亩。1985 年 5 月 1 日正式建立并对外开放。南唐二陵位于南京南郊祖堂山西南麓，是五代十国时期南唐开国皇帝先主李昪和中主李璟的陵寝，是目前长江以南发现的最大的地下宫殿。二陵均依山而筑，相距约 50 米。其中，离昪及皇后宋氏的合葬墓居东，称钦陵，李璟及皇后钟氏的合葬墓居西，称顺陵。

南唐二陵陵门、墓室、侧室均分别砌有仿木结构的立柱、挑檐、斗拱、枋额、阑额等，精巧而秀美。且在墓室内的阑额、倚柱、斗拱、梁枋上，都密布着色彩鲜艳精美的彩画。这种建筑彩画，据研究是目前国内已知的最早遗迹。在两座陵墓后室的顶部，均绘制有充满神奇色彩的"天象图"，在钦陵后室，还刻有象征着自然河流的"地理图"。南唐二陵不仅集中反映了南唐的建筑和绘画成就，同时也是南唐雕塑艺术的宝库。出二陵西南行百步，有一座仿唐代建筑风格的南唐二陵陈列馆。馆内陈列反映了 1950 年代初文物部门在此考古发掘的场景和陵墓内、外部的建筑结构和南唐二陵内出土重要文化复制品。

4. 丰富多彩的群众文化艺术活动

江宁的群众文化历来开展较好，1997 年江宁县被国家文化部授予"全国文化先进县"。到 1998 年底，全县 23 个乡镇全部被省政府命名为"群众文化先进乡镇"。

根据不完全统计，2001 年以来，江宁区举办"江宁之春"群众文化节、"和谐江宁大舞台"大型广场文化活动、横溪西瓜节、旅游文化节、送文化下乡、万人看江宁等大型活动为代表的各类文化艺术活动 1900 多场（次）。2006 年 2 月，《江宁文艺》复刊，每年 4 期为季刊。10 月，复刊后首期《江宁文艺》出版，16

开本，48个页码，刊容量6万余字，彩色印刷。设《文化聚焦》、《文化论坛》、《乡村来风》、《社区新韵》、《文化江宁》、《文苑撷英》等栏目，融"特色性、可读性、知识性"为一体。

　　2008年，新整合的"和谐江宁大舞台"群众文化活动，以江宁之春专项活动、村（社区）纳凉晚会、广场舞台、送文化下乡四大平台，带动区、街道、村（社区）文化活动的蓬勃开展，形成覆盖全区的文化活动网络，全年举办各类文化活动210余场，创作文艺作品130余件（图一四九）。

图一四九　和谐江宁大舞台

　　（1）一年一度的文化艺术周活动

　　为了展示群众文化活动成果，丰富全县人民的文化生活，自1996年起，每年都在春节前举办一次文化艺术周活动，时间为7～10天。其内容有：卡拉OK歌曲比赛、书画摄影作品展、图书书市、读书演讲、家庭演唱会、文物展览、优秀影片展映、获奖节目调演、戏曲晚会、军民联欢会、春节联欢晚会等。这些活动，极大地跳动了群众的参与性和创作热情，增添了节日气氛，体现了太平盛世的欢乐景象，是广大人民群众的一道文化大餐。

　　（2）南京金箔文化艺术节

　　为弘扬江宁古老的金箔文化，促进经济发展，2000年9月18日到20日，由江宁县人民政府主办，江宁县文化局、旅游局、南京金箔集团有限责任公司承办了首届南京金箔集团有限责任公司承办了首届南京金箔文化艺术节，艺术节内容丰富，节目精彩纷呈。18日下午举行了开幕式及民间民俗文化表演，凤阳花鼓、钟山盘龙队、高淳大马灯、溧水大社火、江浦手舞狮、六合女子高跷、雨花威风锣鼓、方山大鼓等34支队伍参加了行街表演；专场文艺晚会上，蒋大为、李谷一、刘斌、杨洪基、林颖洪等著名歌唱家登台献艺，给艺术节争光添彩。19～20日，在东山休闲广场举办了金箔系列产品、工艺品暨江宁县名特优产品展销促进会。尤其是34支民间队伍、1500多人参加的6公里行街表演，是江宁历史上规模最大、形式齐全、人数最多的一次全民文化盛会，让县城10万人大饱眼福，受到了广大人民群众的赞誉。

（3）民间群众文艺活动的恢复和发展

这一时期，民间灯舞（麻雀蹦、狮子舞、龙灯、神鼓等），民间曲艺（南京白局、廊檐班等），民间音乐（号子、山歌、灯歌、马铺锣鼓等），民间文学（《江宁民间故事》1、2、3集，共66篇）不断推广，丰富了人民的生活。

东山诗社于1988年成立，现有社员58人，社友500余人，遍布全国大部分省市，与香港、台湾亦有联系，成员80%以上是离退休干部，以格律诗为主；主要宗旨：增进交流，书法感情，陶冶情操，宣传形式。两年中定期出版《东山诗苑》共8期；组织社员到各地采风10余次；配合区老年大学办好诗词班；2002年为庆祝党的十六大胜利召开举办了"庆祝十六大胜利召开"诗歌朗诵比赛。由于东山诗社的知名度越来越大，中央电视台和江苏电视台，于2002年分别采访了东山诗社的主要负责人及部分社员。

2003年10月10日，东山诗社成立15周年。15年来，诗社、诗刊越办越好，现有老中青社员100多人，共出版《东山诗苑》60期，版面也从每期4版增加到8版甚至10版，出版《东山吟集》5本，刊登诗词、楹联、新诗等作品约1万首。2006年末，东山诗社（又名江宁区诗词楹联学会）共有会员113人，其中新会员11人。

（4）汤山温泉文化节

汤山温泉文化节突出展示汤山温泉历史、品牌和发展前景。期间，分别举办汤山风貌诗笔会、汤山新城对外招商引资洽谈会——澳洲人看汤山、著名文史专家与学者看汤山、南家猿人与温泉文化研讨会、"圣汤杯"摄影大赛、鸳鸯游泳赛、登山旅游踏青等活动,接待旅客近15万人次。

(5) "江宁之春"群众文化节

2001年,首届"江宁之春"群众文化节于4月20~30日举行,共有开幕式、闭幕式,书市及读书演讲竞赛,新创作作品汇演、江宁历史文化研讨会、江宁文物精品及民俗文化展、老年文体专场、农村科普教育电影放映周、国际舞交谊舞大赛等9项系列活动。群文节期间共展演新创作舞台文艺作品83件,放映电影300场,参与单位40家,演职人员约1000名,群众达10万人次。

至2010年,"江宁之春"群众文化节已经举办了十届,"江宁之春"年年举办,活动多样,业绩喜人。音乐唱出了江宁人对生命和生活的热爱,舞蹈舞出了江宁人内心的柔美与豪放,戏曲演绎了江宁人拼搏进取的人生传奇,曲艺表达了江宁人丰富的情感和热切的向往。

(6) 举办横溪"西瓜节"

西瓜节就是以西瓜为主题的经济文化节日活动,按照"以文化立形象,以情节聚人气,以展示育商机"的节庆理念,西瓜节期间开展文艺表演、经贸洽谈、观光旅游、商品展销、西甜瓜擂台赛等活动。

围绕"西瓜搭台,科技、经济、文化、旅游唱戏",突出科技和绿色两大主题,于2001年5月26日和2002年5月18日分别成功举办了两届"西瓜节"。

2011年,南京乡村旅游节暨魅力江宁第四届田园文化节、第十届横溪西瓜节开幕,持续时间从6月1日到6月30日,市民除了可以品尝到45个品种的西瓜外,还可以去台湾农民创业园参观"新、奇、特"的高科技农业产品。

(7) 春牛首文化旅游节

"春牛首,秋栖霞",已焕然一新的江宁牛首山备显春意盎然。2009年4月11日,江宁开发区隐龙湖畔,江宁首届"春牛首"文化旅游节的盛大开幕,牛首山再度焕发光彩。美景如画的牛首山如"南京绿肺",已成为市民踏青问禅的胜地,更打响了江宁"春牛首"的旅游品牌。

牛首山因山势状如牛头双犄而得名,自古为金陵旅游胜地。东晋丞相王导称此山为"天阙",所以牛首山又叫天阙山。早在梁朝,司空徐度在此兴建寺院,取名佛窟寺。唐代改名长乐寺。南唐后主李煜时又改名为弘觉寺，塔便因寺得名。唐太宗贞观年间慧能和尚来牛首山修行，法融曾在此谈禅，创立了牛头宗，这里便成了佛教南宗的发祥地。

明清年代，牛首山遍种桃树，阳春三月满山桃花争艳，又有大量洁白的绣球花点缀其间，美不胜言，当时南京人倾城而至观赏桃花，盛况非寻常节庆可比。黄昏时分，暮色苍茫，云蒸霞蔚，"牛首烟岚"列为金陵四十八景，"春牛首"被列为南京四时景序之首。

春天要去牛首山踏青的习俗，在南京人心目中有着很深的烙印。为再现这一盛景，打造南京南郊最美的景区之一，江宁开发区在2008年初启动了复兴牛首山的首期工程恢复景观，并建设道路等旅游配套设施。

漫步景区，处处皆景。春紫荆、夏紫薇、秋红枫、冬腊梅，各季花草树木遍布景区；隐龙湖如山间明珠，清澈静谧。紫荆园位于牛首山入口处，4000多株巨紫荆鲜花含苞待放；八大园位于半山腰，栽满了桃花、樱花、梅花、海棠等各种花木；紧邻八大园的隐龙湖如明珠点缀山间。路边的游客休闲广场、连廊休息亭、山顶停车场等配套设施都显现雏形。位于山顶的牛首山塔已整治出新，两块文物保护碑和摩崖石刻景点完成了修建与维护。

图一五〇　"春牛首"文化节

　　从 2009 年至 2011 年，江宁"春牛首文化旅游节"已经成功举办三届，成为江宁旅游文化的一大品牌（图一五○）。

参考文献

1. 李荣潮，陈祖贻主编：《江宁县施政概况（1986－1990）》，南京出版社，1992 年。

2. 江宁县地方志办公室编：《江宁县施政概况（1991－1995）》，1997 年。

3. 江宁县地方志编纂委员会办公室编：《江宁县概况》，1987 年。

4. 中共南京市委党史工作办公室，中共南京市委宣传部编：《南京当代风采》（1949－2000），江苏人民出版社，2001 年。

5. 王瑞林主编，张新贵主笔：《中共南京市江宁地方史（1949－1978）》，中共党史出版社，2007 年。

6. 《江宁县教育志》，江宁印刷有限公司，2000 年。

7. 《江宁年鉴》，2001－2010 年。

8. 《江宁县县属工业志》，南京出版社，1990 年。

9. 蒋好华著：《区域创新之路：江宁模式解读》，新华出版社；2005 年。

10. 江宁县城乡建设志编纂小组编：《江宁县城乡建设志》南京出版社，1991 年。

11. 周久耕主编：《江宁经济志》，江苏人民出版社，2001 年。

12. 中共江宁县委党史办公室，江宁县地方志办公室编：《春风绿江宁　改革开放二十年纪实》，1992 年。

13. 中共江宁县委江宁县党史办公室编：《江宁人民革命斗争史》，1995 年。

附录一　牛首山上沐春风①

刘桢亭

　　南京人游山玩水，也有季节性，一般通称之为"春牛首，秋栖霞"，意思是说：春天要到牛首山踏青郊游；秋天要到栖霞山，欣赏满山遍野的枫叶，真是"枫叶红似二月花"。这两处地方，每到春秋佳日，仕女如云。在抗战以前，一派太平景象，笔者曾不止一次的分别到过牛首山与栖霞山，欣赏自然美景。时值暮春时节，先谈一谈牛首山的风光。

　　牛首山又名牛头山，所以如此出名，并非完全依赖它的"春光明媚、风景宜人"。而是另有其战略地位与历史价值。牛首之名的由来，是因为它在南京城南，双峰峙立，看起来有点像牛角的形象，所以就叫作牛首山。在六朝时代，山上建筑了很多庙宇，所谓"南朝四百八十寺，多少楼台烟雨中"，当然这些庙宇，并非完全集中在牛首山，而是散在钟山、幕府山、牛首山一带，供人膜拜。不过在那个时期，已经开发成为佛教胜地了，这是可以肯定的。

　　到了宋代，金兀术挥兵南侵，已经渡江，岳武穆（飞）设伏于牛首山，大获全胜，击败了金兵，迫得金兀术落荒而走。其后到了京口（镇江），又遇到宋将韩世忠及其夫人梁红玉，又打了一次败仗，这就是历史上有名的"金兀术大败黄天荡，梁红玉擂鼓战金山"。不过说来说去，金兵渡江南侵，如果不是岳武穆在牛首山，首建奇功，宋朝的东南半壁山河，可能早就不保了，所以牛首山的战略地位，是不可忽视的。

　　另外有一个有关牛首山的故事，虽属无稽之谈，但是半个世纪以前，在南京几乎妇孺尽知。那是说：明太祖朱元璋，原是以平民而为天子，他的少年时期，在元朝统治之下，穷愁潦倒，曾在南京附近为人牧牛，有一天，他们几个牧童朋友，合伙把其中一条牛宰了吃了。当主人追究起责任来时，朱元璋就把剩下来的牛尾巴，安装在牛首山的后山下，告诉主人说是牛已经钻到山里去

①　引自张遇、王娟主编：《老南京写照》第68～71页，安徽文艺出版社，1999年。

了，主人当然不肯相信。于是，朱元璋就带着主人，找到了牛尾巴，只见他抓起牛尾巴，用力一摇晃，山上的牛头忽然（牛句）的一声，大叫起来。朱元璋就告诉主人，你看我说的不错吧，这只牛还会叫呢！主人当然不会相信这是事实，但却相信朱元璋是"真命天子"，如若不然，那个"牛头"怎么会叫呢？其后，主人不敢收留他了，就送他一笔钱，要他自己去闯天下，他果然推翻了元朝的统治，开创明朝二百七十余年的基业。这个故事，除了结语是正确的以外，故事的本身情节，都是捏造的，类似神话而已。不过，在南京却家喻户晓，流传很久。

　　闲话少叙，书归正传。且说民国二十年前后，我正在南京中学读书，有一位教地理的老师周汉章先生，云南人，南京高等师范出身，是出名的一位好老师。有一年春天，他适巧讲到首都南京的地理环境。他说：南京原属古都，自春秋、战国时，吴、越以迄宋、元，不必细说。明朝朱元璋统一中国，定都南京，当时的理由；认为南京是"龙蟠虎踞石头城"，形势天成。这话有点玄虚，不够"科学"。等到民国开国之初，国父孙中山先生定都南京，觉得南京有高山、有深水、有平原，具备了首都的条件，这三大要素，就是南京的地理环境。他接着说：所谓高山，如钟山、牛首山、幕府山，你们都看到了；所谓深水，是指下关外面，位居长江的中下游，你们也都看到了；至于平原，是指南京城南，一望无际的大平原，你们也应该看到了，不必我再细讲。周老师的话说到此，有一位同班的学长，忽然站起来说：老师所说的高山、深水，我们都看到了，至于大平原吗，我们到城南的中华门外看一看，不是雨花台，就是牛首山，根本没有看到什么平原。这位周老师愣了一下，想了一想，接着宣布：这节课讲到此处下课，改在这个星期日的上午8时补课，届时，我要带你们到牛首山上，眺望城南的大平原，你们回去也要准备一下。

　　星期天到了，我们这些"补课"的同学，准8时在教室集合，周老师便带领我们，经过中华门，一路走到牛首山下，我们还随身携带笔记簿、铅笔、温水瓶、干粮等杂物，走来颇不轻松，在山下略事休息，又一口气爬到山顶上，周老师一直领着我们，说起来真不容易。到了牛首山上，我们环坐起来，周老师站在中间讲起书来，讲过了首都南京的地理形势，他让我们站起来，四处眺望，那真是一览无遗，所有南京附近的高山、深水、平原，尽收眼底。他还说道：当年岳武穆阻止金兵南侵，就在此处打了一次胜仗。如若不然，你们看一看，只要金兵通过牛首山，再向南就是一片平原，金兵是以骑兵为主，进入平原，纵横四阖，如入无人之境，到那时，南宋就无法"收拾旧山河"了，你们懂了吧？我们听了，这才真的懂了。这一堂课，不唯增加了我们的地理、历史知识，同时，具有"春游牛首山"的意义。现在想来，也引起我们对恩师周汉章先生的景仰与怀念。

附录二　江宁自治实验县迁治地址意见书

窃以县治为一县政治之中心，其地点适宜与否直接关系行政之效率，间接影响治绩之隆替。江宁为苏省西南门户，面积辽阔，西北滨江，内有秦淮，东以栖霞、青龙、大茅诸山与句容为界，南有西横、天马、金台诸山横阻于安徽边境，环山抱水，形势雄伟。

自首都南迁设市以治，江宁四乡环抱，顿成险要之区。如何促进四乡之治绩，如何发展市外之事业，以宏首都之畿辅，壮中外之观瞻，实为紧要之图。乃查江宁县政府局促南京市内，寄人篱下，以言守成，已多牵制，欲云发展，更属无从。是以一年以来，凡关心县政者，多主迁治，前并曾经组织规模宏大之迁治筹备委员会，举凡全县党政及自治人员，暨地方士绅无不尽量罗致，群彦济济，宜能高瞻远瞩，审慎抉择矣。顾人多则意见分歧，会屡开而议莫能决，甚或怀乡土之成见，发主观之见解，群议朋兴，各有所是，纵议而决恐亦难行。今江宁既改自治实验县，从兹政象更新，百废待举，迁治之事，尤为刻不容缓，良以县治不迁，一县政治中心未定。未定，许多事业皆难着手。考江宁过去迁治地点，初选湖熟、土山、板桥、江宁镇、淳化、秣陵关六处。江宁镇偏于县之西南，与各区之距离太远；秣陵关地势低湿，时有泛滥之虞；淳化镇交通困阻，地势稍高，难以发展。故经一番研究、比较之后，乃决定为湖熟、板桥、土山三处，综合各方意见，大凡党委多坚持板桥地方，绅商则倾向湖熟，前建设局则独主土山。前二者重视眼前之便利，后者则着眼将来之建设。考县治既为一县政治之中心，则为行政之效率计，为发展全县建设事业计，应考虑左列各条件：

一、地点适中，行政上便于指挥，治安上易于控制。

二、水陆交通便利，与各区之往来能于一日到达。

三、地方经济有相当基础，且有发展可能。

四、初步建设易于完成，全部建设合于经济。

五、地势雄伟，据有山水之胜。

兹根据上列条件，比较板桥、湖熟、土山三地之优势：

　　一、地点　板桥偏于县之西部，湖熟偏于县之东南，土山适在县之中心。

　　二、交通　板桥距长江甚近，自京芜路筑成后水陆交通颇为便利。湖熟交通，水路仅赖一秦淮河，陆路不通公路。土山目前交通状况与湖熟相似。

　　三、经济　湖熟为江宁最大市镇，经济已有基础，将来水路交通改良，当能日趋发展。板桥为一小市镇，自美洲华侨建设新村组织公司以后，经济状况亦略有可观，苟加以经济，亦不能发展。土山前本为一大市镇，经洪杨之役之摧毁，地方已残破不堪，惟其适居秦淮之中流，陆路交通改良以后，将有发展之望。

　　四、建设　土山、湖熟有公地可资利用，板桥则附近有砖瓦，广＝初步建设皆易完成。至于全部建设，则土山因地点适中，较为经济（全部建设不仅指县治所在地，并包括县治与各区之交通）。

　　五、地势土山山环水抱，地势最为雄伟。板桥地处平原，湖熟高低皆有，地势均不如土山之雄伟。

　　以上所析板桥、土山、湖熟三地大抵各有短长，交通便利者未必地点适中，地势雄伟者又苦建设无相当基础，迁治问题所以议而难决者在此。然若不仅着眼于目前的便利而作进一步之研究比较，则迁治地点土山实较湖熟、板桥为优，请言其理由于左：

　　主张迁治板桥者，一谓其地近长江，水路交通便利；一谓京芜路完成以后，陆路交通亦称便捷。其地平坦，发展可不受地形上之限制。一谓其地有华侨所组织之新村及公司，建设事业颇具规模。

　　上述理由，除地势平坦一项外，余多似是而非，板桥地近长江，沿江而下可达上海，溯江而上可抵四川，便利诚便利矣，但于此有须注意者，县治地点与商埠不同，长江虽大，但江宁县可资交通、灌溉者，仅第一、第九、第十三区而已，与秦淮河纵贯全县南北，支流分布有如脉纲者不同。谓京芜路完成以后陆上交通便利，此亦仅可指其与南京之交通便利而已，非谓京芜路通板桥与江宁全县各区交通即便利也。至于华侨所组织之公司、新村，因年来营业不振，陷于停顿，新村则除有洋房数十幢颇壮观瞻外，中多老弱妇孺（少壮者均在外），不仅于经济上或建设事业上无任何意义，且因言语习惯不同，十年来尚未能破除与当地住氏之隔膜。

　　然板桥之不适于迁治，尚不止此。板桥位于县之西南，与第一、第三、第五、第六、第七各区之距离太远，行政上不易指挥，治安上难以控制，且将来发展全县之水陆交通，板桥并非一理想之中心地点。况板桥东见阻于牛首山，即欲以此为中心地点，亦必迂回曲折，而所费不赀。

主张迁治湖熟者，一谓湖熟商业，为江宁最大市镇；一谓湖熟空地及庙宇颇多，足资利用。湖熟居秦淮之滨，得天然形势之利，加以人力之经营，故能吸收溧水、句容农产品，蔚为一大市镇，但湖熟僻于县之东南，与溧水、句容县境相近，距第、第二、第九、第十各区甚远，控制、指挥颇感困难，故主张以湖熟为江宁县政府地点无异主张上海为中国国都。若夫以有空地庙宇可资利用而主张迁治，其理由至为薄弱，要知迁治乃百年之计，非可仅顾眼前便利也。

板桥、湖熟不适于迁治地点，其理由已如上述。至于土山苟着眼于将来全县之建设，实为一理想地点，请详言之：

1. 土山适居全县之中心——县府统辖全境，非地点适中难期遍顾，非交通便利不易指挥，土山适居全县之中心，与各区来往均可于一日到达，管理控制如臂使指，行政上有普遍之利，治安上无疏漏之虞。

2. 土山适居秦淮之中流。秦淮纵贯全县之南北，支流分布有如脉络，现因年久失浚，河身日就淤塞，每年可通轮船者仅五六个月而已，将来修浚以后，水路交通将无间，冬夏畅行无阻，溯江而上，一小时可抵南京。沿江而下，一则可经湖熟而达句容，一则可经秣陵而入溧水。行见数年之后，将帆樯如林，煤烟缕缕，凌驾板桥、湖熟，蔚为江宁第一大市镇矣。

3. 土山为一理想之县道中心地点。查江宁道路交通，均以南京为出发点，东有京杭国道直抵杭州，南有京建省道可通皖、浙，西南有京芜省道直抵芜湖，辐射分布，略作扇形。土山地近诸路，倘修纵横短线各一条，纵线北通南京、南抵湖熟，横线东联京杭、中贯京建、西接京芜，则于最短期间由土山非仅可畅行于本县边区之汤水、湖熟、秣陵、陶吴、朱门，以及板桥、江宁、铜井诸镇，即浙、皖两省亦可直达无阻，是则用费最廉而收四通八达之利，较之板桥、湖熟之僻处县边，辄有鞭长莫及之虑者殊不可以同日语。

4. 地方经济有发展可能。目前土山经济状况固一无可取，萧条冷落，非特无以望湖熟之项背，且亦远逊于板桥，但事在人为，苟其地得天时之厚，居地利之胜，开发经营何难！辟荒丘为市场，化瓦砾为华夏，香港、青岛、大连，前一渔村耳，今则商工繁盛，华屋连云，为远东大都市。土山既居秦淮之中心，又为全县道路之中心，迁治于此，经之营之，改良农业，发展工商，提倡文化，举办建设，则造成一灿烂繁荣之土山，或可不必待十年、二十年之后。

5. 初步建设易于完成，全部建设合于经济。迁治建设非仅指县署办公房屋及职员居住宅室而已，必也有整个之计划，作全盘之统筹，如行政、文化、工商、住宅区域应如何设置，街道、衙署、桥梁、公园应如何建筑，皆须兼筹并顾，通盘打算，为建设新江宁之基础。考建筑工程费用，非仅于人工材料有所高下，其运输方面实左右用费多寡。土山距城仅十余里，有水路可通，运输材料费用必省，初步建设既易于完成，全部建设亦合于经济也。至于该地附近地面凸凹不平，固将限制市区将来之发展，然苟施以人工，高者低之，低者高之，所费亦不甚巨，或因其高低之形势而为特殊之设计，亦未始非增美都市之一法也。

6. 山环水抱，形势雄伟。县治所在亦即一县政治、经济之中心，苟其地形势森严壮伟，无形中可引起县民之景仰。江宁四境多山，峰崇岭峻，土山适居其中，东望乌龙，云烟磅礴；西尽牛首，岗峦起伏；南临方山，清明开朗；北极紫金，巍峨炳焕。而秦淮一水当前，曲折回旋，帆樯上下，虽不龙蟠虎踞，亦已负山带水，将来全部建设完成，固不仅一街道纵横、舟车辐凑之都市已也。

综上所述，江宁县治不迁则已，迁则以土山最为适宜。目前之不便与困阻，固不难于短期内克服也。反对者或刁土山现仅有居民数十户，望之凄然，以为县治不患规模太小乎？顾县治既为将来久远之图，非一时之便利而口久远之计哉！土耳其复兴，迁都安哥拉。中国革命军北伐，弃北平南迁，大计之决须从久远处着想，讵可徒权衡于眼前之利害与得失乎？况其地荒凉，消极方面可以锻炼俭朴劳苦之习尚，积极方面可以养成凌厉奋发之风气。本县既改为自治实验县，则励精图治，与民更始，且莫云政府与人民之属望甚殷，应自觉其责任之至为艰巨。是则迁治于此，诸待开辟经营之土山，亦即所以示革新建设之决心也。

（中国第二历史档案馆民国档案）

附录三　江苏省关于江宁"撤县设区"的文件复印件

江苏省人民政府文件

苏政发〔2001〕6 号

省政府关于撤销江宁县
设立南京市江宁区的通知

各市、县人民政府，省各委、办、厅、局，省各直属单位：

经国务院批准，撤销江宁县，设立南京市江宁区，以原江宁县的行政区域为江宁区的行政区域。区人民政府驻东山镇。

江宁区的各类机构要按照"精简、效能"的原则设置，所需人员编制和经费等由南京市自行解决。在行政区划调整中，南京市要切实加强领导，精心组织，周密部署，统筹安排，做好干部群众的思想工作，确保当地社会稳定和行政区划调整工作的顺利进行。

二〇〇一年一月十二日

主题词：民政　行政区划　调整　通知

抄送：省委各部委，省人大常委会办公厅，省政协办公厅，省法
　　　院，省检察院，省军区。

江苏省人民政府办公厅　　　　　　　　2001年1月12日印

共印13

后　记

　　2000 年 9 月，江宁区文化广电局和江宁博物馆委托我和南京大学文化与自然遗产研究所主持江宁博物馆与东晋历史文化博物馆的陈列内容设计，我们为此成立了专门的课题组，课题组由我担纲，翟森森和张媛媛两位年青同志分别负责江宁博物馆和东晋历史文化博物馆陈列内容资料的收集和研究，到 2010 年 5、6 月间，我们完成了初步的陈列大纲。

　　江宁区政府和江宁区文化广电局及江宁博物馆十分重视这两个馆的陈列内容设计，副区长陆蓉同志多次听取课题组工作汇报，原江宁文化局局长刘道成、副局长蔡义巧、博物馆馆长周维林、馆长助理许长生等也参与了陈列大纲的讨论，在宁的许多专家学者应邀先后数次参加内容设计论证，他们有龚良、刘谨胜、吴秀亮、杨新华、王兴平、束有春、李民昌、林留根、曹志君、陈同乐、王志高、吴阗等。内容设计课题组还与负责形式设计的江苏先达陈列展览工程有限公司总经理张军同志做过反复沟通，以形成共识。

　　2011 年 3 月，江宁博物馆馆长许长生同志代表江宁区文化广电局希望我们将两个馆的陈列内容作进一步深化，形成两部图文并茂、具有丰富内容的著作，以辅助传播博物馆陈列知识和扩大博物馆的文化影响。为此，我们成立了《千秋江宁》和《风流东晋》两部书稿的编写组，分别开展田野调查、文献资料搜集工作及撰写工作。两部书稿的结构基本上尊重原两馆陈列内容设计大纲，只是在文字内容上给予补充和细化。

　　这两部书稿应该是诸多学者包括南京大学历史系一批年青研究生的共同成果。原两个馆的陈列大纲纲要是由我本人执笔完成，翟森森和张媛媛同志分别参与了"千秋江宁"和"东晋风流"的陈列内容撰著。在这次书稿的完成过程中，撰写者又增加了部分同志，具体分工是：

　　《千秋江宁》第一、四、五部分由干有成同志负责；第二、三部分（明代之前）由汤莹莹同志负责；第三部分（明清时期）由翟思缘同志负责，此外，干有成还负责了第三部分民国和现代部分，汤莹莹负责了第四部分的古镇风情、翟思缘负责了第四部分的古代寺庙等内容。《风流东晋》的第一、三章由宋效梅同志负责，第二章由曹玲玲同志负责，第四章由陈琛同志负责。书稿初稿形成后，江宁区文化广电局局长杨嘉清同志，江宁博物馆馆长许长生、书记周维林同志通览了书稿并提出修改意见，再由贺云翔同志对两部书稿作通读、修改和补充部分观点和资料。

在此，我要对所有参加过两个博物馆陈列内容设计的撰写、论证的专家学者和最后参与两部书稿撰写的一批年青学者以及参与书稿编审的江宁区文化广电局、江宁博物馆的各位领导和专家表示我由衷的感谢，感谢你们的合作，感谢你们的厚爱！在两书成稿过程中，还参考了诸多前贤的研究成果，在此表示我们诚挚的谢意！我还要真诚感谢文物出版社党委书记、总经理张自成同志和文物出版社的专业编辑张晓曦同志，没有你们的大力支持和辛勤劳动，这两部书稿就不可能那么快到达读者的手中！

博物馆是一个国家、一个民族或一个地区、一座城市人民的精神家园，一处闪放着理性光辉和感情色彩的圣殿。它告诉人们：我们是从哪里来的？我们的祖先创造过什么文明？有过哪些辉煌？做过什么贡献？进而告诉人们：我们将走向哪里？我们将如何面对自己的和子孙的家园？作为从事文博考古及文化遗产教学与科研的人员，我们为能够亲身参与博物馆建设和中华文明知识宝库的发掘和传播工作而感到分外荣幸，在书稿付梓之前，再次对所有支持帮助过我们工作的同志致以真诚的敬礼！

贺云翔

2011 年 9 月 16 日于南京大学文科楼